新质生产力驱动的黄河流域高质量发展研究

宋敏◎著

中国经济出版社
CHINA ECONOMIC PUBLISHING HOUSE
·北京·

图书在版编目（CIP）数据

新质生产力驱动的黄河流域高质量发展研究 / 宋敏著. --北京：中国经济出版社，2024. 11 --ISBN 978-7-5136-7997-8

Ⅰ. F127. 2

中国国家版本馆 CIP 数据核字第 20246PG259 号

责任编辑　郭国玺
责任印制　马小宾
封面设计　任燕飞工作室

出版发行　中国经济出版社
印 刷 者　涿州市京南印刷厂
经 销 者　各地新华书店
开　　本　710mm×1000mm　1/16
印　　张　19. 5
字　　数　300 千字
版　　次　2024 年 11 月第 1 版
印　　次　2024 年 11 月第 1 次
定　　价　98. 00 元
广告经营许可证　京西工商广字第 8179 号

中国经济出版社 **网址** http：//epc. sinopec. com/epc/ **社址** 北京市东城区安定门外大街 58 号 **邮编** 100011
本版图书如存在印装质量问题，请与本社销售中心联系调换（联系电话：010-57512564）

本书由

中国（西安）丝绸之路研究院专项课题（2024ZD03）

黄河流域生态环境保护与高质量发展协同研究实验室

陕西省社科基金项目（2022D045、2024D053）

资助出版

前　言

新发展阶段，黄河流域的生态保护和高质量发展是关系中华民族伟大复兴的千秋大计，是中国政府高度重视的战略议题。作为推动高质量发展的引领性力量与重要着力点，新质生产力反映了中国经济由“量”的积累转向“质”的突破的新时代生产力现状，具有高质量、高效能、高科技的特征，与高质量发展形成相互促进、相互支撑的内在关系。数字经济时代，新质生产力通过科技创新特别是数字技术的应用，实现生产力从传统模式向更智能、更高效、更创新的方向跃迁。在数字新质生产力驱动下，要注重数字技术带来的生产力变化，凸显推动经济高质量发展过程中创新要素的重要地位，以数字新质生产力培育经济高质量发展的新动能。据此，深入探究数字新质生产力驱动的黄河流域高质量发展成为新时代背景下的重大课题，对推动黄河流域生态保护和高质量发展具有重要的理论价值和实践意义。

党的十八大以来，习近平总书记多次强调黄河流域生态保护和高质量发展是重大国家战略，应着力加强生态保护治理、促进全流域高质量发展、改善人民群众生活。然而，当前黄河流域明显的短板仍是高质量发展不充分，突出的问题是生态脆弱，长期的弱项是民生发展不足。现有政策规划和学术研究均指出，要从加强生态建设和环境保护、构建特色优势现代产业体系、优化调整区域经济和生产力布局以及培育经济重要增长极等方面入手，应对黄河流域生态保护和高质量发展面临的诸多机遇与挑战。鉴于此，数字经济背景下，针对黄河流域发展的短板、问题与弱项，本书聚焦数字新质生产力驱动下黄河流域的高质量发展，重点围绕碳排放、数字金融、产业发展、绿色金融及共同富裕等主题，旨在为黄河流域生态保护治理、全流域高质量发展以及民生改善提供理论支撑，力图为发展黄河流域生态保护和高质量发展的理论研究作出一定边际贡献。

本书以高质量发展为研究主线，共有 10 章，涉及数字新质生产力发展背景下黄河流域经济、生态、社会等多个方面。第一章为高质量发展背景下黄河流域碳排放强度的时空演变及驱动因素研究（由宋敏、邹素娟执笔），本章基于 8 种能源消费数据测算黄河流域 2003—2019 年的碳排放强度并分析其时空演变特征，运用 ARIMA 模型和地理探测器对碳排放强度的发展趋势和驱动因素进行预测和分析，并分别对促进黄河上游、中游、下游地区碳排放强度的降低提出差异化建议。第二章为数字新质生产力发展背景下黄河流域碳排放的影响因素研究（由王薇执笔），借鉴脱钩模型，构建经济增长与低碳发展的分析框架，测度黄河流域各省区碳生产率贡献率、碳排放贡献率，对其低碳经济发展方式进行识别，并通过构建计量模型探究黄河流域数字新质生产力对碳排放的影响。第三章为数字金融视角下黄河流域生态环境高质量发展路径研究（由李瑞执笔），从黄河流域数字金融作用于生态环境高质量发展的角度出发，根据黄河流域 9 省区 2011—2022 年的样本数据，运用 SBM-GML 指数测算黄河流域各省区生态环境高质量发展，实证检验黄河流域数字金融对生态环境高质量发展的直接影响和作用机制，并为“双碳”目标的实现及黄河流域生态保护和高质量发展提供政策建议。第四章为数字新质生产力驱动下黄河流域产业高质量发展研究（由王薇执笔 ），基于 2000—2021 年黄河流域 9 省区的面板数据，从产业效益、效率提升、创新活力、结构优化及绿色发展 5 个相关维度来构建黄河流域产业高质量发展的指标，实现对黄河流域产业高质量发展水平的测度，并运用面板固定效应模型、门槛回归模型和中介效应模型等实证检验数字新质生产力对黄河流域产业高质量发展的影响和作用机制。第五章为数字经济发展对黄河流域制造业高质量发展的影响研究（由高洋执笔），对黄河流域各省区数字经济发展水平得分以及各省区出口技术复杂度进行测算，探查黄河流域不同区域间以及区域内省际数字经济发展对制造业出口技术复杂度的效应及内在机理，并针对黄河流域制造业未来发展提出对策建议。第六章为数字经济发展对黄河流域企业高质量发展的影响研究（由于璐瑶、梁泽执笔），从资源配置优化效应、技术创新驱动效应、产业链协同效应3个层面，对供应链金融赋能企业全要素生产率的理论机制进行剖析，并提出要构建多层次、跨区域的供应链金融服务体系，加强供应链金融与技术创新的深度融合以及推动供应链金融赋能产业链升级。第七章为数字新质生产力驱动下黄河流域绿色金融高质量发展研究（由薛勇执笔），主要考察黄河流域数字经济与绿色金融发展现状，在此基础上，进一步探查黄河流域数字经济与绿色金融发展的耦合效应与空间演化，并针对黄河流域数字经济与绿色金融高质量发展提出政策建议。第八章为数字经济融合下黄河流域普惠金融高质量发展研究（由崔敏执笔），对黄河流域普惠金融的发展现状进行考察，对数字经济影响黄河流域普惠金融高质量发展的理论机制进行探究，并实证检验数字经济对黄河流域普惠金融高质量发展的作用机制，进一步针对数字经济背景下黄河流域普惠金融未来发展提出对策建议。第九章为数字经济推动下黄河流域金融信用体系建设研究（由付榕执笔），对黄河流域金融信用体系建设的现状进行分析，提出黄河流域金融信用体系2024年建设目标及展望，并在此基础上，进一步提出黄河流域金融信用体系建设的对策建议。第十章为数字普惠金融背景下黄河流域共同富裕的推进路径研究（由李瑞执笔），将可行能力理论与党的二十大整体战略布局结合起来，从“功能”和“能力”两个层面构建经济发展、科教提升、社会治理、福祉增进和环境改善5个维度测度黄河流域共同富裕水平，并通过两步系统GMM模型验证黄河流域数字普惠金融对共同富裕的影响，进一步探究数字普惠金融背景下黄河流域共同富裕的推进路径研究。

本书的出版得到了西部能源经济与区域发展协同创新研究中心、资源环境与区域经济研究中心、陕西省信用研究中心和陕西省国防科技与经济发展研究中心等基地研究人员的积极参与，在此深表感谢。

目　录

第一章　高质量发展背景下黄河流域碳排放强度的时空演变及驱动因素

“十四五”时期，我国明确了高质量发展的战略方向，提出要加快推动经济社会发展的绿色低碳转型，并在生态环境保护方面强调了要以降碳为总抓手，降低碳排放强度，推动 2030 年前实现碳排放达峰。黄河流域是我国石油、煤炭等能源资源的主要供应基地，长期以来由于过度开发，流域内生态环境遭到严重破坏，经济社会发展与生态环境保护之间的矛盾极为突出。2019 年 9 月，黄河流域生态保护和高质量发展被上升至战略层面，以碳减排为目标的流域综合治理成为统筹与协调该地区生态保护与经济发展之间矛盾的一个重要突破路径。基于此，研究碳排放强度的时空演变和驱动因素，对于促进黄河流域降碳减排及推动经济高质量发展具有重要的理论价值与实践意义。为了降低黄河流域的碳排放强度并推动流域高质量发展，基于 8 种能源消费数据测算黄河流域 2003—2019 年的碳排放强度并分析其时空演变特征，运用 ARIMA 模型和地理探测器对碳排放强度的发展趋势和驱动因素进行预测和分析。在此基础上，本章进一步分别对促进黄河上游、中游、下游地区碳排放强度的降低提出了差异化建议。

第一节　黄河流域碳排放强度的研究综述

现有关于碳排放强度的文献主要围绕其时空演变、区域差异、影响因素、发展趋势预测等方面展开研究。赵桂梅等（2017）运用空间自相关模型分析了中国各省区的碳排放强度演变情况，研究发现，碳排放强度在空间分布上呈现“集聚”与“分异”并存的时空演进特征。尹哲霖等（2020）运用Dagum基尼系数分解法研究发现，地区间差距是碳排放强度地区差距的主要来源，经济持续健康发展能有效缩小碳排放强度的地区差距。

在影响因素研究中，学者们主要运用指数分解法和计量模型法考察了能源消费结构、能源强度、产业结构、经济发展水平、人口规模、技术水平和城市化等因素对碳排放强度的影响。已有研究表明，能源强度、能源消费结构和产业结构会给碳排放强度带来显著的正向影响，人口规模对碳排放强度存在负向影响，技术水平对碳排放强度的影响具有区域差异和阶段性差异。其中，城市化和经济发展水平对碳排放强度的影响存在一定争论，一部分学者认为二者对碳排放强度会呈现出直线性影响；另一部分学者则认为，二者与碳排放强度之间的关系是非线性的。

综上所述，关于碳排放强度的研究从不同视角、层次类别和空间尺度等方面已取得了一定的成果。但已有研究在范围和内容上多数集中于国家、省域层面以及碳排放强度的影响因素研究，缺乏碳排放强度的动态演变分析。流域作为由河流串联而形成的自然—社会综合系统，在高质量发展背景下，其地理单元的低碳发展和系统性减排已不容忽视，但现有关于流域尺度的碳排放强度研究却较为鲜见。因此，本书以黄河流域为研究区域，重点研究2003—2019年黄河流域碳排放强度的时空演变特征及其驱动因素，以期为黄河流域的高质量发展和科学制定碳减排政策提供依据。

第二节　黄河流域碳排放强度的研究方法与数据来源

一、研究方法

（一）碳排放强度估算方法

联合国政府间气候变化专门委员会（Intergovernmental Panel on Climate

Change，IPCC）的报告指出，温室气体排放大部分源于化石燃料的燃烧，碳排放量可通过燃料燃烧数量与燃烧因子来估算。本书通过国家统计局公布的2004—2020年《中国能源统计年鉴》，整理了煤炭、焦炭、原油、燃料油、汽油、煤油、柴油和天然气8种能源的消费量，参考IPCC提供的计算方法对黄河流域的碳排放量进行估算，公式如下：

$$C = \sum_{i=1}^{8} C_i = \sum_{i=1}^{8} E_i \times SCC_i \times CEF_i \tag{1-1}$$

式中，C表示碳排放量，C_i表示第i种能源消费所产生的碳排放量，E_i表示第i种能源的消费量，SCC_i和CEF_i分别表示第i种能源的折标准煤系数与碳排放系数（具体数值见表1-1），其中，折标准煤系数来源于2020年《中国能源统计年鉴》，碳排放系数来源于2006年IPCC发表的报告。碳排放强度的计算公式为：

$$CI = \frac{C}{GDP} \tag{1-2}$$

式中，CI表示碳排放强度，C表示估算的碳排放量，GDP代表地区生产总值。

表1-1　各种能源的折标准煤系数与碳排放系数

系数	煤炭	焦炭	原油	燃料油	汽油	煤油	柴油	天然气
SCC	0.7143	0.9714	1.4286	1.4286	1.4714	1.4714	1.4571	1.33
CEF	0.7559	0.8550	0.5538	0.5857	0.5921	0.5714	0.6185	0.4483

注：折标准煤系数中，除天然气的计量单位为千克标准煤/立方米外，其他能源的计量单位均为千克标准煤/千克；碳排放系数的计量单位为吨碳/吨标准煤当量。

（二）ARIMA模型

整合移动平均自回归模型（Autoregressive Integrated Moving Average Model，ARIMA）能够通过随机变量的自相关性掌握其发展趋势，根据历史值对现在值和未来值进行预测。本书采用该模型对黄河流域2020—2030年的碳排放强度进行预测，计算公式为：

$$Y_t = \phi_1 Y_{t-1} + \cdots + \phi_p Y_{t-p} + \theta_1 e_{t-1} + \cdots \theta_q e_{t-q} + \mu \tag{1-3}$$

式中，ϕ为AR系数，θ为MA系数，μ为残差项。

（三）地理探测器

地理探测器能够检验变量的空间分异性与耦合性，寻找因变量的解释变量并揭示自变量在多大程度上影响了因变量。本书运用该方法识别影响黄河流域碳排放强度的主要驱动因素，并探究各因素间的交互作用驱动力。表述公式如下：

$$q = 1 - \frac{1}{R\sigma^2}\sum_{l=1}^{L} R_l \cdot \sigma_l^2 \tag{1-4}$$

式中，q 为探测因子 X 的探测力值，R 为研究区的数量，L 为驱动因素 X 的分类数，R_l 表示第 l 类子区域中的省域数量，σ^2 表示全区的方差，σ_l^2 表示探测因子在第 l 类子区域的方差。q 的取值范围为［0，1］，q 值越接近 1，说明因素 X 对碳排放强度的驱动力越大。

二、变量选取与数据来源

本书选取人口规模、经济发展水平、产业结构、能源消费结构、能源强度和城市化 6 个变量作为因变量。

（一）人口规模

人口规模的变化将会带动社会劳动力的供给总量、结构和投资的变化，从而影响产业发展及其相关联的能源消费结构和社会总产出，对碳排放强度起到一定驱动作用。

（二）经济发展水平

经济发展初期即工业化阶段对高碳能源的消耗依赖程度较高，由此产生的碳排放量也较高，但当经济发展到一定阶段，技术、制度和经济结构将发生转型升级，由此可能会使碳排放量在一定程度上得到控制，也有利于碳排放强度的下降。

（三）产业结构

产业结构的变化不仅影响经济增长，也影响能源结构和二氧化碳的排放，如果碳排放量大的产业在国民经济中占有较大比重且发展速度较快，就容易导致碳排放强度上升。

（四）能源消费结构

能源是国民经济重要的生产要素，二氧化碳的排放主要来源于化石能源的燃烧，因此，能源消费结构的变化对二氧化碳排放具有重要影响，尤其是煤炭的消费量变化将会对碳排放强度起决定性作用。

（五）能源强度

能源强度表示能源效率的高低，技术进步在推动能源强度降低的同时也有利于减少二氧化碳的排放，提高了经济发展质量，从而降低碳排放强度。

（六）城市化

城市化水平的提高会扩大城市规模并对资源配置产生一定的影响，一方面，城市化进程会增加能源消费和碳排放量，带来环境污染压力；另一方面，对于欠发达地区而言，城市化进程有助于促进产业结构优化转型，从而改善环境，降低碳排放强度。

各变量具体衡量指标见表 1–2。为了确保所选因变量的合理性和科学性，本书运用相关性分析了这 6 个变量与碳排放强度之间的相关程度。

表 1–2　变量描述与相关性分析结果

名称	代表符号	指标定义	单位	数据来源	相关性结果
人口规模	*P*	年末总人口数	万人	2004—2020 年《中国统计年鉴》	−0.649**
经济发展水平	*A*	GDP	亿元	2004—2020 年《中国统计年鉴》	−0.962**
产业结构	*I*	第二产业产值/地区生产总值	%	2004—2020 年《中国统计年鉴》	0.562*
能源消费结构	*E*	煤炭消费量/能源消费总量	%	由 2004—2020 年《中国能源统计年鉴》中的相关数据整理得出	0.964**
能源强度	*Q*	能源消耗总量/地区总产值	%	由 2004—2020 年《中国能源统计年鉴》中的相关数据整理得出	0.901**
城市化	*U*	城市人口数/年末总人口数	%	2004—2020 年《中国统计年鉴》	−0.995**

注：*、** 分别表示相关性在 5%、1%的水平上显著。

由表 1–2 中的相关性结果可知，除人口规模、产业结构与碳排放强度呈中度相关外，其他变量与碳排放强度均为高度相关，且都通过了显著性检验，说明变量的选取是较为合适的。

第三节　黄河流域碳排放强度的时空演变

一、碳排放强度的时间演变特征

从流域整体来看［见图 1-1（a）］，2003—2019 年黄河流域的碳排放强度呈现出显著的下降趋势，2019 年碳排放强度为 0.64 吨/万元，与 2003 年相比，下降了 0.88 吨/万元。从不同流域段来看，黄河上游地区的碳排放强度表现为波动式下降，相较于 2003 年，2019 年碳排放强度下降了 0.95 吨/万元；黄河中游地区的碳排放强度呈现“快速下降—波动下降”的趋势，2019 年碳排放强度为 1.08 吨/万元，年均下降率达 6.52%，是流域中下降速度最快的区域；黄河下游地区的碳排放强度则以 2005 年为节点，表现出先上升后下降的态势，至 2019 年黄河下游地区的碳排放强度已下降到 0.45 吨/万元，相较于黄河中上游地区，黄河下游地区的经济基础较好，在产业升级、技术进步等因素的协同作用下，其碳排放强度更容易实现进一步的降低。

从省域层面来看［见图 1-1（b）］，黄河流域 9 省区[①]的碳排放强度变化趋势具有较大的差异性，但总体来看呈下降趋势。其中，四川、河南和甘肃的碳排放强度表现出稳步下降的趋势；山西、宁夏和内蒙古的碳排放强度在 2003—2016 年呈大幅波动式下降，2017 年以后出现了上升趋势；山东和陕西在 2005 年以前碳排放强度是不断上升的，2005 年以后开始逐渐下降；青海碳排放强度的下降趋势则较为平缓。从下降的幅度来看，山西下降速度最快，2019 年的碳排放强度较 2003 年下降了 3.03 吨/万元，年均下降率为 5.95%；其次是宁夏，年均下降率达 3.87%，2003—2019 年，碳排放强度下降了 2.04

① 黄河流域 9 省区分别为青海、四川、甘肃、宁夏、内蒙古、山西、陕西、河南、山东。其中地处黄河流域上游的省份包括青海、四川、甘肃、宁夏；地处黄河流域中游的省份包括内蒙古、山西、陕西；地处黄河流域下游的省份包括河南、山东。

吨/万元；其他省份的下降速度则相对较为缓慢。

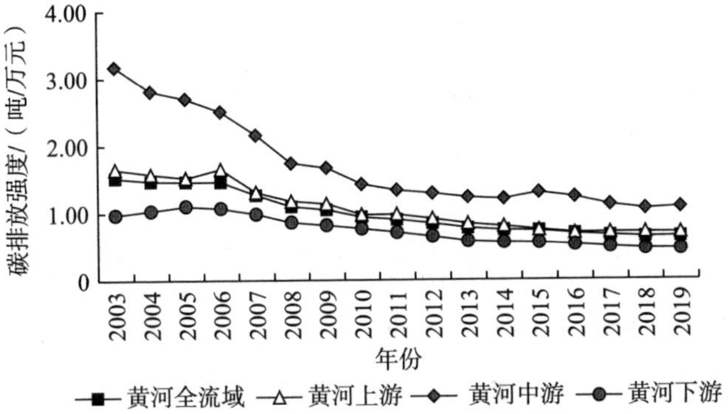

(a) 2003—2019年黄河全流域及各区域的碳排放强度

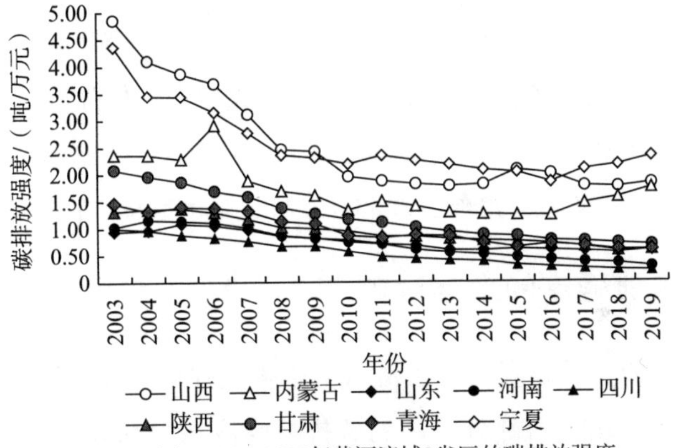

(b) 2003—2019年黄河流域9省区的碳排放强度

图 1-1 黄河流域碳排放强度情况

二、碳排放强度的空间演变特征

为了更直观地反映黄河流域碳排放强度的空间分布特征，本书选取了2003 年、2009 年、2015 年和 2019 年 4 个年份，借鉴其他学者的分类方式，以这 4 年各省区碳排放强度平均数的 150%、100%、50%为节点值，将其划分为高强度、中高强度、中低强度及低强度 4 类区域。

由上文可知，研究期内黄河流域的碳排放强度呈现出“北高南低”的连片分布特征。2003 年，流域内有 3 个低强度区（山东、河南和四川）、3 个中低强度区（甘肃、青海、陕西）、1个中高强度区（内蒙古）以及2个高强度区（宁夏、山西），其中，高强度区和中高强度区多分布于黄河上游和中游地区，黄河下游地区为低强度区聚集地。2009年，随着工业化进程的加快，山东和河南两省从低强度区转变为中低强度区，在空间上呈带状分布，但其碳排放强度却处于平均水平之下。2015年，流域碳排放强度的类型区在空间分布上较为分散，黄河上、中、下游地区均存在两种及以上的碳排放强度类型区。其中，河南由中低强度区转变为低强度区，这可能是河南在落实农业供给侧结构性改革中实现了农业结构的优化升级，间接减少了农业领域的碳排放量，从而推动了碳排放强度的降低。2019年，黄河流域碳排放强度在空间分布上显著呈现出“西北高，东南低”的特征，各种类型区连片分布的趋势愈加明显，其中，内蒙古由原来的中高强度区转变为高强度区，山东则从中低强度区转变为低强度区。总体来说，黄河流域中处于低强度区的省区较少，流域内碳减排工作还需要加大力度，尤其需要重点关注内蒙古、宁夏和山西3省区，其碳减排形势较为严峻，在实现碳排放强度目标上任重道远。

三、碳排放强度的发展预测

上述分析表明，研究期内黄河流域的碳排放强度总体上呈下降趋势，但从省域层面来看，流域内部分省区的碳排放强度在后期表现出了上升趋势。因此，进一步对黄河流域2020—2030年的碳排放强度进行预测，以期为后续减排方案的制定提供依据。

本书采用Eviews8软件对碳排放强度的时间序列数据进行单根性检验。从表1-3中可以看出，Y为平稳序列，不需要对原始数据进行差分。之后通过观察碳排放强度的自相关图和偏相关图，结合AIC最小准则得出最后的模型为ARIMA（1，0，0），计算公式如下：

$$Y_t = 0.013882 + 0.932249 Y_{t-1} + \varepsilon_t \tag{1-5}$$

其中，模型R^2为0.970，修正后的R^2为0.968，$F=454.609$，在5%的水平下显著，所以可以确定模型ARIMA（1，0，0）为最佳模型。再对模型的残差项进行单根性检验，如表1-3所示，残差项属于随机平稳序列，通过了白噪声检验，表明模型适用。

表 1-3 碳排放强度和模型残差的单根性检验结果

变量	ADF 检验	各显著水平下的临界值			检验结果
		1%	5%	10%	
Y	-4.418**	-2.718	-1.964	-1.605	平稳
残差	-2.968**	-2.728	-1.966	-1.605	平稳

注：** 表示在 5%的水平上显著。

根据历史数据预测的碳排放强度隐含着影响因素的驱动规律，本书选择动态预测法预测黄河流域的碳排放强度，并对结果进行分析（见表 1-4）。

表 1-4 2020—2030 年黄河流域碳排放强度的预测值

	2020 年	2021 年	2022 年	2023 年	2024 年	2025 年	2026 年	2027 年	2028 年	2029 年	2030 年
预测值（吨/万元）	0.604	0.577	0.552	0.528	0.506	0.486	0.467	0.449	0.432	0.417	0.403

从表 1-4 的预测结果来看，2020—2030 年黄河流域的碳排放强度呈下降趋势，年均下降率为 3.97%，其呈现的变化规律与 2009—2019 年黄河流域的碳排放强度数据规律基本相符，说明预测的数据具有一定合理性。2030 年黄河流域的碳排放强度预测结果为 0.403 吨/万元，与 2005 年相比，下降了 1.06 吨/万元，下降率为 72.49%。这意味着推动高质量发展能够对黄河流域的碳排放起到较好的抑制作用。

第四节 黄河流域高质量发展过程中碳排放强度的驱动因素分解

一、单个驱动因素作用强度分析

本书分别对黄河全流域、黄河上游、黄河中游及黄河下游地区碳排放强度的驱动因素进行了分析。在对各影响因素的数据进行离散化处理的基础上，利用地理探测器得到的探测结果如表 1-5 所示。

表 1-5　各影响因素因子探测结果

因素	黄河全流域	黄河上游	黄河中游	黄河下游
人口规模	0.146	0.097	0.796**	0.873**
经济发展水平	0.891**	0.890**	0.796**	0.873**
产业结构	0.285	0.277	0.372	0.686**
能源消费结构	0.770**	0.913**	0.801**	0.674**
能源强度	0.942**	0.943**	0.856**	0.898**
城市化	0.891**	0.890**	0.796**	0.873**

注：** 表示在 5%的水平上显著。

（一）人口规模

人口规模对黄河中下游地区的碳排放强度具有显著的驱动力，即人口规模的扩大有利于降低碳排放强度。黄河中下游地区地势平坦、气候适宜、经济基础良好，具备人口集聚的前提条件，近几年人才争夺战的开展为西安、郑州、青岛等城市吸引了众多高质量人才，进一步优化了黄河中下游地区的人口结构，而劳动力的增加势必带来更多的生产力，在就业充分的条件下，社会总产出提高，这对于促进碳排放强度降低具有较大的推动作用。

（二）经济发展水平

经济发展水平对碳排放强度具有显著影响，说明黄河流域的碳排放强度会随着经济发展水平的提高而降低。近年来，黄河流域在国家的战略指导和政策帮扶下，积极推动流域经济结构的绿色转型并逐渐降低经济发展对高碳能源消耗的依赖，带动了经济发展质量的提升以及技术与制度管理的进步，在生产效率改进与社会总产出增加的背景下，流域整体的碳排放强度也得到了进一步的降低。

（三）产业结构

产业结构对黄河下游地区的碳排放强度具有正向驱动作用，第二产业产值占比越低，碳排放强度就越低。在高质量发展战略机遇下，黄河下游地区的山东和河南两省通过发挥其地理优势和资源禀赋，加速推动了产业结构的低碳化、技术化和绿色化转型，促进新旧动能转化，逐渐打破了第二产业产值占 GDP 比重过半数的局面，低污染、低排放产业的集聚也削弱了经济增长中产生的碳排放，进一步推动了地区碳排放强度的下降。

（四）能源消费结构

能源消费结构对碳排放强度的驱动作用显著，即煤炭消费占比越高，碳排放强度越高。黄河中上游地区煤炭资源丰富，各省区在推动经济发展过程中对煤炭的消费需求较高，尤其是山西、内蒙古、宁夏 3 个省区，以煤为主的能源消费结构短时间内难以改变，这也使得这 3 个省区的碳排放量居高不下，因此，能源消费结构对黄河上游和中游地区碳排放强度的驱动力较大，分别为 0. 913 和 0. 801。

（五）能源强度

能源强度对碳排放强度的正向驱动作用最强，能源强度的下降能有效推动碳排放强度的下降。在科技飞速发展的时代背景下，各种能源技术的更新和成熟使得能源利用效率得到提升，从而避免了不必要的能源消耗，也促进了能源强度和碳排放强度的降低。能源强度对黄河上游地区的碳排放强度驱动力最强，说明相关部门要注重对黄河上游各省区的技术扶持以实现其能源强度的降低。

（六）城市化

城市化对碳排放强度具有显著影响，黄河流域的碳排放强度会随着各省区城市化水平的提高而降低。在西部大开发战略和中部崛起计划的陆续实施下，黄河流域各省区的城市化进程不断加快，大部分省区的城市化水平都进入了中后期阶段，大量劳动力的涌入为经济发展和区域技术进步提供了人才储备，也为区域能源综合效率的提升和碳排放强度的降低奠定了基础。

二、驱动因素的交互作用分析

在分别对人口规模（P）、经济发展水平（A）、产业结构（I）、能源消费结构（E）、能源强度（Q）、城市化（U）这 6 个单因素的作用强度进行分析后，进一步探索因素间的交互驱动作用，从表 1-6 的交互作用探测结果来看，黄河流域与黄河上、中、下游地区的任意两个驱动因子的交互结果都为双因子增强，这意味着任意两变量协同产生的驱动力都比单个变量对碳排放强度的驱动力高。具体来说，在黄河全流域中，$A\cap Q$ 和 $Q\cap U$ 的交互作用最强，$A\cap U$ 的交互作用最弱，其中包含能源强度的关键交互因子在黄河流域碳排放强度空间分异中产生的叠加交互效应会更加明显。在黄河上游地区，$A\cap E$ 与 $E\cap U$ 以及 $A\cap Q$ 与 $Q\cap U$ 产生的交互结果是一致的，能源消费结构的优化与能源利用效率的提高会促进经济良性发展，城市化水平的提高则加速了城市人口集聚，双方在交互作用中共同推动人均碳排放强度降低。在黄河中游地区，$P\cap E$、$P\cap Q$、$A\cap E$、$A\cap Q$、$E\cap U$、$U\cap Q$ 对碳排放强度的交互探测力最高且探测值都为 0.906，其他因子的交互作用则相对较低。在黄河下游地区，$I\cap Q$ 交互值高达 0.953，这说明产业结构与能源强度的交互作用对碳排放强度的影响非常大，在产业结构趋向低碳化的情形下，提高能源利用效率能够有效降低碳排放强度。

表 1-6　各影响因素交互作用探测结果

两因子交互	交互值		值对比	交互结果
	黄河全流域	黄河上游		
$A\cap E$	0.915	0.914	>max（A，E）	双因子增强
$A\cap Q$	0.961	0.961	>max（A，Q）	双因子增强
$A\cap U$	0.897	0.896	>max（A，U）	双因子增强
$E\cap Q$	0.958	0.959	>max（E，Q）	双因子增强
$E\cap U$	0.915	0.914	>max（E，U）	双因子增强
$Q\cap U$	0.961	0.961	>max（Q，U）	双因子增强
两因子交互	交互值		值对比	交互结果
	黄河中游	黄河下游		
$P\cap A$	0.809	0.881	>max（P，A）	双因子增强
$P\cap E$	0.906	0.919	>max（P，E）	双因子增强
$P\cap Q$	0.906	0.933	>max（P，Q）	双因子增强
$P\cap U$	0.809	0.881	>max（P，U）	双因子增强

续表

两因子交互	交互值		值对比	交互结果
	黄河中游	黄河下游		
$A \cap E$	0.906	0.919	>max（A，E）	双因子增强
$A \cap Q$	0.906	0.933	>max（A，Q）	双因子增强
$A \cap U$	0.809	0.881	>max（A，U）	双因子增强
$E \cap Q$	0.893	0.972	>max（E，Q）	双因子增强
$E \cap U$	0.906	0.919	>max（E，U）	双因子增强
$U \cap Q$	0.906	0.933	>max（U，Q）	双因子增强
$P \cap I$	—	0.923	>max（P，I）	双因子增强
$A \cap I$	—	0.923	>max（A，I）	双因子增强
$I \cap E$	—	0.774	>max（I，E）	双因子增强
$I \cap Q$	—	0.953	>max（I，Q）	双因子增强
$I \cap U$	—	0.923	>max（I，U）	双因子增强

第五节　研究结论与政策建议

一、研究结论

本章通过分析2003—2019年黄河流域碳排放强度的时空演变和驱动因素发现：①从时序变化来看，2003—2019年黄河流域碳排放强度总体上呈现出显著的下降趋势。其中，四川、河南、甘肃和青海表现为稳步下降趋势，山西、宁夏和内蒙古呈现出先下降后上升的趋势，山东和陕西则表现出先上升后下降的趋势。②从空间分布来看，2003—2019年黄河流域碳排放强度呈现出“北高南低”的连片分布特征。高强度区多出现在黄河上游和中游地区，黄河下游地区则多为中低强度区，其中，山西、宁夏、内蒙古为高—高集聚区，四川、山东、河南为低—低集聚区。③预测结果显示，黄河流域2020—2030年的碳排放强度呈稳步下降趋势。④经济发展水平、能源消费结构、能源强度和城市化是黄河流域碳排放强度的主要驱动因素。除此之外，人口规模对黄河中下游地区的碳排放强度具有显著影响，产业结构对下游地区碳排放强度的驱动力显著。任意两因素交互后对碳排放强度的驱动力均会明显提升，这表明黄河流域在后续的碳减排工作部署中需要特别注重流域内各方面的协同治理。

二、政策建议

（一）黄河上游地区

一是实现经济增长与高碳能源消耗之间的相对脱节，加强地区间的经济联系与互动合作，以高水平区域带动低水平区域发展，合作促进经济高质量发展；二是通过技术的研发与改进提高能源利用效率，尤其是要注重提高建筑业、工业和交通运输业的能源利用效率，对以贵州、青海为中心的能源强度集聚区制定专项能源政策；三是加快能源结构的调整和升级，逐步降低内蒙古和宁夏的煤炭能源消费比重，提高非化石能源的使用比例，并积极开发上游地区丰富的太阳能、风能等清洁能源，实现可再生能源的规模化、市场化发展，逐渐形成以清洁能源为主的新型能源结构，从源头上抑制碳排放增长。

（二）黄河中游地区

一是坚持节能优先，实施能源消费总量和碳排放强度“双控”行动，严格控制该地区煤电产能的扩张，并充分利用科技进步和能源缺口在电能替代降低能源强度中的桥梁作用；二是进一步优化能源生产与消费结构，推进煤炭产能减量置换，降低煤炭在能源消费结构中的比重，大力推动风、光、地热、生物质等新能源多样发展，加快构建以需求为主导、多品种能源融合、多种供能方式协同的现代能源供应体系；三是围绕太原、西安等发展条件较好的地区进行城市群建设，使之成为区域内主要的人口、产业集聚地，避免不切实际的粗放式城镇化扩张造成碳排放增加。

（三）黄河下游地区

一是努力创新经济发展模式，选择低能耗、低物耗、低排放、低污染的内涵式发展道路，同时加强碳市场建设，用市场手段促进节能减排；二是优化能源消费结构，持续压减煤炭等化石能源消费，实施风能、太阳能、生物质能、地热能等可再生能源替代行动以大幅增加非化石能源消费；三是升级产业结构，构建现代化产业体系，加快推动能代表新一轮技术革命趋势的高新技术产业和战略性新兴产业等，提高第三产业占比，减少工业发展产生的碳排放；四是充分发挥以中原、山东半岛城市群等为核心的经济辐射和引领作用，集聚高层次创新型人才与创新型企业，形成区域碳排放强度下降的内在动力。

（四）黄河全流域

一方面，要加强各省区的碳减排协同治理，成立专门的流域碳减排管理机构，在内蒙古、宁夏和山西等高碳聚集区建立联动机制，协调该地区的产业结构和能源结构，改变区域高碳聚集局面；另一方面，要促进各行业、各部门间的协同治理，加强相互间的配合。以“十四五”规划为指导纲要，明确流域内控碳、减碳目标和节能减排路线图，厘清各级地方政府部门的职能定位，充分发挥区位、资源优势，调动人力、物力资源协同减排，最终共同推动黄河流域低碳发展和高质量发展。

第二章　数字新质生产力发展背景下黄河流域碳排放的影响因素

党的二十大报告提出，“要积极稳妥推进碳达峰碳中和”，实现碳达峰碳中和不仅表明中国应对气候变化的决心，也是中国式现代化发展的迫切需要。习近平总书记在中共中央政治局第十一次集体学习时强调，要加快发展新质生产力，扎实推进高质量发展。习近平总书记的这一重要指示，为推动黄河流域生态保护和高质量发展提供了根本遵循和行动指南。而低碳经济发展是世界各国应对生态环境危机的共同选择。实现经济与环境的“双赢”，需因时、因地制宜。本章借鉴脱钩模型，构建了经济增长与低碳发展的分析框架，科学测度了黄河流域各省区碳生产率贡献率、碳排放贡献率，并对其低碳经济发展方式进行识别，采用构建计量模型探究黄河流域数字新质生产力对碳排放的影响。结果表明，黄河流域数字新质生产力与碳排放是显著的倒“U”形关系。

第一节　数字新质生产力发展背景下黄河流域碳排放的演变评价

一、黄河流域碳排放的研究进展

20 世纪 70 年代以来，人类经济社会发展带来的大量温室气体排放引发的气候变化给全球经济、社会与生态的协调发展带来了前所未有的挑战，气候变化已成为全球关注的非传统安全问题。根据 IPCC 于 2007 年公布的第四次评估报告，自工业化时代以来，全球温室气体排放增加，其中在1970—2004年增加了70%，二氧化碳是最重要的人为温室气体，其排放于同期增加了大约80%，温室气体排放情况不容乐观。1972年，罗马俱乐部出版《增长的极限》一书，论述了世界经济以牺牲环境为代价带来的资源枯竭、生态破坏、环境污染等一系列严重后果，使得各国开始反思这种粗放型经济增长方式，进而各国开始关注经济、环境、社会协同、可持续发展问题。1992年，联合国环境与发展大会通过了世界上第一个全面控制温室气体排放的《联合国气候变化框架公约》，减少二氧化碳排放量成为国际共识。随后《京都议定书》（1997年）、《哥本哈根协议》（2009年）、《巴黎协定》（2016年）等减排承诺相继被提出，低碳经济发展成为人类经济发展的新标志。

自1978年改革开放以来，中国经济高速增长，创造了“中国奇迹”，GDP由1978年的0.37万亿元增长到2020年的101.36万亿元，与此同时，高增长环境污染问题以时空压缩的方式出现，中国二氧化碳排放量从1978年的13.80亿吨增长到2020年的98.94亿吨，中国经济发展长期依赖高碳能源，经济发展与能源、环境之间的矛盾愈演愈烈。中国作为世界上最大的发展中国家，党和政府历来高度重视环境污染与生态破坏，特别是党的十八大以来，以习近平同志为核心的党中央，首次将建设美丽中国作为执政理念，首次提出建设“富强民主文明和谐美丽”的社会主义现代化强国的目标，提出“创新、协调、绿色、开放、共享”的新发展理念，将低碳经济发展纳入生态文明建设中。目前，中国是世界上碳排放第一大国，作为应对全球气候变化的引领者和参与者，作为倡导命运共同体的大国，始终主动承担温室气体排放责任。特别是2020年中国在联合国一般性辩论大会上宣布进一步提高自主贡献力度，提出力争于2030年前二氧化碳排放达到峰值，努力争取2060年前实现碳中和。这些理念与行动都彰显了中国应对全球气候变化的决心，为全球低碳经济发展贡献中国智慧。

尽管低碳经济发展已成为国际经济社会发展的普遍共识，但对于低碳经济的内涵界定多种多样，仍没有统一的定义。一般认为，低碳经济作为专业概念首次出现于2003年英国发表的题为《我们能源的未来——创建低碳经济》的白皮书中，指出“低碳经济”是通过更少的自然资源消耗和更少的环境污染，获得更多的经济产出。英国低碳经济战略推动世界各国低碳政策的制定，2007 年欧盟议会通过《2020 年气候和能源一揽子计划》，认为低碳经济是高效能、低排放、低污染的经济，应通过低碳技术来促进低碳经济发展。Dagoumas 等（2010）认为，低碳经济是适应温室效应而产生的一种新的经济发展模式，有利于低碳产品和工艺的全球技术革命，通过专业化和规模经济实现更低的成本。陈诗一（2022）在低碳经济概念的基础上进一步界定了低碳经济转型的概念，指出低碳经济转型就是考虑能源和环境污染等低碳因素后的经济实际转型过程。虽然对低碳经济的具体内涵表述不尽相同，但学者们一般认为低碳经济是低耗能、低排放、低污染的可持续发展的经济，是经济发展与生态环境的“双赢”。

低碳经济是环境污染与经济发展之间达到一定水平的经济形态，那么，如何评价低碳经济发展？如何解释低碳经济发展的状态？学者们的主要研究方法有脱钩模型和环境库兹涅茨曲线（EKC）等。格罗斯曼（G. Grossman）于 1991 年提出了环境污染与经济增长两者之间呈倒“U”形曲线的假设，即碳排放随着经济增长先上升到某一峰值后下降。Haseeb 等（2018）分析了金砖国家金融发展、全球化、经济增长、能源消费、城市化和碳排放之间的关系，验证了金砖国家 EKC 曲线的存在性。Churchill 等（2018）分析了经济合作与发展组织（OECD）20 个国家的环境污染与经济发展的关系曲线，发现只有 9 个国家符合 EKC 假说。此外，EKC 曲线出现了倒“N”形（邹庆，2015）和“N”形（Friedl and Getzner，2003）、单调递增型（Farhani and Ozturk，2015）等多种形状，但没有一种形状适用于所有场景。Shahbaz 等（2019）分析越南年度数据发现 EKC 曲线仅在长期存在而短期内不存在。Tapio 脱钩模型是弹性分析，因此，对基期的选择不敏感，为了评估不同地区在不同时期经济发展与碳排放之间的状态，学术界普遍采用脱钩模型进行实证分析等，采用主成分分析法测算低碳经济发展，从生产体系、生活系统、发展动力、发展效益 4 个维度构建低碳经济评价指标体系。

黄河流域低碳经济发展是应对全球气候变化的必然选择，黄河流域低碳经济的核心是低排放和高效能，因此，在研究影响黄河流域低碳经济的因素过程中，碳排放量与碳排放效率是衡量低碳经济发展的主要对象。日本学者 Kaya 提出 Kaya 等式研究碳排放与能源效率、能源结构、经济水平以及人口规模之间的因果关系。Kawase 等（2006）使用扩展的 Kaya 等式对碳排放进行因素分解，并制定了一个减排平衡表。张友国（2010）利用投入产出表对二氧化碳排放强度进行了结构分解，研究发现，能源技术进步能够降低中国碳排放强度。杨骞和刘华军（2012）使用一个扩展的 STIRPAT 模型，通过结构分解中国碳排放的区域差异，分析造成不同碳排放水平差异的影响因素。此外，对数平均迪氏分解（LMDI）（Oliveira，2019）、指数分解模型（IDA）（臧萌萌、吴娟，2021）和结构分解模型（SDA）（Ninpanit et al.，2019）也是研究二氧化碳排放影响因素的主要方法。研究发现，碳排放与社会经济生产生活有密切关系，如经济增长、人口密度、城市化、对外贸易和能源消耗（Yang et al.，2018）。

黄河流域低碳经济发展状态决定了整体“双碳”目标的实现，因此，有必要对黄河流域低碳经济增长方式及其效果进行研究，以厘清黄河流域碳排放与经济增长的关系，制定差异性的政策。黄河流域各省区发展不平衡，资源禀赋参差不齐，如果采取“一刀切”政策，忽视黄河流域发展的差异，就会破坏经济社会和谐发展。如何统筹协调黄河流域各省区在发展水平、客观条件和减排进度等方面的差异，从黄河流域各省区差异入手研究黄河流域经济的发展方式，对中国“双碳”目标的实现有着理论价值和现实意义。

本书结合黄河流域现实情况，以碳排放贡献率为因变量，以碳生产率贡献率为自变量，选取黄河流域 9 省区的相关数据，通过研究碳排放与经济增长的关系测度黄河流域的低碳经济发展水平，并结合实际情况对结果进行分析，促进黄河流域以更加合理的方式实现绿色低碳经济的发展。

二、模型构建与判定方法

（一）模型构建

1. 变量设定

本书基于碳排放和碳生产率研究二者对经济增长的驱动作用，利用二分法比较碳排放贡献率（E_C）和碳生产率贡献率（E_P）的大小，为了便于分析，本书对相关变量进行界定，根据经济增长方式的不同将其分为高碳型增长和低碳型增长，判别标准为主导经济增长的方式，若碳生产率的提高占主导驱动经济增长，则 $E_C<E_P$，视为低碳经济；若碳排放量的增加占主导驱动经济增长，则 $E_C>E_P$，视为高碳经济；若 $E_C=E_P$，则两者在经济增长中作用相同，即经济增长处于增长方式转变的节点。

2. 指标说明

本书以 E_C 为横轴、E_P 为纵轴建立直角坐标系。假定碳生产率测量每单位二氧化碳排放所引起的 GDP 产出水平的变化，公式为：$P=Y/C$；经济增长率测算各省份在样本期内 GDP 的增长速度，公式为：$R=\Delta Y/Y$；碳生产率增长率测算各省份在样本期内碳生产率的增长速度，公式为：$R_P=\Delta P/P$；碳排放增长率测算各省份在样本期内碳排放量的增长速度，公式为：$R_C=\Delta C/C$；碳生产率贡献率指碳生产率增长率与经济增长率的比值，公式为：$E_P=R_P/R$；碳排放贡献率指碳排放增长率与经济增长的比值，公式为：$E_C=R_C/R$。其中，Y 为地区生产总值，P 为碳生产率，C 为碳排放量。曲线 $E_P+E_C+E_P\times E_C\times R=1$ 为环境库兹涅茨倒“U”形曲线翻转后旋转 45°得到，并交 X 轴、Y 轴于（1，0）、（0，1）两点且凸向原点。分别作初始点为原点，斜率为 tan22.5°、tan 45°、tan67.5°的 3 条射线，这 3 条射线与 X 轴、Y 轴共同将曲线分为 6 部分，如图 2-1 所示。

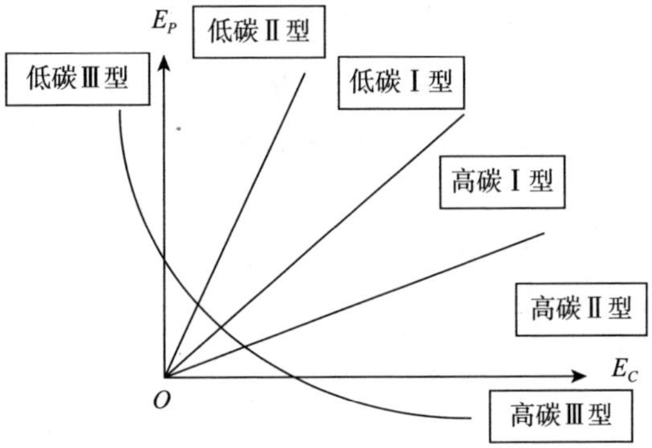

图 2-1　经济增长方式划分

（二）判定方法

考虑经济增长率的现实意义，可知 $R\neq0$，因此不考虑 $R=0$ 时的情况。当 $R\neq0$ 时，曲线与 X 轴的交点，曲线与斜率为 tan22.5°、tan45°、tan67.5°的射线的交点，曲线与 Y 轴的交点，即高碳Ⅰ型、高碳Ⅱ型、高碳Ⅲ型、低碳Ⅰ型、低碳Ⅱ型、低碳Ⅲ型的临界点。其临界点表达式可通过联立方程组式（2-1）求得，详细判定区间见表 2-1。

$$\begin{cases}E_P+E_C+E_P\times E_C\times R=1\\E_C\times\tan N=E_P\end{cases}\quad 其中，N=22.5°,45°,67.5° \tag{2-1}$$

表 2-1　经济发展方式判定区间

经济发展方式	判定区间（E_C）
低碳Ⅲ型	$(-\infty,\ 0)$
低碳Ⅱ型	$\left(0,\ \frac{-\sqrt{2}-2+\sqrt{6+4\sqrt{2}+4(\sqrt{2}+1)R}}{(2\sqrt{2}+2)R}\right)$
低碳Ⅰ型	$\left(\frac{-\sqrt{2}-2+\sqrt{6+4\sqrt{2}+4(\sqrt{2}+1)R}}{(2\sqrt{2}+2)R},\ \frac{-1+\sqrt{1+R}}{R}\right)$
高碳Ⅰ型	$\left(\frac{-1+\sqrt{1+R}}{R},\ \frac{-\sqrt{2}+\sqrt{2+4(\sqrt{2}-1)R}}{(2\sqrt{2}-2)R}\right)$
高碳Ⅱ型	$\left(\frac{-\sqrt{2}+\sqrt{2+4(\sqrt{2}-1)R}}{(2\sqrt{2}-2)R},\ 1\right)$
高碳Ⅲ型	$(1,\ +\infty)$

三、测算结果与分析

人均碳排放量由城市二氧化碳排放量与常住人口的比值来表示。各省市采用范围 1、范围 2 和范围 3 进行核算。范围 1 是指省市范围内的所有直接排放，基本核算公式是活动水平数据与排放因子的乘积，测度的排放主要包括 5 个领域的活动水平数据，即能源活动、工业生产过程、农业、土地利用变化和林业、废弃物处理。范围 2 是指电力与热力部门有关的间接排放，主要包括为满足城市消费而外购的电力、供热或制冷等产生的排放。范围 3 是指由城市内部活动引起，产生于市区之外，但不包含范围 2 的其他间接排放，包括城镇从辖区外购买的所有物品在生产、运输、使用和废弃物处理环节的温室气体排放。

（一）黄河流域区域碳排放水平总体描述

碳排放数据选取考虑数据的可获得问题和数据单位的一致性，以黄河流域9省区为研究对象。黄河流域各省区2006—2019年的碳排放量数据来自中国碳核算数据库（CEADs），2020年的数据为各省统计公报；为了数据更真实地反映经济增长的情况，需要去除价格变动对国内生产总值的影响，本书以2005年为基期，将当年的名义GDP折算为实际GDP。

根据上述方法，可以求出2006—2020年黄河流域9省区每年的经济增长率、碳排放增长率、碳生产率增长率，再进一步用两者与经济增长率的比值计算碳排放贡献率、碳生产率贡献率。通过经济增长率可以计算出每年经济增长类型的区间临界值，最后根据碳排放贡献率判定区间，确定各省区的经济发展模式。

表2-2是根据上述方法求出的2006—2020年黄河流域9省区碳排放相关变量的测度数据。

通过表2-2可以发现，黄河流域低碳经济发展水平呈现以下特征。首先，黄河流域的低碳经济发展水平整体呈上升趋势，碳排放增长率由2006年的12.4%下降到2020年的3.7%，碳生产率增长率由2006年的-10.8%上升到2020年的6.3%，这表明黄河流域绿色低碳发展取得明显进展，但仍有待改进。

测算结果显示，黄河流域9省区能源利用效率大幅提升。2006年9省区的碳生产率增长率均为负值，到2020年仅有河南碳生产率增长率为负值。2006年碳排放增长率9省区均超过了5%，到2020年河南和青海的碳排放增长率均为负值，所有省区碳排放增长率均未超过10%，说明绿色低碳技术的研发和推广应用效果显著。此外，省际发展差距悬殊。2020年内蒙古碳排放贡献率为44.5%，技术发展落后，而能源储备丰富，是全国能源供应区。这说明黄河流域低碳经济发展正向前迈进，但省际差距过大，低碳经济发展不均衡问题严重，全面碳达峰目标任重道远。

表2-3给出了2006—2020年黄河流域9省区碳排放测度指标年均值和每隔5年的均值。

表 2-2　2006—2020 年黄河流域 9 省区碳排放相关变量的测度

省区	碳排放增长率				碳生产率增长率				碳生产率贡献率				碳排放贡献率			
	2006 年	2010 年	2015 年	2020 年	2006 年	2010 年	2015 年	2020 年	2006 年	2010 年	2015 年	2020 年	2006 年	2010 年	2015 年	2020 年
山西	0. 104	0. 180	−0. 074	0. 041	−0. 094	−0. 061	0. 112	0. 087	−0. 947	−0. 565	3. 731	2. 416	1. 048	1. 667	−2. 456	1. 140
内蒙古	0. 209	0. 102	0. 002	0. 089	−0. 172	0. 036	0. 075	0. 098	−0. 957	0. 253	0. 978	48. 951	1. 159	0. 722	0. 020	44. 513
山东	0. 088	0. 108	0. 043	0. 038	−0. 081	−0. 004	0. 033	0. 088	−0. 657	−0. 036	0. 427	2. 512	0. 716	1. 040	0. 554	1. 081
河南	0. 127	0. 140	−0. 032	−0. 065	−0. 113	−0. 014	0. 120	−0. 039	−0. 777	−0. 110	1. 429	−3. 508	0. 877	1. 125	−0. 383	−5. 930
四川	0. 116	0. 157	−0. 054	0. 060	−0. 104	−0. 005	0. 141	0. 055	−0. 768	−0. 035	1. 785	1. 446	0. 858	1. 041	−0. 688	1. 574
陕西	0. 052	0. 211	−0. 005	0. 068	−0. 049	−0. 060	0. 082	0. 072	−0. 400	−0. 430	1. 065	3. 432	0. 423	1. 521	−0. 060	3. 232
甘肃	0. 061	0. 266	−0. 028	0. 009	−0. 057	−0. 117	0. 113	0. 068	−0. 476	−0. 988	1. 374	1. 799	0. 510	2. 251	−0. 336	0. 240
青海	0. 225	−0. 043	0. 053	−0. 004	−0. 182	0. 184	0. 027	0. 003	−1. 476	1. 385	0. 331	0. 174	1. 826	−0. 325	0. 651	−0. 239
宁夏	0. 137	0. 224	−0. 019	0. 098	−0. 119	−0. 081	0. 101	0. 136	−1. 017	−0. 647	1. 262	3. 497	1. 174	1. 792	−0. 238	2. 514
均值	0. 124	0. 149	−0. 013	0. 037	−0. 108	−0. 014	0. 089	0. 063	−0. 831	−0. 130	1. 376	6. 747	0. 955	1. 204	−0. 326	5. 347

注：由于本书篇幅有限，为了展现各省区经济发展的情况，表格数据每间隔 5 年列出。

表 2-3　2006—2020 年黄河流域 9 省区碳排放测度指标均值

省区	平均碳排放增长率				平均碳生产率增长率				平均碳排放贡献率				平均碳生产率贡献率			
	i	ii	iii	iv	i	ii	iii	iv	i	ii	iii	iv	i	ii	iii	iv
山东	0. 074	0. 016	0. 027	0. 039	0. 009	0. 078	0. 052	0. 046	0. 678	0. 180	0. 556	0. 471	0. 123	0. 842	0. 973	0. 646
山西	0. 090	0. 010	0. 050	0. 050	−0. 011	0. 064	0. 023	0. 025	0. 886	−0. 277	0. 913	0. 507	−0. 055	1. 328	0. 594	0. 622
河南	0. 090	0. 008	−0. 040	0. 019	0. 012	0. 093	0. 083	0. 063	0. 671	0. 050	−1. 549	−0. 276	0. 141	0. 999	0. 506	0. 549

续表

省区	平均碳排放增长率				平均碳生产率增长率				平均碳排放贡献率				平均碳生产率贡献率			
	i	ii	iii	iv	i	ii	iii	iv	i	ii	iii	iv	i	ii	iii	iv
内蒙古	0.154	0.047	0.076	0.092	−0.019	0.057	0.007	0.015	0.922	0.320	10.109	3.784	−0.087	0.736	9.432	3.360
四川	0.124	0.019	0.002	0.048	−0.012	0.088	0.086	0.054	0.902	0.123	0.206	0.410	−0.090	0.887	1.238	0.678
陕西	0.131	0.048	0.023	0.067	−0.018	0.056	0.065	0.034	0.963	0.404	0.814	0.727	−0.142	0.581	1.332	0.590
甘肃	0.091	0.048	0.008	0.049	0.005	0.058	0.055	0.039	0.769	0.380	0.141	0.430	0.088	0.612	1.083	0.594
青海	0.105	0.102	0.002	0.070	0.004	0.006	0.057	0.022	0.869	0.923	−0.032	0.587	0.028	0.106	0.855	0.330
宁夏	0.137	0.089	0.109	0.112	−0.036	0.027	0.005	−0.001	1.159	0.736	1.775	1.223	−0.297	0.421	0.370	0.165

注：i 为 2006—2010 年；ii 为 2011—2015 年；iii 为 2016—2020 年；iv 为相应指标年均值。

从表 2–3 中可以看出，黄河流域各省区低碳经济发展增速差异显著。从各省区年平均碳排放贡献率来看，排在前三位的省区依次是内蒙古、宁夏和陕西，其年平均碳排放贡献率均超过了 70%；排在后三位的省份依次是河南、四川和甘肃，其年平均碳排放贡献率均未超过 50%。由此可见，黄河流域各省区平均碳排放贡献率存在明显的地区差异性。值得关注的是，在平均碳生产率贡献率方面，排在前三位的依次是内蒙古、四川和山东，排在后三位的依次是宁夏、青海和河南。

（二）黄河流域经济发展方式分析

表 2–4 是根据经济发展判定方法综合求出的 2006—2020 年黄河流域 9 省区低碳经济发展方式的测算结果。

表 2–4　2006—2020 年黄河流域 9 省区经济发展方式

年份	高碳Ⅲ型	高碳Ⅰ型	高碳Ⅱ型	低碳Ⅰ型	低碳Ⅱ型	低碳Ⅲ型
2006	山西、内蒙古、青海、宁夏	山东、河南、四川	甘肃	陕西	—	—
2007	陕西、宁夏	内蒙古、山东、河南、甘肃	山西、四川、青海	—	—	—
2008	内蒙古、青海、宁夏	山西、四川、陕西	山东、甘肃	—	河南	—
2009	陕西	四川	内蒙古、青海、宁夏	山东、河南	山西	甘肃
2010	山西、山东、河南、四川、陕西、甘肃、宁夏	内蒙古	—	—	—	青海
2011	内蒙古、青海、宁夏	山西、陕西、甘肃	河南	山东	四川	—
2012	青海	四川、陕西、甘肃	山西、山东	—	内蒙古	河南、宁夏
2013	—	—	青海、宁夏	四川、甘肃	山西、陕西	内蒙古、山东、河南

续表

年份	高碳Ⅲ型	高碳Ⅰ型	高碳Ⅱ型	低碳Ⅰ型	低碳Ⅱ型	低碳Ⅲ型
2014	河南	—	—	陕西	内蒙古、山东、甘肃、青海、宁夏	山西、四川
2015	—	—	青海	—	内蒙古、山东	山西、河南、四川、陕西、甘肃、宁夏
2016	青海	—	山西	—	内蒙古、山东	河南、四川、陕西、甘肃、宁夏
2017	山西、内蒙古、宁夏	—	—	—	陕西	山东、河南、四川、甘肃、青海
2018	内蒙古、山东、甘肃、宁夏	山西	—	—	陕西	河南、四川、青海
2019	内蒙古、陕西、宁夏	山西、山东、四川	—	—	甘肃	河南、青海
2020	山西、内蒙古、山东、四川、陕西、宁夏	—	—	—	甘肃	河南、青海

从表2-4中可以看出，黄河流域各省区经济发展水平符合一般经济发展规律，由高碳经济发展方式向低碳经济发展方式转变，整体来看，经济增长推动了经济发展方式的转变。

第一，黄河流域低碳经济发展起步晚，进程缓慢。2006年，仅有陕西为低碳Ⅰ型经济发展方式，其余8个省区均为高碳经济发展方式，其中高碳Ⅲ型有4个。2006—2012年，高碳经济发展方式的省区数量明显高于低碳经济发展方式的省区数量，2012年以低碳经济为主要发展方式的仅有3个省区，而高碳经济发展省区有6个。第二，经济发展转变交替反复现象明显。从发展方式变化趋势和演化过程来看，山西拥有黄河流域最大的煤炭工业基地，河南以食品加工制造产业和机械制造加工产业为主，说明低碳经济发展不稳定，有可能是政府政策对碳排放有着显著正向影响，强制性落实减排降碳的政策在短期内确实起到了调控作用，但是忽略了企业的自主性，企业的经济效益在落实政策过程中在一定程度上遭受损失，抑制了企业技术创新的积极性。第三，经济发展为了低碳而低碳。青海完成了经济发展低碳转型，该省经济发展落后与经济发达地区处在不同的经济发展阶段，对能源消费需求量大，从客观上讲，能源消费持续增长是不可避免的，实现碳达峰甚至碳中和技术难度大，经济基础并不允许持续减排。

第二节　黄河流域数字新质生产力对碳排放的实证分析

生态环境部指出，2030 年前实现黄河流域二氧化碳排放达峰。随着近年来高温、暴雪等极端天气频发，洪涝等自然灾害强度增加，全球气候变暖加速，造成这些问题的主要原因是人类经济社会发展导致二氧化碳等温室气体呈爆发式排放，由此引发的温室效应导致全球气温不断升高，生态环境面临巨大的威胁与挑战。《世界能源统计年鉴（2023）》的统计报告显示，2022 年中国的碳排放总量为 118 亿吨，占全球碳排放总量的 30.2%，碳排放增长率仍维持刚性增长态势，减排降碳形势严峻。中国作为世界上最大的碳排放国，同时也是负责任的大国，秉持着人类命运共同体的理念，于 2020 年在联合国大会上庄严承诺将采取更加积极有力的措施，努力争取于 2030 年前实现碳达峰，2060 年前实现碳中和。

自 21 世纪开始，随着计算机、互联网技术的广泛应用与传播，数字化已成为数字经济发展的重要引擎，渗透于经济生产和生活的方方面面，不仅能够提高生产经营效率，还能够合理配置优化资源。数字化发展日新月异，不断创新的数字化技术和数字化信息，不仅创造了全新的经济增长动力，也全面而深刻地改变了传统经济活动的运作方式。中国正在加快推动经济数字化转型，将数字经济培育为未来经济可持续发展和高质量发展的新支柱。《中国数字经济发展白皮书（2023 年）》指出，2022 年中国数字经济规模达到 50.2 万亿元，占 GDP 比重达 41.5%，数字经济作为国民经济增长新动能作用更加显著。

目前，中国经济正从粗放型增长向集约型增长转变，推动经济社会发展绿色化、低碳化是实现高质量发展的关键环节。《“十四五”国家信息化规划》强调要逐渐形成数字化引领绿色化、绿色化牵引数字化的局面，由此可见，数字化必将成为解决经济发展和生态环境恶化之间矛盾的钥匙。面对伴随数字经济蓬勃发展而来的低碳经济模式，我们有必要更加深入地思考数字化与碳排放的关系，尤其是数字化通过刺激产业结构和技术创新对全社会碳排放施加影响的一般渠道和底层逻辑。

那么，黄河流域数字新质生产力能否改善碳排放现状并助力“双碳”目标的实现？数字新质生产力与碳排放是否存在非线性关系？如果存在，是否是倒“U”形关系？数字化又是通过何种渠道影响碳排放的？为此，本书将采用2006—2020年黄河流域9省区数据，运用多种计量模型分析黄河流域数字新质生产力与碳排放两者的现状，识别数字新质生产力与碳排放两者之间的关系，为实现“双碳”目标和生态文明建设提供参考。

一、黄河流域碳排放与数字新质生产力的测算

碳排放量（*Ce*）。人均碳排放量由城市二氧化碳排放量与常住人口的比值来表示。

数字新质生产力（*De*）。本书借鉴刘军等（2020）的城市层面数据，以互联网发展为测度核心，从数字化和数字金融发展两个方面对城市数字化发展水平进行测度。对于城市层面数字化发展的测度，借鉴黄群慧等（2013）的方法选择了互联网普及率、互联网相关从业人员、互联网相关产出和移动互联网用户数4个维度的指标。其中，互联网普及率用每百人互联网人数表示，互联网相关从业人员用计算机服务和软件业从业人员占单位从业人员比重表示，互联网相关产出用人均电信业务总量表示，移动互联网用户数用每百人移动电话数表示。在具体计算过程上，先对4个指标进行数据标准化处理，采用主成分分析法得到一个数字新质生产力综合发展指数。

二、黄河流域数字新质生产力对碳排放影响效果分析

（一）模型构建

本书基于基准回归构建计量经济模型，以分析黄河流域数字新质生产力对碳排放的直接影响。

$$\ln Ce_{it} = \alpha_0 + \alpha_1 De_{it} + \alpha_2 \sum X_{it} + \mu_t + \nu_i + \epsilon_{it} \tag{2-2}$$

$$\ln Ce_{it} = \alpha_0 + \alpha_1 De_{it} + \alpha_3 De_{it}^2 + \alpha_2 \sum X_{it} + \mu_t + \nu_i + \epsilon_{it} \tag{2-3}$$

式（2-2）、式（2-3）中，ln*Ce* 表示碳排放量为被解释变量，α_0 为常数项，数字新质生产力（*De*）为核心解释变量。在式（2-2）中引入数字化的二次项（De^2）以检验其非线性特征，*X* 表示控制变量组，包括城市化水平（*Urban*）、金融发展（*Fin*）、科技支出（*Sci*）、产业结构（*ind*）。ν_i 为城市固定效应，μ_t 为时间固定效应，ϵ_{it} 为随机扰动项。

（二）数据来源及描述性统计

本书选取 2006—2020 年黄河流域 9 省区的数据作为研究对象。所选数据主要取自《中国统计年鉴》《中国能源统计年鉴》《中国环境统计年鉴》。为了避免极端值的影响，缩小数据之间的绝对差异，对部分变量取对数。变量的平均方差膨胀因子值为 1.97，因此，解释变量间不存在多重共线性。所用变量的描述性统计如表 2-5 所示。

表 2-5　变量的描述性统计

变量	符号	均值	标准差	最小值	最大值	方差膨胀因子
碳排放量	*Ce*	8.151	9.151	0.00600	133.000	—
数字新质生产力	*De*	0.335	0.146	0.00600	0.986	1.27
金融发展	*Fin*	10.75	0.542	8.80300	12.290	1.42
城市化水平	*Urban*	0.563	0.150	0.181	1.000	2.75
产业结构	*ind*	1.215	0.746	0.114	7.768	1.08
科技支出	*Sci*	0.0270	0.648	0	20.500	1.41

（三）基准回归结果

表 2-6 展示了固定时间和个体效应下黄河流域数字新质生产力与碳排放关系的基准回归模型，列（1）和列（2）考察无论是否加入控制变量黄河流域数字化变量一次项对碳排放的回归结果。结果显示，两个结果中数字化的回归系数均为负值，相较于未引入控制变量，引入控制变量回归的模型可决指数为 0.786>0.337，说明引入控制变量回归的模型拟合结果更可靠。因此，在这里以引入控制变量后的基准回归模型分析数字化一次项。列（2）显示数字新质生产力对碳排放的回归系数为-0.273，但未通过显著性检验，说明黄河流域数字新质生产力发展对城市碳排放可能存在一定的减排效果，但这种关系用线性回归表示并不适合。接着，考虑数字新质生产力发展对碳排放是否存在非线性影响，将数字新质生产力二次项加入基准回归模型，回归结果如列（3）和列（4）所示，数字新质生产力一次项系数均为正，分别通过了 5%和 1%的显著性检验；数字新质生产力二次项系数均为负，且在 1%的统计水平上显著。结果表明，黄河流域数字新质生产力对碳排放的影响是显著的倒“U”形关系，即数字新质生产力发展的初始阶段，在数字基础设施建设、产业数字化投入和数字产业化发展过程中，数字新质生产力所需的投入与成本提高了经济生产中的碳排放水平，而且企业前期技术创新也加剧了能源消耗，因此初期数字化发展使碳排放增加。当数字新质生产力发展不断进步，技术创新提高能源效率并且降低经济生产成本，产业结构得到优化，技术创新效率提升，数字新质生产力发展带来减排效应。

表 2-6　数字新质生产力与碳排放的基准回归结果

变量	(1)	(2)	(3)	(4)
	Ce	*Ce*	*Ce*	*Ce*
De	10.854*** (12.242)	-0.273 (-0.655)	3.065** (2.582)	2.845*** (3.197)
De^2			-7.934*** (-3.233)	-6.273*** (-3.487)

续表

变量	(1)	(2)	(3)	(4)
	Ce	Ce	Ce	Ce
Urban		0.723 ** (2.400)		0.704 ** (2.371)
Fin		0.000 *** (4.588)		0.000 *** (4.648)
Sci		-0.005 (-0.500)		-0.006 (-0.548)
Ee		2.461 *** (6.170)		2.454 *** (6.193)
_cons	12.180 *** (79.372)	12.840 *** (90.344)	13.178 *** (118.871)	12.584 *** (83.323)
时间固定效应	Yes	Yes	Yes	Yes
城市固定效应	Yes	Yes	Yes	Yes
N	135	135	135	135
R^2	0.337	0.786	0.693	0.787
F	149.855	118.845	95.012	116.357

注：括号内为 *t* 值，** 和 *** 分别表示在 5%和 1%的水平上显著。

从控制变量的回归结果来看，城市化水平（*Urban*）回归系数为正且在5%的统计水平上显著，意味着城市化水平提高，人口过分集聚，人们生产生活的范围扩大，会产生更多能源消耗和温室气体，引起生态环境恶化，从而导致碳排放增加。金融发展（*Fin*）回归系数显著为正，意味着金融发展确实增加了碳排放，充裕的资金刺激了企业投资生产以及技术研发，加速数字化发展的同时也会产生大量的碳排放，说明合理利用金融资金对于减排降碳至关重要。能源效率（*Ee*）对碳排放的影响在1%的统计水平上显著为正，说明能源效率的提高不利于碳排放量的减少，可能有两个方面的原因：一方面，数字化发展推动技术创新和改进，提升了能源效率，可以减少化石能源在生产使用过程中的浪费和损耗；另一方面，能源效率提高会极大地降低化石能源的使用成本，诱使企业偏向利用化石能源进行生产经营，短期内能源效率在数字化发展中并没有达到节能减排的效果。碳排放与科技支出（*Sci*）回归结果系数并不显著。

（四）内生性检验

根据前文分析，黄河流域数字新质生产力与区域碳排放之间存在显著的倒“U”形曲线关系，而内生性问题的存在可能造成基准回归结果出现估计偏差。黄河流域数字新质生产力与区域碳排放之间可能存在因果内生性问题，即数字新质生产力的发展水平直接或间接对区域碳排放产生影响，同时区域碳排放规模大的城市往往经济发展水平较高，反过来可能会对数字新质生产力发展产生影响。为解决可能存在的内生性问题，本书参考彭刚和高劲松（2023）的做法，选取数字新质生产力发展水平的滞后一期与数字化发展水平的一阶差分做交互项，生成一个数字化发展水平的工具变量（*M*），再对工具变量自乘一次得出平方，构成数字新质生产力发展水平二次项的工具变量（M^2），进行两阶段最小二乘回归（2SLS）。数字新质生产力发展水平的一阶差分和滞后一期不会直接影响现阶段区域碳排放，同时与数字新质生产力发展水平高度相关，满足工具变量外生性和相关性的要求。检验估计结果如表 2-7 所示。

表 2-7　工具变量检验结果

变量	第一阶段回归		第二阶段回归
	De	De^2	*Ce*
M	1.098*** (0.047)	0.871*** (0.054)	
M^2	5.057*** (1.630)	11.450*** (2.380)	
De			2.167** (0.956)
De^2			-2.180** (0.957)
Control	Yes	Yes	Yes
F 检验	98.06	57.87	
LM 检验			20.521***

续表

变量	第一阶段回归		第二阶段回归
	De	De^2	*Ce*
RKF 检验			14.636 (7.03)
ID FE	Yes	Yes	Yes
Year FE	Yes	Yes	Yes
Observations			135
R^2			0.316

注：括号内为 t 值，** 和 *** 分别表示在 5%和 1%的水平上显著。

第一阶段回归分别拒绝了弱工具变量和过度识别检验的原假设，证明了工具变量选择的合理性。从第二阶段回归结果来看，LM 检验在 1%的水平上显著拒绝工具变量识别不足的原假设，RKF 统计量大于 Stock-Yogo 弱工具变量检验 10%水平上的临界值，且工具变量能解决模型内生性问题。数字新质生产力的一次项及二次项系数均在 5%的统计水平上显著，结果说明数字新质生产力与区域碳排放依然呈显著的倒“U”形关系。进一步表明回归结果是稳健的。

(五) 稳健性检验

为验证黄河流域数字新质生产力对碳排放影响是否存在先促进后抑制作用，本书通过以下 3 种方法进行了稳健性检验，结果如表 2-8 所示。

表 2-8　稳健性检验

变量	(1)	(2)	(3)
	替换核心解释变量	替换被解释变量	缩尾处理
De	1.852* (1.786)	2.488** (2.132)	3.057*** (2.831)
De^2	-5.129** (-2.416)	-6.386*** (-2.810)	-6.555** (-2.524)
控制变量	Yes	Yes	Yes
时间效应	Yes	Yes	Yes

续表

变量	(1)	(2)	(3)
	替换核心解释变量	替换被解释变量	缩尾处理
固定效应	Yes	Yes	Yes
N	126	135	135
r^2	0.784	0.611	0.836

注：括号内为 t 值，*、** 和 *** 分别表示在 10%、5%和 1%的水平上显著。

第一，替换核心解释变量。将数字化滞后一期处理，重新进行回归估计。列（1）回归结果显示，回归系数的符号没有发生变化且通过了显著性检验，因此表明黄河流域数字新质生产力与碳排放之间依然存在显著的倒“U”形关系。

第二，替换被解释变量。采用人均碳排放量的对数作为被解释变量代替原有基准回归模型中的被解释变量，列（2）显示，一次项的回归系数在 5%的统计水平上显著为正，二次项的回归系数在 1%的统计水平上显著为负。

第三，对所有变量进行 1%的双侧缩尾处理。观察表 2-8 可知，各变量的最大值和最小值存在较大差距，为避免可能存在的异常值或极端值使基准回归结果不稳定，对变量进行缩尾处理。列（3）报告结果表明，数字化一、二次项回归系数和符号均未发生改变，进一步表明黄河流域数字新质生产力对碳排放存在具有先促进后抑制的影响。

综上所述，本书基准回归结果是稳健的。

第三节　研究结论与政策建议

一、研究结论

本章选取 2006—2020 年黄河流域 9 省区作为研究对象，在测算黄河流域各省区的碳生产率贡献率和碳排放贡献率基础上，利用二分法比较碳生产率贡献率和碳排放贡献率大小的方式，识别黄河流域各地区低碳经济发展方式，提出行之有效的政策参考，为黄河流域及其他地区的低碳转型提供经验借鉴。通过研究主要得出以下结论：黄河流域碳排放贡献率呈现逐渐下降的趋势，也即经济增长带来的边际碳排放上升，经济增长与碳排放增长尚未脱钩，但逐渐显现出脱钩趋势，同时这种变化趋势在不同地区间不均衡问题突出。

二、政策建议

结合上述分析得出结论，并据此提出以下几条建议：第一，缩小黄河流域各省区发展差距，避免生态环境领域“以邻为壑”的经济发展模式。基于黄河流域各省区碳排放贡献率及碳生产率贡献率存在较大差距的实际，中央政府应结合黄河流域各省区资源禀赋、发展阶段、技术水平等，合理制定“双碳”的时间表和路线图，实施差异化的节能降碳战略。同时，也要鼓励黄河流域与其他地区加强交流与合作，通过区域合作与分工有效提升区域间技术的良性互动效能。第二，因地制宜地推动黄河流域数字新质生产力发展，梯次有序推进碳达峰。黄河流域和谐发展是区域政策的基本目标，因此，数字新质生产力发展应与黄河流域发展相一致。黄河流域要结合区域高质量发展战略，从实际出发推进绿色低碳发展，努力实现黄河流域低碳发展和黄河流域数字新质生产力发展的“双赢”。

第三章　数字金融视角下黄河流域生态环境高质量发展路径

近年来，随着互联网的飞速发展，以区块链、大数据、云计算、人工智能等为代表的数字技术迅速崛起，数字金融应运而生。数字金融是黄河流域生态环境高质量发展的新动能，现有学者对此进行了深入研究且基本达成一致。习近平总书记提出“双碳”目标后，数字金融的节能降碳效应研究成为其助力黄河流域生态环境高质量发展特别是绿色发展研究的重要内容，也成为当前学术界关注的焦点和热点问题。研究黄河流域数字金融对生态环境高质量发展的影响机制具有重要的理论价值与现实意义。基于此，本章将重点研究黄河流域数字金融对生态环境高质量发展的影响效应及内在机制，以期为“双碳”目标的实现及黄河流域生态环境高质量发展提供行之有效的政策建议。

第一节　数字金融与生态环境高质量发展的研究进展

一、数字金融的内涵与测算

（一）数字金融的内涵

数字金融是指利用数字技术和信息通信技术，将传统金融业务进行数字化改造和升级，以满足人们日常生活和商业活动中的金融需求（黄益平、黄卓，2018）。数字金融是金融科技的重要组成部分，是当前金融行业的发展趋势和方向之一。数字金融具有智能化特点，数字金融借助人工智能、机器学习等技术提供智能化的金融服务，包括智能投顾、智能风控等，为用户提供更加个性化和精准的金融服务（欧阳日辉，2021）。数字金融与数字经济都是在时代发展洪流下适应数字时代需求的金融服务形态。

当前数字金融的发展特征主要包括以下几个方面：第一，金融服务的数字化。数字金融利用互联网、移动互联网、大数据、人工智能等技术，将数字技术融入金融服务中，实现线上线下一体化，提高金融服务的效率和便利性（Fu et al.，2019）。第二，金融服务的便利化。数字金融通过移动支付、电子银行、数字货币等方式，实现金融服务的随时随地、便捷无忧，方便用户进行金融活动（Gomber et al.，2018），提高了数字金融的便利化服务。第三，金融服务的普惠化。数字金融通过大数据、云计算等技术触达传统金融服务到达不了的偏远地区，用极少的成本扩大了金融服务的覆盖范围，降低了金融服务的门槛，使其传播了金融服务的普惠性（黄益平、黄卓，2018）。丁晓蔚（2021）指出，为了满足社会对数字金融日益增长的需求，数字金融的新发展前景应当具备可靠、安全、隐私保护、智慧化、效率和社会责任6种技术特征。

（二）数字金融的测算

数字金融是一个随着时代发展而更新的概念。在国外，数字金融的起源可追溯到20世纪90年代美国在线支付系统PayPal的推出。在中国，数字金融的起源可追溯到2004年底支付宝的上线，随后中国的数字金融开始了爆发式发展，中国数字金融的“弯道超车”现象及其对人民生活的巨大改变引起学者的兴趣，学者们开始了对数字金融的大量研究。

目前衡量我国数字金融发展水平最常用的权威性指标体系是北京大学数字金融研究中心计算的“北京大学数字普惠金融指数”（郭峰等，2020），该指标体系涵盖全面，从数字化、使用深度以及覆盖广度等多个维度衡量中国数字金融发展水平，该指标体系能够为相关政策的制定和实施提供指导。

二、生态环境高质量发展的内涵与测算

（一）生态环境高质量发展的内涵

在经济社会发展各领域中，生态环境保护的高质量发展十分重要。生态环境保护和高质量发展在本质上、目标上表现出统一性和一致性。从本质上看，高质量发展要求以较少的资源能源消耗和环境成本来实现发展，良好的生态环境既是生产力要素之一，也是高质量发展的重要内容。在尊重自然规律、经济规律、社会规律的同时推动生态环境保护，这个过程本身就是在推动高质量发展。从目标上看，高质量发展的目的在于满足人民对美好生活的向往，包括人民对优美生态环境的需要。生态环境保护的重要目标之一，就在于为人民群众提供更多更优质的生态产品。与此同时，在生态环境保护领域体现高质量发展要求，也能为其他领域的高质量发展提供有力支撑、拓展更大空间。生态环境是与每个人息息相关的公共资源。在生态环境保护中体现高质量发展要求，为人民提供清新的空气、清洁的水源、宜人的气候，让老百姓望得见山、看得见水、记得住乡愁，就是在提供优质的公共资源，在满足人民的美好生活需要，在为实现人的全面发展奠定基础，在为中华民族的永续发展拓展空间。

（二）生态环境高质量发展的测算

在生态环境高质量测度方面，绿色高质量发展以创新驱动、生产效率提升为手段，促进经济结构绿色转型，从而实现高质量绿色发展（张旭等，2020），绿色高质量发展是经济发展与环境保护的辩证统一（朱东波，2020）。一些学者采用绿色全要素生产率表示绿色高质量发展（刘乃全等，2021；景国文，2023），绿色全要素生产率能够同时兼顾环境与效率因素。在测度生态环境保护时，现有学者重点考虑生态思想、生态治理、生态修复、生态补偿等方面（李达等，2021；宁朝山、李绍东，2020；林凯等，2021；周雪娇、杨琳，2018）。关于黄河流域自然环境承载力的测度，任保平和邹起浩（2021）构建了黄河流域环境承载力指标体系，包含环境容纳、资源和经济社

会承载力三个方面，综合分析了黄河流域的环境承载水平。杨慧芳和张合林（2022）从生态环境禀赋、生态环境承载、生态环境治理 3 个维度构建生态保护评价指标体系，反映生态环境状况。

三、数字金融对生态环境高质量发展的影响

现有学者没有直接讨论数字金融与生态环境高质量发展的关系，而是讨论了数字金融为促进经济与生态环境协调发展提供了新的动力和契机。以协调发展为研究视角，从理论和实证两个方面探究了数字金融对经济发展与生态环境协同性的影响及其内在机理（刘潭等，2022）。也有学者探究了数字金融与绿色发展之间的关系，刘晨跃和徐悦（2023）从资金融通和技术创新视角研究数字普惠金融对包容性绿色发展水平提升的影响效应，研究结果显示，数字普惠金融显著提高了绿色发展的包容性，从而促进生态环境高质量发展。还有学者探究了数字普惠金融对城市绿色全要素生产率的综合影响，结果表明，数字普惠金融发展促进了绿色全要素生产率的提升（朱杰堂等，2022）。部分学者对数字金融与碳生产率进行相关研究，主要探究基于金融服务的数字技术与碳生产率的关系，以及探究数字金融对碳生产率的影响方向，以期为“双碳”目标的实现及黄河流域生态环境高质量发展提供行之有效的政策建议（白雪洁、孙献贞，2021；邓荣荣、张翱祥，2021）。

第二节 黄河流域数字金融对生态环境高质量发展的影响理论分析

一、数字金融对生态环境高质量发展的直接效应

邓荣荣等（2021）和许钊等（2021）的研究认为数字金融具有环境友好的特点。在中国“双碳”目标的推动下，我国数字金融对节能减排降碳从企业和个人等多个角度都起到了重要的促进作用，从而对生态环境高质量发展具有重要意义。

从企业生产方式来看，数字金融对生态环境高质量发展提升的影响途径主要包括以下几个方面：第一，数字金融通过大数据和智能算法构建便捷的融资交易平台，有效降低企业的融资约束，促进企业规模的扩大和节能降碳技术的优化升级，以更少的资源消耗和碳排放生产出更优质的产品，从而促进生态环境高质量发展。第二，数字金融能够为企业提供风险管理、智能决策等方面的支持，帮助企业发现和利用更加节能环保的资源替代方案，在提高生产效率的同时减少碳排放，从而促进生态环境高质量发展。第三，数字金融还可以通过优化资源配置的作用方式限制资源向高污染行业流动，从而提升碳生产率（惠献波，2021），促进生态环境高质量发展。第四，通过数字金融平台，企业可以更准确地评估和选择资源的使用方式，避免过度消耗资源和排放碳排放物。第五，数字金融还可以为企业提供绿色金融产品和服务，鼓励企业转型升级，向低碳发展的方向转变。通过数字金融的支持和引导，企业可以更好地控制碳排放，提升碳生产率，实现经济增长和环境保护的"双赢"，从而促进生态环境高质量发展。

从个人生活方式来看，数字金融对生态环境高质量发展提升的影响途径主要包括以下三个方面：第一，数字金融助推绿色出行方式发展。由于数字金融领域下移动支付的普及，减少了现金支付过程中的污染能耗，并且在一定程度上促使人们选择地铁、公交、共享电动车及自行车等节能环保出行方式，从而降低碳排放量，促进生态环境高质量发展。第二，数字金融促进公众节能减排意识提升。虽然政府通过媒体、社交网络等平台宣传节能减排，寄希望于提升公民环保意识，扩大公民环保参与度。但是由于缺少环保渠道，公民的环保积极性一直有待提升。而数字金融平台推出的一系列环保项目极大地提升了民众的环保积极性，拓宽了环保渠道。例如，支付宝个人碳账户平台推出的"蚂蚁森林"，通过乘坐公交、地铁以及步行的绿色出行方式来获得绿色能量，将能量积攒到一定数量后用户便可将其兑换成"虚拟树"栽种到真实的沙漠中去。第三，数字金融构建绿色交易平台。公众通过"闲鱼""转转"等二手交易平台完成闲置用品的交易，为资源回收再利用拓展了新的前景。

基于以上三点，提出假说1：数字金融发展有利于提升生态环境高质量发展水平。

二、数字金融对生态环境高质量发展的中介效应

（一）经济发展水平

数字金融能够通过促进经济发展影响从而促进生态环境高质量发展。数字金融可以通过降低企业融资约束、优化资源配置来促进经济发展。与传统金融相比，数字金融更加灵活高效，能够更好地满足企业的融资需求，数字金融通过数字技术可以突破金融的区位限制，使金融服务惠及欠发达区域的企业，企业通过数字金融平台获得更多的融资渠道，在快速获得资金支持的同时降低融资成本和融资风险（张勋等，2019）。数字金融还可以提供更多的金融产品和金融服务，以满足不同类型企业的需求，促进企业发展。因此，数字金融的发展可以促进企业创新和竞争力的提升，推动经济发展。中国经济发展与碳排放的关系在2020年就已经出现倒“U”形拐点（许广月、宋德勇，2010），经济高质量发展可以降低资源浪费和环境污染问题，实现经济结构的优化升级，提升生产效率和资源利用效益，降低对环境的负面影响（邵帅等，2019），从而促进生态环境高质量发展。

鉴于此，提出假说2a：数字金融可以通过经济发展的中介效应提升生态环境高质量发展水平。

（二）产业结构

数字金融有利于加快区域产业结构的转型升级（惠献波，2021）。其可以在产业结构的合理化和高级化方面推动碳生产率的提升（邓荣荣、张翱祥，2021），并为用户提供更精准的金融产品和服务。数字金融的发展与产业结构的影响主要体现在供需两个角度。从供给角度来看，数字金融拥有海量的用户数据库，可以分析出用户的偏好和需求，及时发现市场缺口，并为用户提供更精准的金融产品和服务。在此基础上，通过信息技术市场化应用将创新式管理与创新式商业模式融合，引导促进新兴产业和新兴业态的诞生，促进产业结构合理化和产业结构高级化。数字金融还可以让传统行业更好地了解

市场需求，重组现有要素，在更大程度上匹配供求，根据移动支付平台的消费者数据制订有效的生产计划，这不仅可以减少不必要的资源浪费和无效供给，还有助于企业加大产品研发投入，将更多的人力和财力用于其上。从需求角度出发，随着我国经济结构的转型，扩大内需成为经济结构转型的重点。以此为基础，国内消费水平的提升倒逼经济发展，国内需求成为提高社会经济发展水平的重要推动力。数字金融作为促进消费和扩大内需的新动力，有利于扩大我国消费规模，改善消费模式。其一，数字金融具有消费信贷功能，其代表性信贷手机应用程序（如花呗、京东白条和抖音月付）均可以促进消费，降低居民的消费门槛，将储蓄转化为消费。其二，数字金融触及了传统金融服务覆盖不到的地区，降低了金融服务的获得性困难。例如，在广大农村地区，金融服务的缺乏导致当地居民的消费意愿下降，数字金融服务的代表性网站（如拼多多、淘宝等）使居民能够线上购物，这些线上消费网站以其便利性和低成本的优势进一步吸引居民消费目光，刺激消费支出，释放消费潜力，从而提升了居民的有效需求。居民消费需求的提升倒逼产业结构优化，促进产业升级，减少碳排放，提升生态环境高质量发展水平。

鉴于此，提出假说 2b：数字金融可以通过产业结构的中介效应提升生态环境高质量发展水平。

（三）技术水平

技术水平的发展促进了数字金融平台（如余额宝、抖音月付等）众多数字金融消费及理财产品的诞生，使数字金融使用者在投资和消费之间拥有了较多的自由度，积极响应企业绿色信贷的需求，实现了企业融资成本的下降，随着数字金融的发展，其降低企业融资约束、促进企业技术创新的作用日益显著。数字金融的发展极大地刺激了传统金融触达不到地区的消费需求，蚂蚁森林等功能也影响了公众的出行方式，提升了民众的绿色消费水平，公众绿色消费的提升促进了产品的绿色升级，进而促进企业进行产品的技术创新和升级。另外，数字金融的低成本和低门槛特点有利于扶持小微企业的创建，小微企业的规模小、经营环境宽松、企业主体充满活力、牵涉领域广大，是企业进行技术创新最具有发展前景和活力的一分子，数字金融的低成本贷款可以促进小微企业进行技术创新。大力推动技术水平的提高，在社会生产生活中进行技术升级可以从根源上保护环境、切断污染源头、促进碳生产率的提升（丁日佳等，2019）。

鉴于此，提出假说2c：数字金融可以通过技术进步的中介效应提升生态环境高质量发展水平。

三、数字金融对生态环境高质量发展的门槛效应

数字金融对生态环境高质量发展的促进作用会随着数字金融发展水平的提升而有所不同，首先，一个地区数字金融发展水平越高、数字技术基础越深厚，说明该地区数字基础设施越完善，数字金融触达率越高，有利于企业降低融资约束，提升企业运营效率，加快企业绿色转型发展，从而使数字金融作用于生态环境高质量发展的影响程度更加显著。其次，数字金融发展水平越高，数字化技术在金融业中的应用程度越高，企业和个人使用数字金融工具进行碳减排的效率也会越高。通过数字金融平台，可以实现碳排放数据的实时监测和管理，帮助企业更好地控制碳排放，提高碳生产率。最后，数字金融发展水平高的国家或地区通常拥有更完善的数字金融基础设施和金融科技公司，这为碳排放交易、碳市场建设等碳金融业务的发展提供了良好的环境。数字金融发展水平高的地区可以更好地利用金融科技手段推动碳交易和碳市场的发展，提高碳生产率。

鉴于此，提出假说3：数字金融对生态环境高质量发展水平的提升效应会随着数字金融发展水平的不同出现门槛效应。

第三节 黄河流域数字金融对生态环境高质量发展的实证分析

一、黄河流域数字金融的测算与分析

黄益平、黄卓（2018）认为，至今为止，数字金融所展示的最大优势就

是支持普惠金融的发展。为保证数据的可得性和权威性，本书采用北京大学数字金融研究中心与蚂蚁集团联合发布的数字普惠金融指数来刻画数字金融水平。

表 3-1 是黄河流域 9 省区部分年份的数字普惠金融指数，黄河流域各省区数字普惠金融指数呈直线上升，具体来看，数字金融在区域上有着异质性，数字普惠金融指数最大的 3 个省份是山东、陕西和四川，数字普惠金融指数平均值最小的 3 个省区是青海、甘肃和宁夏。

表 3-1　黄河流域 9 省区数字普惠金融指数

省份	2012 年	2014 年	2016 年	2018 年	2020 年	2022 年
山西	92. 98	167. 66	224. 81	283. 65	325. 73	366. 07
内蒙古	91. 68	172. 56	229. 93	271. 57	309. 39	353. 90
山东	100. 35	181. 88	232. 57	301. 13	347. 81	390. 38
河南	83. 68	166. 65	223. 12	295. 76	340. 81	382. 39
四川	100. 13	173. 82	225. 41	294. 30	334. 82	371. 61
陕西	98. 24	178. 73	229. 37	295. 95	342. 04	381. 29
甘肃	76. 29	159. 76	204. 11	266. 82	305. 50	345. 22
青海	61. 47	145. 93	200. 38	263. 12	298. 23	329. 75
宁夏	87. 13	165. 26	212. 36	272. 92	310. 02	356. 63

二、黄河流域生态环境高质量发展的测算与分析

(一) 生态环境高质量发展的测算方法

1. 生态环境高质量发展测算公式

本章将用碳生产率衡量生态环境高质量发展，碳生产率的测度方法大致分为单要素和全要素两种（张成等，2014），以往单要素碳生产率指标的构建往往需要参考二氧化碳排放量与国内生产总值之比（潘家华、张丽峰，2011），单要素碳生产率的测度虽简单易懂，但是仅从碳排放量和经济指标的比值来衡量碳生产率的方法不能全方位、多维度地反映社会经济体系中影响

碳生产率的因素，因此本书采取碳生产率的全要素测度方法，基于 SBM 方向性距离函数的 GML 指数方法将经济和环境综合纳入考虑框架之内。

常用的生产率变化测算方法是 Malmquist 指数，但此方法只考虑了期望产出，并没有将非期望产出包含在内。为了考虑非期望产出，Chung 和 Farer（1997）将 Malmquist 指数与包含非期望产出的方向性距离函数相结合，开发了 Malmquist-Luenberger 指数模型，在测度环境全要素生产率中得到了重要应用。然而该方法存在两个缺陷，一是存在不可传递性，二是在使用该方法测度混合期方向性距离函数时有可能出现线性规划无解的问题。Oh（2010）在上一个方法的基础上开发出了 Global-Malmquist-Luenberger 指数，该指数的生产可能性集合包含所有时期的生产技术。在本书中，我们用 Global-Malmquist-Luenberger 指数来测度中国的碳生产率。

（1）全域生产可能性集

本书将黄河流域每个省区作为一个决策单元（DMU），构建黄河流域 9 省区各个时期的最佳生产实践边界，每个省区使用 n 种投入 x，生产出 m 种期望产出 y，n 种非期望产出 b。在每个时期 t 第 k 个省区的投入产出值可表示为（$x^{k,t}$，$y^{k,t}$，$b^{k,t}$）。根据 Fare 和 Pasurka（2007）的思路构建出包含期望产出和非期望产出的当期生产可能性集。

$$
\begin{aligned}
P^t(x) = \Big\{ (y^t, b^t): \sum_{k=1}^{K} Z_k^t y_{km}^t \geqslant y_{km}^t, \forall m; \sum_{k=1}^{K} z_k^t b_{ki}^t, \forall i; \\
\sum_{k=1}^{K} z_k^t x_{kn}^t \leqslant x_{kn}^t, \forall n; \sum_{t=1}^{T} \sum_{k=1}^{K} z_k^t = 1, z_k^t \geqslant 0, \forall k \Big\}
\end{aligned}
\qquad (3-1)
$$

式中，Z_k^t 代表每个横截面观察值的权重。GML 指数需要将当期生产可能集更换为全域生产可能集。Oh（2010）的构建方法如式（3-2）所示。

$$
\begin{aligned}
P^G(x) = \Big\{ (y^t, b^t): \sum_{t=1}^{T} \sum_{k=1}^{K} Z_k^t y_{km}^t \geqslant y_{km}^t, \forall m; \\
\sum_{t=1}^{T} \sum_{k=1}^{K} z_k^t b_{ki}^t, \forall i; \sum_{t=1}^{T} \sum_{k=1}^{K} z_k^t x_{kn}^t \leqslant x_{kn}^t, \forall n; \\
\sum_{t=1}^{T} \sum_{k=1}^{K} z_k^t = 1, z_k^t \geqslant 0, \forall k \Big\}
\end{aligned}
\qquad (3-2)
$$

（2）全域 SBM 方向性距离函数

考虑 Fukuyama 和 Weber（2009）的方法，本书将考虑二氧化碳排放的全域 SBM 方向性距离函数定义为：

$$S_V^G(x^{t,k'},y^{t,k'},b^{t,k'},g^x,g^y,g^b) = \max_{s^x,s^y,s^b} \frac{\frac{1}{N}\sum_{n=1}^{N}\frac{s_n^x}{g_n^x} + \frac{1}{M+1}\left(\sum_{m=1}^{M}\frac{s_m^y}{g_m^y} + \sum_{i=1}^{I}\frac{s_i^b}{g_i^b}\right)}{2}$$

$$S.t.\ \sum_{t=1}^{T}\sum_{k=1}^{K} z_k^t x_{kn}^t + s_n^x = s_{k'n}^t, \forall n;$$

$$\sum_{t=1}^{T}\sum_{k=1}^{K} z_k^t y_{km}^t - s_m^y = y_{k',m}^t, \forall m;$$

$$\sum_{t=1}^{T}\sum_{k=1}^{K} z_k^t b_{ki}^t + s_i^b = b_{k'i}^t, \forall i;$$

$$\sum_{k=1}^{K} z_k^t = 1, z_k^t \geqslant 0, \forall k;$$

$$s_n^x \geqslant 0, \forall n; s_m^y \geqslant 0, \forall m; s_i^b \geqslant 0, \forall i \tag{3-3}$$

式中，（$x^{t,k'}$，$y^{t,k'}$，$b^{t,k'}$）代表省份 k'的投入产出向量，（g^x，g^y，g^b）表示投入减少，期望产出增加，非期望产出减少的取值为正的方向向量，（s_n^x，s_m^y，s_i^b）表示投入、期望产出和非期望产出的松弛向量。

（3）Global-Mamlquist-Luenberger 指数

本书引入 GML 指数来测度黄河流域 9 省区的碳生产率，根据 Oh（2010）的方法构建了基于 SBM 方向性距离函数的 GML 指数，可表示为：

$$GML_t^{t+1} = \frac{1 + S_V^G(x^t, y^t, b^t, g)}{1 + S_V^G(x^{t+1}, y^{t+1}, b^{t+1}, g)} \tag{3-4}$$

2. 生态环境高质量发展指标选取及数据来源

本章将用碳生产率来衡量生态环境高质量发展水平，碳生产率的测算包含投入和产出两个要素。投入包含资本投入、劳动力投入、能源投入，产出包含期望产出实际地区生产总值以及非期望产出二氧化碳排放量，本章的研究对象是 2011—2020 年黄河流域 9 省区的碳生产率，主要数据来源于《中国统计年鉴》《中国能源统计年鉴》。各变量的定义如下：

（1）期望产出：本章对期望产出的衡量以实际 GDP 表示，将名义 GDP

以 2011 年为基期进行平减折算得到。数据来源于历年《中国统计年鉴》。

（2）非期望产出：本章对非期望产出的衡量选取二氧化碳排放量。二氧化碳排放量的计算借鉴潘家华和张丽峰（2011）的计算方法，根据《2006 年 IPCC 国家温室气体清单指南》计算二氧化碳排放量。

（3）劳动力投入：本章中劳动力投入选用每年平均从业人数，该指标的计算方式是当年年初与年末从业人数的算术平均数。数据来源于各省区统计年鉴。

（4）资本投入：本章中资本投入的计算方法采用永续盘存法计算。公式为 $K_{it}=K_{it-1}(1-\delta_{it})+I_{it}$，其中，$I$ 表示当年投资，K 表示基年资本存量，δ 表示折旧率 9.6%。数据来源于历年《中国统计年鉴》。

（5）能源投入：本章中能源投入选取能源消耗总量（以万吨标准煤计）作为投入变量，数据来源于历年《中国能源统计年鉴》。

指标的选取及计算方式如表 3-2 所示。

表 3-2　生态环境高质量发展指标刻画

变量类型	变量名称	计算方式
投入变量	资本投入	由张军的永续盘存法计算得到
	劳动力投入	当年年初与年末从业人数的算术平均数
	能源投入	能源消耗总量（以万吨标准煤计）
产出变量	期望产出	实际 GDP（名义 GDP 以折算指数平减折算得到）
	非期望产出	8 种化石能源消耗所产生的二氧化碳排放量

（二）生态环境高质量发展测算结果分析

本章运用 Matlab 软件根据选用的投入产出变量计算黄河流域 9 省区 2012—2022 年的生态环境高质量发展指数。由于篇幅限制，本书选择部分年份的指数结果进行分析，生态环境高质量发展指数结果如表 3-3 所示。

表 3-3　黄河流域 9 省区部分年份生态环境高质量发展指数

省区	2012 年	2014 年	2016 年	2018 年	2020 年	2022 年
山西	0.773	0.946	0.996	1.120	1.044	1.096
内蒙古	0.959	0.974	0.892	1.670	0.830	0.806
山东	0.927	1.009	1.022	1.057	1.009	1.009
河南	0.983	0.982	1.065	1.026	1.100	1.180
四川	0.978	0.975	1.044	1.037	1.096	1.105
陕西	0.856	1.004	1.091	1.033	1.114	1.045
甘肃	0.894	1.046	1.075	1.048	1.183	1.067
青海	0.942	1.084	1.032	1.040	1.152	1.027
宁夏	0.643	0.926	1.653	1.237	1.139	0.852

从表 3-3 中可以看出，黄河流域各省区的生态环境高质量发展指数大致呈现出快速增长的趋势，内蒙古的生态环境高质量发展指数变化不大，这是因为内蒙古作为一个资源型省份，其煤炭开采占 GDP 的比重较大，在降碳减排上需要更大的经济及政策投入力度。

三、黄河流域数字金融对生态环境高质量发展的影响效果分析

本部分主要研究黄河流域数字金融对生态环境高质量发展的直接影响效应、中介影响效应和门槛效应，选取 2011—2022 年黄河流域 9 省区的样本数据进行实证检验。首先，选取固定效应回归模型分析黄河流域数字金融及其分维度指数对生态环境高质量发展的直接影响效应，并对其稳健性和内生性问题进行检验。其次，通过中介效应模型、门槛模型实证检验黄河流域数字金融对生态环境高质量发展的中介影响效应和门槛效应。

（一）计量模型构建

1. 基准模型设定

与传统金融服务相比，数字金融通过自身具有的数字技术能够有效解决

交通不便地区和弱势群体的金融抑制和金融排斥问题，数字金融在环境保护和节能减排方面的效应也日益凸显，本章通过设定以下基准回归模型分析数字金融对生态环境高质量发展的直接影响：

$$CP_{it}=\alpha_1+\gamma_1 DFI_{it}+X_{it}+\mu_t+\varepsilon_{it} \quad (3-5)$$

式中，CP_{it} 是生态环境高质量发展；DFI_{it} 依次为数字金融总指数、数字金融覆盖广度、数字金融使用深度、数字金融数字化程度；X_{it} 为一系列控制变量，包括人口规模、环境规制、对外开放水平、基础设施水平；μ_t 为省份固定效应，ε_{it} 为随机扰动项；α_1 为常数项；γ_1 为待估计系数；i 表示省份变量；t 表示年份变量。

2. 中介效应模型设定

基于前文分析可知，数字金融能通过产业结构和信息化水平对生态环境高质量发展产生影响，为了验证黄河流域数字金融通过产业结构和信息化水平对生态环境高质量发展指数的影响效果和作用路径，本书参照江艇等（2022）有关中介变量的重新界定，首先，确认检验核心解释变量是否会对中介变量产生影响。其次，进一步检验中介变量对被解释变量的影响，旨在避免中介机制效应中对因果效应理论论证可能出现并不充分的情况，并为数字金融如何影响生态环境高质量发展提供更多的相关性证据。建立了回归模型以检验中介效应机制，公式如下：

$$\omega_{it}=b_0+b_1 DFI_{it}+\sum_{j=1}^{n}\gamma_i X_{it}+\mu_i+\varepsilon_{1it} \quad (3-6)$$

$$CP_{it}=c_0+c_1\omega_{it}+\sum_{j=1}^{n}\gamma_i X_{it}+\mu_i+\varepsilon_{2it} \quad (3-7)$$

式中，CP_{it} 为 i 省份第 t 年的生态环境高质量发展指数，DFI_{it} 为 i 省份第 t 年的数字金融指数，X_{it} 为控制变量，ω_{it} 为中介变量经济发展水平、产业结构和技术水平，μ_i 为地区效应，ε_{1it}、ε_{2it} 为时间扰动项。

3. 门槛模型设定

为了考察黄河流域数字金融对生态环境高质量发展指数的门槛效应，进一步设定面板门槛回归模型，其公式如下：

$$CP_{it}=\beta_1 DFI_{it}\times I(M\leqslant\gamma)+\beta_2 DFI_{it}\times I(M>\gamma)+\theta X_{it}+\varepsilon_{it} \quad (3-8)$$

式中，$I(\cdot)$ 表示指示性函数，M 表示门槛变量数字金融，γ 为门槛值，X_{it} 表示一系列控制变量，ε_{it} 表示随机扰动项，β_1、β_2、θ 为待估系数。

（二）变量说明与描述性统计

1. 变量说明

（1）被解释变量

本书的被解释变量为生态环境高质量发展指数。选取上文测算得到的2011—2022年黄河流域9省区的生态环境高质量发展指数。

（2）解释变量

本书的核心解释变量为数字金融指数，选用北京大学数字金融研究中心与蚂蚁集团联合发布的数字普惠金融指数及其数字普惠金融分维度指数来刻画数字金融。

（3）中介变量

参考前文数字金融对生态环境高质量发展指数中介机制的分析，选取的中介变量有：①经济发展水平，本书采用人均实际GDP的对数来表示；②产业结构，随着数字金融发展水平的提高，第三产业的发展水平也会随之提升，第二产业中尤其是高污染产业的发展会有所减弱，本书以第二产业增加值与GDP的比重来表示产业结构，研究数字金融的发展能否通过降低第二产业的比重来提升碳生产率；③技术水平，本书以国内专利授权数取对数来表示。

（4）门槛变量

数字金融发展水平采用北京大学数字普惠金融指数来表示。

（5）控制变量

本书主要选取人口规模、环境规制、对外开放水平、基础设施水平4个变量作为控制变量。①人口规模。一国人口的增加会促进公共资源（如化石能源的）的消耗，进而增加碳排放量，降低碳生产率，从而促进生态环境高质量发展。与此同时，人口的增长又促进了经济发展，提高了经济水平和数字金融发展水平，促进了技术进步以减少碳排放。本书将人口规模纳入控制变量，用年末常住人口取对数来表示。②环境规制。环境规制可以通过设立碳排放标准和限额，强迫企业采取减碳措施，提高生产效率。例如，政府通过实施碳排放配额交易鼓励企业减少碳排放并购买额外配额，从而激励企业提高生产效率、降低碳排放量。环境规制还可以通过制定碳税或碳交易机制、设立环境奖励和认证机制来激励企业减少碳排放并提高生态环境高质量发展指数。企业支付碳税或购买碳交易配额会增加生产成本，从而促使企业寻找更加高效的生产方式和技术，减少碳排放。环境规制指数参考郭卫香和孙慧（2020）的计算方法，采用“三废”综合计算。③对外开放水平。杨恺钧和刘思源（2017）认为，不同收入水平国家对外开放会引起碳排放程度的不同，其中，中高收入水平国家的贸易开放会引起碳排放量的降低，而低收入国家由于重工业占比大，其贸易开放会引起碳排放量的增加，对生态环境高质量发展具有重要意义，因此，本书将对外开放水平纳入控制变量，选取进出口贸易总额占 GDP 的比重来表示。④基础设施水平。一方面，基础设施发展通常涉及能源供应、交通运输、建筑和工业等领域，而这些领域通常是碳排放的主要来源。随着技术的进步和环境意识的提高，可以采取各种措施来减少碳排放，包括使用清洁能源、推广能源效率、改善交通规划、采用低碳建筑材料和工艺等。另一方面，基础设施水平的提高在促进货运和人员的运输效率方面有显著优势，运输效率的提高有利于降低能源消耗，减少碳排放，对生态环境高质量发展具有重要意义。先进的交通网络建设可以提高清洁能源的使用率，通过沿途设置充电桩、推行电动汽车的方式替代传统燃油车，提高碳生产率。本章采用人均占有的道路面积表示基础设施水平。

主要变量及定义如表 3-4 所示。

表 3-4 变量名称及定义

变量类型	变量名称	计算方式
被解释变量	生态环境高质量发展	基于非期望产出的 SBM 方向性距离函数和 GML 指数测算
解释变量	数字金融	北京大学数字普惠金融指数
	数字金融覆盖广度	北京大学数字普惠金融指数
	数字金融使用深度	北京大学数字普惠金融指数
	数字金融数字化程度	北京大学数字普惠金融指数

续表

变量类型	变量名称	计算方式
中介变量	经济发展水平	人均实际 GDP 取对数
	产业结构	第二产业增加值与 GDP 的比值
	技术水平	国内专利授权数取对数
门槛变量	数字金融发展水平	北京大学数字普惠金融指数
控制变量	人口规模	各省区年末常住人口取对数
	环境规制	“三废”综合计算
	对外开放水平	进出口贸易总额占 GDP 的比重
	基础设施水平	人均占有的道路面积

2. 描述性统计

本书选用的数据主要来源于《中国统计年鉴》《中国能源统计年鉴》和北京大学数字金融研究中心等。表 3-5 展示了各变量的描述性统计情况，结果显示，生态环境高质量发展指数的均值为 0.985，标准差为 0.131，最小值为 0.449，最大值为 1.670，说明样本数据总体稳定，偏离程度较小。数字金融指数的均值为 0.522，数字金融覆盖广度的均值为 0.507，数字金融使用深度的均值为 0.520，数字金融数字化程度的均值为 0.551，说明数字金融总指数及分维度指数的测算结果相对平均。

表 3-5　各变量描述性统计

变量	均值	标准差	最小值	最大值
生态环境高质量发展指数	0.985	0.131	0.449	1.670
数字金融指数	0.522	0.067	0.291	0.607
数字金融覆盖广度	0.507	0.082	0.067	0.598
数字金融使用深度	0.520	0.065	0.191	0.619
数字金融数字化程度	0.551	0.070	0.203	0.614
经济发展水平	0.064	0.057	0.014	0.290
产业结构	0.410	0.081	0.160	0.620
技术水平	0.787	0.264	0.142	1.480

续表

变量	均值	标准差	最小值	最大值
人口规模	0.821	0.074	0.634	0.944
环境规制	0.359	0.361	0.009	3.099
对外开放水平	0.274	0.289	0.007	1.428
基础设施水平	0.245	0.007	0.225	0.256

（三）实证分析结果

1. 基准回归分析结果

为了消除变量间多重共线性的影响，本书在进行基准回归之前首先考察了变量之间的共线性问题，发现变量的 VIF 值均小于 10，因此不存在多重共线性问题。本章对黄河流域数字金融总指数和 3 个分维度指数分别进行了回归分析，表 3-6 列出了数字金融总指标以及 3 个分维度指标的固定效应回归结果。

表 3-6　基准回归模型

变量	生态环境高质量发展指数			
	(1)	(2)	(3)	(4)
数字金融指数	0.3815** (2.5228)			
数字金融覆盖广度		0.3385*** (2.8926)		
数字金融使用深度			0.3450** (2.1037)	
数字金融数字化程度				0.1440 (1.0860)
人口规模	5.4417 (1.4550)	5.5933 (1.5146)	5.8002 (1.4795)	5.8784 (1.2131)
环境规制	0.0319 (0.6197)	0.0334 (0.6456)	0.0349 (0.6762)	0.0267 (0.5017)

续表

变量	生态环境高质量发展指数			
	(1)	(2)	(3)	(4)
对外开放水平	-0.0222 (-0.3154)	-0.0363 (-0.5108)	-0.0302 (-0.3969)	-0.0640 (-0.7876)
基础设施水平	12.8147* (1.7066)	11.1909 (1.5171)	14.3799* (1.8821)	19.4347** (2.7467)
Constant	-6.8223** (-2.0830)	-6.5184* (-2.0129)	-7.4789** (-2.2172)	-8.6686** (-2.1458)
个体固定效应	控制	控制	控制	控制
N	108	108	108	108
R^2	0.1294	0.1335	0.1231	0.1103

注：*、**和***分别表示在10%、5%和1%的水平上显著。

从表3-6列（1）中可以看出，在生态环境高质量发展指数作为被解释变量的条件下，黄河流域数字金融在5%的显著性水平上正向推动生态环境高质量发展指数，回归系数为0.3815，验证了假说1。控制变量中基础设施水平在10%的水平上显著，且对生态环境高质量发展的提升有着正向的促进作用。基础设施水平的提高有利于经济发展，当经济发展到一定程度时，政府开始关注节能减排和环境保护，因此基础设施水平的提高能有效促进生态环境高质量发展。除此之外，控制变量人口规模、环境规制、对外开放水平虽然在统计回归分析中不显著，但是从理论上讲，人口规模越大，人口数量越多，围绕人类生产生活活动所消耗的能源就越多，从而表现为抑制生态环境高质量发展；政府部门通过环境规制对各省市和行业的碳排放量设定最高限值，并实施监管措施。有效的监管措施促使各省市和行业制定政策并主动采取碳减排措施。

黄河流域数字金融覆盖广度显著正向促进生态环境高质量发展水平的提升，且显著性水平为1%，回归系数为0.3385。一方面，数字金融覆盖广度指标可以呈现出电子在线账户的覆盖水平。数字金融覆盖广度的增大可以在一定程度上提升传统金融机构所不能覆盖的偏远地区的数字金融水平。另一方面，数字金融覆盖广度指标可以促使中小微企业选用更加低碳清洁的生产方式来提高生态环境高质量发展水平，从而促进生态环境高质量发展。黄河流域数字金融使用深度显著正向促进生态环境高质量发展水平的提升，且显著性水平为5%，相关系数为0.3450。这说明数字金融使用深度对生态环境高质量发展也有正向的促进作用。数字金融使用深度分维度指标的构建，一方面包含保险服务和投资服务等传统金融机构服务类型指标，另一方面包含群众在数字金融平台的使用总量和活跃度等数字金融服务类型指标。数字金融使用深度的深化可以拓宽金融服务的使用场景，进一步提高数字金融服务的使用频率，倒逼数字金融机构完善金融服务模式和体系；传统金融服务不到的小微企业和清洁企业也能获得更多投资进行创新创业活动，有利于提高区域绿色创新效率；数字金融在线上平台的绿色宣传可促使更多用户参与到节能低碳的生活方式中，有利于生态环境高质量发展水平的提升。黄河流域数字金融数字化程度的估计系数为0.1440，在统计检验结果上不显著，说明数字金融数字化程度的发展不能显著提升生态环境高质量发展水平。可能是因为数字金融数字化程度所展现的数字金融服务的便利性和低成本在一定程度上降低了企业的创业门槛，而这些被传统金融机构拒之门外的小微企业的创新创业所带来的绿色低碳效应不够明显，因为其创业不仅依靠融资，还依靠技术创新、人力资本等条件。

（1）内生性检验

由于基准回归可能会有变量遗漏等内生性问题，且能对生态环境高质量发展造成影响的因素有多种，基准回归的残差项不可能解决所有可能因素，因此本章引入工具变量来解决内生性问题。本书将数字金融的滞后一期与一阶差分项的乘积项作为第一个工具变量，将移动电话普及率与互联网宽带接入端口数的乘积项作为第二个工具变量进行内生性检验。

在进行内生性检验时本书选取两阶段最小二乘法（2SLS），首先，进行弱工具变量检验。检验结果显示，当数字金融的滞后一期与一阶差分项的乘积项作为第一个工具变量时，F 值为17.32，当移动电话普及率与互联网宽带接入端口数的乘积项作为工具变量时，F 值为65.29，当 F 值大于10时，说明选择的两个工具变量非弱工具变量，不存在弱工具变量问题。其次，在过度识别检验中，发现两个工具变量对应的 HANSEN J 统计结果准确识别方程，说明本书选取的工具变量不存在过度识别问题。以上两步检验说明工具变量的选取恰当。最后，在实证结果分析中，由列（1）、列（3）的实证结果可知，第一阶段结果显示数字金融滞后一阶与一阶差分项的乘积项和移动电话普及率与互联网宽带接入口的乘积项都是有效的工具变量。由列（2）、列（4）的实证结果可知，当数字金融的滞后一期与一阶差分项的乘积项作为工具变量时，数字金融显著正向促进生态环境高质量发展，相关系数为 0.756；当移动电话普及率与互联网宽带接入端口数的乘积项作为工具变量时，数字金融显著正向提升碳生产率，相关系数为 0.916，以上项表明数字金融对生态环境高质量发展存在显著的促进效应。与基准回归结果相同，表明通过了内生性检验，如表 3-7 所示。

表 3-7　内生性检验

变量	第一阶段	第二阶段	第一阶段	第二阶段
	数字金融	生态环境高质量发展	数字金融	生态环境高质量发展
	(1)	(2)	(3)	(4)
数字金融		0.756*** (0.174)		0.916*** (0.160)
Instrum1	2.497*** (0.175)			
Instrum2			0.545*** (0.032)	
人口规模	-0.657 (0.088)	0.454** (0.221)	-0.505*** (0.080)	0.508** (0.221)
环境规制	-0.233** (0.010)	0.009 (0.024)	0.019** (0.009)	0.015 (0.024)
对外开放水平	-0.123*** (0.014)	-0.022 (0.026)	0.002 (0.010)	-0.024 (0.026)

续表

变量	第一阶段	第二阶段	第一阶段	第二阶段
	数字金融	生态环境高质量发展	数字金融	生态环境高质量发展
	(1)	(2)	(3)	(4)
基础设施水平	2.770*** (0.806)	-5.051** (2.092)	1.253* (0.757)	-5.638*** (2.093)
个体固定效应	控制	控制	控制	控制
Constant	-1.241*** (0.162)	1.458*** (0.349)	0.260** (0.132)	1.473*** (0.352)
N	108	108	108	108
R^2	0.101	0.446	0.086	0.526
第一阶段 F 值	17.32***		65.29***	

注：*、** 和 *** 分别表示在 10%、5%和 1%的水平上显著。

(2) 稳健性检验结果分析

为了验证回归结果的稳健性，本书采取两种方法来分析，一是用黄河流域数字金融的滞后一期来替换解释变量数字金融指数；二是对回归所用的数据进行 1%的缩尾处理。回归结果如表 3-8 所示。

表 3-8 稳健性检验

变量	(1)	(2)
	替换核心解释变量	缩尾回归
数字金融	0.7067*** (5.9103)	0.3851** (2.7395)
人口规模	3.5742 (1.5639)	5.1444 (1.5152)
环境规制	0.0428 (0.9726)	-0.0008 (-0.0189)
对外开放水平	0.0005 (0.0082)	-0.0322 (-0.4812)
基础设施水平	13.4527 (1.6215)	11.0218 (1.6498)

续表

变量	(1)	(2)
	替换核心解释变量	缩尾回归
Constant	-5.6200** (-2.4296)	-6.1278** (-2.0561)
个体固定效应	控制	控制
N	99	108
R^2	0.1962	0.1494

注：** 和 *** 分别表示在5%和1%的水平上显著。

表3-8中，列（1）数字金融滞后一期在1%的水平上显著推动生态环境高质量发展，相关系数为0.7067。两种检验方法显示的显著性及相关系数的符号与基准回归结果一致，说明模型的稳健性良好，表示黄河流域数字金融可以显著推动生态环境高质量发展，验证了假说1。

2. 中介效应分析结果

由表3-9的列（1）可知，黄河流域数字金融在1%的显著性水平下对经济发展水平产生正向影响，估计系数是0.4112，说明黄河流域数字金融的发展对经济发展水平有正向促进作用。加入中介变量后，由列（2）的实证结果可知，生态环境高质量发展的估计系数为0.5961，经济发展水平在1%的显著性水平上对生态环境高质量发展产生正向影响，表明经济发展水平是黄河流域数字金融影响生态环境高质量发展的中介变量，验证了假说2a。列（3）显示数字金融在1%的显著性水平上对产业结构产生负向影响，即黄河流域数字金融会抑制产业结构，说明数字金融水平越高，越会降低第二产业产值占总产值的比重，优化产业结构。列（4）中，生态环境高质量发展的估计系数为-1.1392，产业结构在1%的显著性水平上对生态环境高质量发展产生负向影响。产业结构由第二产业增加值与GDP的比重表示，第二产业主要由工业、重工业等重污染产业构成，第二产业产值降低意味着碳排放量降低，有利于提升生态环境高质量发展，验证了假说2b，说明黄河流域数字金融的发展可以促进证券业、保险业、金融业等第三产业的发展，降低第二产业尤其是重工业产业的比重，从而优化产业结构，完善生态环境高质量发展的传导机制。由列（5）的实证结果可知，黄河流域数字金融在1%的显著性水平上对技术水平产生正向影响，估计系数为0.2904，说明数字金融的发展对技术水平有正向提升作用。加入中介变量后，由列（6）的实证结果可知，生态环境高质量发展的估计系数为1.5166，技术水平在1%的显著性水平上对生态环境高质量发展产生正向影响，表明技术水平是黄河流域数字金融影响生态环境高质量发展的中介变量，验证了假说2c。

表3-9　中介效应检验

变量	(1)	(2)	(3)	(4)	(5)	(6)
	经济发展水平	生态环境高质量发展	产业结构	生态环境高质量发展	技术水平	生态环境高质量发展
数字金融	0.4112*** (0.0487)		−0.4224*** (0.0284)		0.2904*** (0.0206)	
经济发展水平		0.5961*** (0.1595)				
产业结构				−1.1392*** (0.2229)		
技术水平						1.5166*** (0.3164)
人口规模	2.2432** (1.0872)	4.4489 (3.2014)	2.0918** (0.6327)	7.5730** (3.1002)	−1.3462** (0.4590)	7.3345** (3.1146)
环境规制	−0.0770*** (0.0095)	0.0770** (0.0305)	0.0114** (0.0055)	0.0455* (0.0273)	−0.0228*** (0.0040)	0.0669** (0.0284)
对外开放水平	−0.0097 (0.0363)	−0.0478 (0.1022)	0.1060*** (0.0211)	0.1215 (0.1086)	−0.1553*** (0.0153)	0.2269* (0.1216)
基础设施水平	−2.3829 (2.5098)	17.6596** (6.5302)	−1.4243 (1.4605)	8.6895 (6.8208)	−2.6031** (1.0597)	15.2823** (6.4775)
Constant	−1.3779 (0.9127)	−7.0420** (2.5407)	−0.7707 (0.5311)	−6.9394** (2.4471)	1.7631*** (0.3853)	−9.0462*** (2.4023)
个体固定效应	控制	控制	控制	控制	控制	控制
N	108	108	108	108	108	108
R^2	0.465	0.151	0.639	0.187	0.682	0.178

注：*、**和***分别表示在10%、5%和1%的水平上显著。

3. 门槛回归分析结果

门槛回归分析结果如表 3-10 所示。

表 3-10 面板门槛模型检验

门槛变量	门槛数	*F* 值	*P* 值	10%临界值	5%临界值	1%临界值
数字金融	单一门槛	12.48	0.0800	11.8345	13.8711	21.3580
	双门槛	11.23	0.2500	15.1866	16.0096	21.9759

由表 3-10 可知，单一门槛检验时的 *P* 值在 10%的水平上显著，双门槛检验的 *P* 值结果不显著，因此，黄河流域数字金融对生态环境高质量发展具有单一门槛效应。

门槛效应分析结果如表 3-11 所示。

表 3-11 门槛效应分析

变量	*DFI*≤280.18	*DFI*>280.18
数字金融	0.5944** (2.09)	0.7256*** (2.66)
常数项		-1.5913** (-1.98)
控制变量		控制
R^2		0.8436
个体效应		固定

注：** 和 *** 分别表示在 5%和 1%的水平上显著。

表 3-11 门槛效应的回归结果表现出黄河流域数字金融对生态环境高质量发展的提升存在较高水平的门槛。当黄河流域数字金融发展水平低于或等于 280.18 时，数字金融可以显著影响生态环境高质量发展，且回归系数为 0.5944；当黄河流域数字金融发展水平高于 280.18 时，数字金融仍旧可以显著影响生态环境高质量发展，且回归系数为 0.7256，通过比较回归系数和 *t* 值可以发现，黄河流域数字金融对生态环境高质量发展的正向影响显著强于前一区间，对生态环境高质量发展的促进作用更强，因此，黄河流域数字金融的

发展水平越高，其碳减排能力越强，对生态环境高质量发展的促进作用越明显。也就是说，黄河流域数字金融对生态环境高质量发展的影响存在基于数字金融发展水平的单一门槛效应，具体来说，随着黄河流域数字金融水平的发展，数字金融对生态环境高质量发展的影响逐渐增强。由此，验证了假说3。

第四节　研究结论与政策建议

一、研究结论

随着“双碳”目标的提出，我国为节能降碳、保护环境作出了不懈努力，数字金融作为经济发展的新动能和新驱动力，在保护环境、促进经济高质量发展上扮演着重要角色。本书从黄河流域数字金融作用生态环境高质量发展的角度出发，根据黄河流域9省区2011—2022年的样本数据，运用SBM-GML指数测算黄河流域各省区生态环境高质量发展，应用不同的计量模型实证研究黄河流域数字金融对生态环境高质量发展的直接影响和作用机制，研究结论如下：

第一，黄河流域数字金融的发展可以正向促进生态环境高质量发展，数字金融不同维度对生态环境高质量发展的作用效果不同，具体表现为数字金融覆盖广度和使用深度显著正向提升了生态环境高质量发展水平，而金融数字化程度对生态环境高质量发展的促进作用不显著。在稳健性检验方面，本书分别做了替换核心解释变量和缩尾两种方法，稳健性检验与基准回归分析结果相同，表示通过了本书的稳健性检验。在内生性检验方面，本书使用了两种工具变量验证内生性问题，结果表明，黄河流域数字金融对生态环境高质量发展仍存在显著的促进效应，通过了本书的内生性检验。

第二，在中介效应分析方面，本书假设黄河流域数字金融可以通过提升经济发展水平、技术水平以及抑制产业结构来达到促进生态环境高质量发展、保护环境的目的。中介效应分析显示，黄河流域数字金融可以通过提升经济发展水平、技术水平和抑制产业结构、降低第二产业中重工业的比重来促进生态环境高质量发展。

第三，在门槛效应分析方面，本书发现黄河流域数字金融有一定的门槛效应，生态环境高质量发展的提升作用随着数字金融发展水平的提升而增强。

二、政策建议

黄河流域数字金融是经济高质量发展的新动能，数字金融的节能降碳效应成为其助力生态环境高质量发展研究的重要内容，根据研究结论，本章提出以下政策建议：

第一，黄河流域立足数字金融长效发展，推动数字金融降污减排效应。一方面，政府应加大黄河流域9省区基础设施建设投入力度，扩大数字金融覆盖广度，鼓励数字金融与科技企业的融合发展，促进金融科技创新和市场拓展，发挥数字金融覆盖广度的节能降碳效应。另一方面，黄河流域9省区数字金融行业应细化金融产品种类，拓宽金融服务模式，增加绿色金融产品类别，为个人和企业高效率开展节能降碳活动做好支撑，有效利用数字金融使用深度发挥降污减排效应，从而促进生态环境高质量发展。

第二，推动黄河流域9省区经济高质量发展和产业结构升级，实现黄河流域数字金融节能减排。一方面，在推动经济发展的过程中坚持绿色发展理念，加大环保投入力度，强化环境监管和执法力度，促进生产和消费方式的绿色转变，实现经济与环境的互利共赢。另一方面，积极调整产业结构，推动可再生能源的发展，提高能源利用效率，促进绿色交通发展和循环经济发展，通过市场机制激励企业减少碳排放，实现绿色低碳化发展，进而实现生态环境高质量发展。

第三，推动黄河流域9省区技术创新，促进低碳经济高质量发展。高标准建设知识产权市场体系，推进多元化知识产权金融支持。有效运用大数据、人工智能等新技术，按产业细分领域向企业匹配推送，促成供需对接。基于企业对专利产业化前景评价、专利技术改进需求和产学研合作意愿的反馈情况，识别存量专利产业化潜力，分层构建可转化的专利资源库。引导技术水平的发展更多流向清洁创新的绿色企业，促进更加节能高效的绿色技术的研发，引导科技向低碳技术、清洁能源发展。

第四章　数字新质生产力驱动下黄河流域产业高质量发展

黄河流域是中华民族的发源地，是大江大河治理的重要标杆，具有悠久的历史，横跨山东、河南、山西、内蒙古、陕西、四川、甘肃、青海、宁夏9省区，面积约130万平方千米，总人口约1.6亿人。黄河流域拥有庞大的人口和丰富的资源，作为高质量发展的重要试验区，黄河流域产业高质量发展是我国经济发展的重要支柱。党的二十大报告指出，在建设现代化产业体系时，要“加快发展数字经济，促进数字经济和实体经济深度融合发展，打造具有国际竞争力的数字产业集群”，这表明加快产业体系现代化建设以促进产业高质量发展已成为国家发展战略的重要任务。数字新质生产力作为推动经济结构转型以及产业体系现代化建设的新引擎与新动能，其助推产业高质量发展水平不断提升的作用日益凸显。在此背景下，本章探讨数字新质生产力发展能否推进黄河流域产业高质量发展，例如，如果数字新质生产力有助于提升黄河流域产业高质量发展水平，那么，其促进黄河流域产业高质量发展的作用机制是什么？对以上问题的探讨有助于为黄河流域产业高质量发展的实现寻找出路，对推动黄河流域经济社会高质量发展具有重要的现实意义。

第一节　数字新质生产力与产业高质量发展的研究进展

一、数字新质生产力的内涵与测算

数字新质生产力与数字经济的发展相关，目前关于数字新质生产力的研究主要集中在数字经济领域。国际上，Tapscott（1996）首次提出“数字经济”的概念，Bukht 和 Heeks（2018）将数字经济定义为一个广泛运用信息通信技术（ICT）的经济系统，并且指出数字经济的核心部门是“数字部门”。Xia 等（2023）则将数字经济作为一种区别于传统农业经济和工业经济的新的经济社会形态，并且在这种新的社会形态下，土地、劳动力和资本等传统意义上的生产要素在商品、服务和信息成本迅速下降的经济数字化转型时代将发生根本性变化，而数据将成为一种新的生产要素（Li et al.，2021）。随着学者们对数字经济的研究不断深入，数字经济的范畴被扩展到基于互联网来交易商品和服务的所有经济活动，并且数字经济的发展将通过信息网络、数字技术给人们的生产生活、经济社会发展带来前所未有的改变（Negroponte，1996）。

囿于经济、社会、科技文化等发展的制约，国内学术界对数字经济发展的研究起步较晚。对数字经济内涵的界定主要有以下五个方面：第一，将数字经济界定为一种区别于传统农业经济和工业经济的新的经济形态，并且这种新的经济形态是以数字化信息为核心要素，以信息化和互联网的发展为支撑，通过数字化技术提供产品或服务，使生产者与消费者进行数字交易（刘军等，2020）。第二，将数字经济界定为一种产业。戚聿东和刘欢欢（2020）指出，数字经济是一种从传统的国民经济中剥离出来的产业经济。第三，将数字经济界定为一种经济活动。2016 年 G20 杭州峰会上发布的《G20 数字经济发展与合作倡议》将数字经济定义为：以使用数字化的知识和信息为关键生产要素，以现代化信息网络为重要载体，通过 ICT 的有效使用提升效率和优化经济结构的一系列经济活动。第四，将数字经济界定为一种经济模式。任保平（2020）将数字经济界定为一种经济模式，并且这种经济模式以网络为载体，以数字化的知识与信息为生产要素，以智能制造为动能，以大数据在线模式为物联网平台，以分享经济为方向。第五，将数字经济界定为一种综合体。许宪春和张美慧（2020）将数字经济范围扩展到数字化赋权基础设施、数字化媒体、数字化交易和数字经济交易产品四个方面，并且认为数字经济是一种融合了生产与生活的综合体。

对于数字经济的测算研究，由于各国的经济发展水平、科技水平、人力资本以及对数字经济发展的重视程度不同，使得其对数字经济发展研究的广度与深度也存在明显差别。同时，由于对数字经济内涵的界定到目前为止还没有一个可以被大家普遍认可和接受的概念，进而社会各机构、学者们对数字经济发展水平的测算也就存在差异。梳理现有文献发现，学者们对数字经济的测算研究主要集中在测算指标的选取、测算方法的选择以及测算数据样本的选择三个方面。在测算指标的选取上，大部分学者从数字产业化和产业数字化 2 个维度进行测度（张蕴萍等，2021）。但是，随着数字经济内涵研究的不断丰富学者们对数字经济的理解更加深入和全面。刘鑫鑫和惠宁（2021）发现数字基础设施在数字经济发展中也发挥着重要的作用，于是从数字基础设施、数字产业发展和数字经济应用 3 个维度来测度数字经济；Zhang 等（2021）则从数字基础设施、数字产业、数字融合 3 个维度对数字经济发展指数进行测度。Wei（2020）认为，在测度数字经济发展指数时，不仅要考虑经济与技术因素，还要考虑环境方面的因素。学术界对数字经济的研究不断深入，学者们对数字经济指数指标的选取也更加细致。王军等（2021）从数字经济发展载体、数字产业化、产业数字化以及数字经济发展环境 4 个维度构建相应的指标来进行测度；Ge 和 Wu（2022）则从发展环境、数字产业化、产业数字化、数字治理四个方面对数字经济进行测度。樊轶侠和徐昊（2021）认为，居民数字素养水平在数字经济发展中也发挥着重要的作用，于是从信息基础设施水平、数字产业化水平、产业数字化水平和居民数字素养水平 4 个维度构建指标来测度数字经济的发展水平。在测算方法上，有主观赋权法中的主成分分析法和专家打分法，以及客观赋权法中的熵权法。主成分分析法与专家打分法存在很大程度上的主观性，容易造成测度结果的较大误差，于是一些学者采用客观分析中的熵权法（王娟娟、佘干军，2021），这在很大程度上避免了测算的主观随意性。在样本数据的选择上，大部分学者选择省级样本数据对数字经济指数进行测度（白雪洁等，2021），但也有学者从城市级数据出发对数字经济发展水平进行测度（李治国等，2021）。

二、产业高质量发展的内涵与测算

任保平（2018）指出，进入新时代，传统的数量型、粗放型经济发展模式已经无法适应现代化经济发展的需要，应探索高质量发展实现的新路径。赵剑波等（2019）认为，高质量发展受到国际环境、社会主要矛盾、资源环境以及生产要素等一系列重大变化的影响，是中国经济发展到一定程度后的转型升级，这种转型升级将经济增长由生产要素扩张驱动为主的外延型发展模式转向依靠创新来驱动的内涵型发展模式。目前，学术界对经济高质量发展从内涵界定、影响因素、指标选取以及实现路径等方面展开了丰富的研究，但对产业高质量发展的研究却较少涉及。

与创新发展理念指导下的高质量一样，产业高质量发展也有着丰富的内涵。余泳泽等（2021）认为，产业高质量发展是发展方式、结构和动力的共同调整，要从传统的注重产业结构调整的思想转向以产业高质量发展提升为核心。付晨玉和杨艳琳（2020）指出，产业高质量发展是产业在生产、成长和演进过程中带来的经济效益、环境效益和社会效益的大小，其认为产业高质量发展的本质是能否满足人民日益增长的美好生活需要。柳天恩和武义青（2019）认为，产业高质量发展是一个动态的、与时俱进的包含价值判断的综合性概念，其具有内涵多维性、表现形式多样性、判断标准复杂性、发展目标多元性、发展路径多样性和战略选择灵活性等特征。余婕和董静（2021）认为，产业高质量发展的内涵包括产业价值创造水平、技术密集水平和绿色化发展水平不断提升。杨丹等（2020）则认为，产业高质量发展的内涵包括产业布局优化、产业结构调整、产业发展效益提升、产业发展迈向中高端。

梳理文献发现，大部分学者对产业高质量发展的测度集中于某一具体产业，惠宁和杨昕（2022）采用制造业绿色全要素生产率来表征制造业高质量发展水平。苏伟洲等（2024）依据体育产业的特殊性，选取产业基础和产业结构合理化程度来测度体育产业高质量发展水平。王金伟等（2024）从旅游创新发展、旅游协调发展、旅游绿色发展、旅游开放发展以及旅游共享发展5个维度来构建相关指标对旅游业高质量发展水平进行测度。但是也有部分学者对整体的产业高质量发展进行测度，主要集中于单一指标与多指标综合评价体系两种测度方法。在单一指标测度方面，贺晓宇和沈坤荣（2018）用生产率的提高来表示产业高质量发展；杨丹等（2020）将产业结构变迁作为产业高质量发展的指标来进行测算，其认为产业结构变迁包括产业结构演变的横向合理化和纵向高度化。在综合指标测度方面，大部分学者从产业价值创造、技术密集水平和绿色化发展三个方面（韩自然、芮明杰，2019）以及产业国际竞争力、产业效益贡献力、产业自主创新力 3 个维度（胡树华等，2012）来测度。新发展阶段，产业高质量发展要遵循新发展理念，付晨玉和杨艳琳（2020）从创新发展、协调发展、开放发展、绿色发展以及共享发展出发，选取相应的指标，使用层次分析法和变异系数法相结合的组合赋权法来测度产业高质量发展水平。

三、数字新质生产力对产业高质量发展的影响

在理论研究上，杨秀云和从振楠（2023）指出，数字经济与实体经济融合能够产生“降本增效”的作用，提高生产迂回度和附加价值，从而通过引致新业态、新组织与新模式诞生的作用机制来赋能产业高质量发展。黄先海等（2023）指出，数字经济能够通过缓解融资约束、提升创新能力、促进大国优势发挥、提升产业链安全水平、提升要素的价值创造效率、提升链主竞争力等方式来驱动战略性新兴产业高质量发展。在实证研究上，大部分学者通过省级面板数据来研究。例如，司增绰和刘世泉（2023）运用省级面板数据研究了数字经济通过技术产出水平提高以及促进产学研融合机制进而提高技术产出两条路径来推动制造业高质量发展。陈涵等（2023）运用省级面板数据研究了数字经济能够通过促进产业结构升级来间接影响农业高质量发展。惠宁和张林玉（2024）运用省级面板数据，发现数字经济可以通过加大知识产权保护力度、促进创新要素流动和降低交易成本等路径来促进文化产业高质量发展。左秀平等（2023）运用省级面板数据，分析发现数字经济能够通过技术创新（微观）、产业结构优化（中观）、粮食市场整合（宏观）赋能粮食产业高质量发展。袁惠爱等（2023）运用省级面板数据，发现数字经济能

够通过降低运行成本、提升技术创新水平和完善公共服务来促进旅游业高质量发展。但是，也有部分学者通过城市级面板数据来研究。例如，易恩文等（2023）运用城市级面板数据，发现数字经济能够通过优化产品、资本与劳动力要素配置效率三大核心路径来赋能农业高质量发展。

以上研究为探究数字新质生产力对中国产业高质量发展提供了较好的借鉴思路。但通过文献梳理发现，现有关于数字新质生产力与产业高质量发展的研究仍存在以下不足之处：第一，关于产业高质量发展的内涵界定仍未统一，并且对整体产业高质量发展的测度较少。第二，关于数字新质生产力与产业高质量发展的关系研究主要集中于产业结构优化、产业效率提升以及产品附加值提升上，而对于产业绿色化发展所带来的环境效益以及产业经济效率提升所带来的社会福利提升却较少涉及。第三，现有研究集中于数字新质生产力对产业高质量发展影响的理论阐释上，缺乏理论和实证相结合的研究。基于此，本书针对以上问题进行拓展研究。

第二节　数字新质生产力对黄河流域产业高质量发展影响的理论分析

一、数字新质生产力影响黄河流域产业高质量发展的直接效应

产业高质量发展是指产业经过了一段较长的发展时期后，其发展由规模速度的外延型转向效益质量的内涵型，具体表现在效益增进、效率提高、创新活力增强、结构优化以及绿色发展程度提高五个方面。数字经济以数字化的知识和信息为关键生产要素，以数字技术为核心驱动力量，以现代信息网络为重要载体，通过数字技术与实体经济的深度融合，不断提高经济社会的数字化、网络化以及智能化水平（中国信息通信研究院，2020）。相较于产业结构转型升级，产业高质量发展对要素供给提出了更高的要求。数字经济作为一种新的经济形态，其通过新兴的数据要素、先进的数字技术以及互联互通的数字平台等可以直接影响黄河流域产业高质量发展。

数字新质生产力对产业高质量发展不同维度的影响主要体现在以下五个方面：一是数字新质生产力的发展可以增进产业效益。数据要素禀赋能够通过优化既定技术水平下各类生产要素的组合方式来提升价值链的运行效率（徐兰、吴超林，2022），通过捕捉用户的消费偏好、提供满足用户需求的服务与产品以及引导用户需求发生改变会联结起多个节点上的生产制造企业，从而会实现产业价值链整体增值、产业效益大幅提升；同时，数字技术带来的生产环境可视透明化以及数字算法带来的资源优化配置也能够提高产业价值、增进产业效益。二是数字新质生产力的发展能够提升产业效率。数字新质生产力可以从研发、制造、流通以及交易 4 个环节全方位提升产业效率，数字技术通过加快传统产业生产变革的步伐能够促进传统产业向数字化、网络化和智能化迈进，从而有效提升全行业的产业效率；数据要素的跨时空流动使得企业可以在较短时间内获取海量市场信息、降低其市场搜寻与匹配成本，这会加快企业与消费者的无障碍交流，推动连通产业链“激励联盟”的形成（钞小静、王宸威，2022），从而提升整体产业链的市场匹配效率与生产效率。三是数字新质生产力的发展可以激发产业创新活力。数字技术所具有的网络扩散效应不仅可以带动供应链上下游产业协同创新、激发产业创新发展活力、促进产品和商业应用模式创新（Sutherland and Jarrahi，2018），而且能够促进认知需求较高的知识流动、充分释放知识溢出效应，为企业创新活动的开展以及产业创新发展注入强劲动力；数据要素参与到生产中，有利于调整原有要素的投入比例结构，实现优化资源配置，从而大幅降低生产成本、激发产业创新发展活力。四是数字新质生产力的发展能够优化产业结构。互联网、大数据以及人工智能等数字技术为产业转型升级提供重要的技术支持，有利于更好地改造传统产业的内部结构；数字新质生产力的发展能够打破各产业部门间的壁垒，在推动上游生产商、供应商和中游渠道商以及下游经销商等产业链主体的进一步融合发展过程中会加速新型产业链体系的构建、推动产业结构升级；数字平台能够以最大的公平性和公开性保障各产业部门平等竞争，各产业部门在竞争中会不断改善自身的产业结构、实现产业结构升级。五是数字新质生产力的发展可以推动产业向绿色化方向发展。数据要素与传统生产要素紧密结合能够改变产业的要素投入结构、促进资源配置方式优化，从而持续提升产业生产中资源要素的投入产出效率、促进产业向清洁化方向发展（Zhang et al.，2022）；数字技术的应用能够有效改善传统产业的生产模式和组织模式，赋能传统产业提质增效、促进产业节能减排效应提升；数字新质生产力通过缓解信息不对称与信息不完全等问题，能够降低搜寻和交易成本、拓展要素流动空间、优化要素配置、减少生产过程中的要素投入与污染消耗，进而推进产业向绿色化方向发展（Ma and Zhu，2022）。由此，提出假说4。

假说4：数字新质生产力的发展可以直接提升黄河流域产业高质量发展水平。

二、数字新质生产力影响黄河流域产业高质量发展的非线性效应

数字新质生产力以数字技术为核心驱动力量，而数字技术的发展会受到创新水平的制约，创新过程的非连续性和非均衡性导致创新水平的高低呈现出阶段性变化。创新水平的这种阶段性变化使数字技术的发展具有波动性，进而使得数字新质生产力在不同的发展时期对产业高质量发展的影响不同。发展初期，企业在数字网络用户规模有限的情况下提高生产率需要付出高昂的成本，从而限制了数字新质生产力对产业高质量发展的影响。随着技术创新水平的提高、数字用户规模的扩大以及数字新质生产力边际成本的下降，根据梅特卡夫法则，此时数字新质生产力的网络价值以用户数量的平方速度增加，再加上共享经济、平台经济等新业态和新模式大量涌现，社群红利会被显著激发，传统的产业经营模式与生产方式会被颠覆。此时，数字新质生产力发展水平加快提升，数字新质生产力对产业高质量发展的促进作用呈爆发式增长。由此，提出假说5。

假说5：数字新质生产力对黄河流域产业高质量发展的影响呈现非线性特征。

三、数字新质生产力影响黄河流域产业高质量发展的中介效应

数字经济作为具有较强能动性表现的新引擎，不仅可以直接促进中国产业高质量发展水平提升，而且可以通过中介渠道来作用于中国产业高质量发展。现有研究数字经济影响中国产业高质量发展的中介效应主要从供给角度出发，本书从消费升级的需求视角出发，探究数字经济如何通过消费升级的作用机制来影响黄河流域产业高质量发展。

（一）数字新质生产力对消费升级的影响

首先，数字新质生产力的发展会促进高品质、高端化与智能化产品大量涌现，这将会满足消费者的个性化、特色化以及多样化需求；数字新质生产力提供的电商平台、线上实时聊天以及微信公众号等可以将线上最新的产品以及服务信息发送给消费者，使消费者能够选购性价比以及满意度较高的商品和服务（Sabatini，2011）；数字支付创新便捷了居民的消费方式，能够提高居民消费频率、降低消费的“疼痛感”、促进居民作出消费决策。产品与服务消费模式的创新发展、消费者消费满意度与体验感的提高以及支付方式的改变能够促进居民效用最大化的实现。

其次，收入作为消费的基础和前提，其水平的高低决定着居民购买力的大小，数字新质生产力的发展能够通过增加就业与创业机会来提高居民的收入水平。数字技术以其互联互通的特性可以突破时空局限以及传统学习平台的狭隘性，其提供的网络教育、线上培训与学习等可以提高居民的个人综合素质与劳动技能，从而增加居民的就业机会；同时，数字技术的发展还能够通过催生新兴行业和商业模式的涌现来改善居民的就业环境，推动统一大市场的形成、促进生产要素跨区域流动，在降低居民工作搜寻成本的同时改善创业环境、为居民创业提供资金支持、提高创业成功的概率。

最后，数字新质生产力不仅可以直接增加居民收入，促进居民现期消费，而且能够通过缓解信贷约束以及降低预防性储蓄来促进居民实现跨期消费。数字技术的发展促进了京东白条、支付宝花呗与借呗等小额信贷的产生，这些小额信贷利率低、可获得性高、随借随还，能够缓解居民的借贷约束（高

振娟等，2021）；金融机构利用数据要素可以实现精准匹配，对居民的征信状况作出真实、客观评价，从而为居民提供线上信贷服务，降低居民的贷款约束；居民能够利用数字金融的发展更为理智与便捷地选择投资理财产品与风险管理工具，有利于增加财产性收入以及降低对未来不确定性的担忧，同时数字新质生产力下居民的劳动技能与知识水平获取的渠道增多，就业与创业机会增加，现期收入和预期收入也有了一定的保障。信贷约束的缓解以及预防性储蓄的降低能够增加居民的消费支出，促进消费升级。数字新质生产力虽然可以从整体上促进居民消费升级，但黄河流域城乡二元结构之间的差距使城镇和农村地区数字新质生产力发展的禀赋存在巨大差异，呈现出数字新质生产力在城乡之间发展不平衡，乡村地区的居民无法充分享受到数字新质生产力发展所带来的红利（He et al.，2022），这可能导致数字新质生产力对城镇和农村居民消费升级的影响不同。

（二）消费升级对黄河流域产业高质量发展的影响

消费作为市场的需求端以及经济增长的“稳定器”与“压舱石”，其升级发展会引领产业发展，对产业高质量发展产生重要影响。具体表现在以下五个方面：第一，消费升级会增进产业效益。波特的“竞争优势理论”将需求作为一国主导全球价值链分工体系的关键立足点以及国际竞争优势的决定性因素之一（申俊喜、徐晓凡，2021），企业在成本最小化的情况下往往会将生产布局到靠近最终消费市场的地方，而国内居民消费升级带来的规模经济效益会重塑我国产业的国际竞争新优势、吸引价值链上游环节以及更多高端生产环节转向国内，从而改善我国产业在国际价值链中的布局分工、增进我国产业效益。第二，消费升级会提高产业效率。消费需求的变化会影响厂商生产原产品的规模以及制造新产品的动力，当市场将消费者对高端化产品和服务需求增加的这一信号传递给厂商时，厂商在利益的驱使下会根据需求信号变化对生产要素重新进行配置。这时劳动力、资本等生产要素会从传统产业纷纷转移到高端化与智能化产业，生产要素的这种流动会提高要素自身的使用效率以及产业的生产效率。第三，消费升级会激发产业创新活力。消费升级意味着主流商品的需求从传统的注重温饱等低级形态向注重高品质与高性能等高级形态转变（陈冲、吴炜聪，2019）。需求端的这种变化要求生产端提高产品品质和服务水平，倒逼生产企业加大对高技术人才的引进和培养，有针对性地开展技术研发和创新活动。供给端技术创新能力提高会促进新产业、新业态与新产品的开发，激发产业创新活力。第四，消费升级会促进产业结构优化。根据恩格尔效应，人们收入水平提高促使其对高需求收入弹性的高附加值和高端商品的偏好增强，其需求量占总需求的比重不断上升，最终高附加值和高端产业的市场占比会越来越高、产业高级化水平得到提升；同时消费升级带来的产品和服务需求的多样化、个性化以及定制化会带动产业向纵深发展，使上下游产业的生产方式、组织模式和运营理念等不断更新，这会进一步会提高产业内部协调发展程度、提升产业合理化水平。第五，消费升级会促进产业向绿色化发展。消费升级的过程不仅是消费品数量的变化，更是消费品质、消费理念与消费环境的高级化（潘锡泉，2019），消费者会更偏好绿色环保型等高品质的消费。追求利益最大化的厂商会加快绿色化与环保化等新兴产品和服务的研发与生产，最终产能过剩行业和资源高耗型产业会被淘汰、绿色环保型等高层次的消费品供给产业增加、产业绿色化水平不断提高。由此，根据以上分析提出假说 6。

假说 6：数字新质生产力可以通过消费升级的中介效应来促进黄河流域产业高质量发展，但这种中介效应在城乡之间可能具有差异性。

第三节　数字经济影响黄河流域产业高质量发展的实证分析

一、黄河流域数字新质生产力发展水平测度

（一）黄河流域数字新质生产力指标体系构建

本书选用移动电话交换机容量、互联网宽带接入端口、互联网普及率和长途光缆线路长度作为数字经济发展载体的指标。数字经济所具有的高创新

性、强渗透性以及广覆盖性使其成为改造传统产业的支点以及推动新兴产业发展的增长点，促进企业加快创新、电子商务加快发展、现代物流运输产业迅速发展。基于此，本书选用每百家企业拥有网站数、有电子商务交易活动的企业数比重、邮电业务总量、软件业务收入、电子商务销售额等指标来衡量数字经济应用。数字经济不仅对新型基础设施的“硬支撑”有着较高的要求，而且对数字技术、专业人才等“软支撑”也有着较高的要求。具有充足的资金保障、高超技能与专业知识的复合型人才可以加快数字经济发展遇到的关键核心技术“卡脖子”问题，从而加快技术创新的发展、推动数字经济快速发展。基于此，本书选用规模以上工业企业研发（R&D）人员全时当量、规模以上工业企业 R&D 经费、规模以上工业企业专利申请数以及技术市场成交额等指标来衡量数字技术创新。具体指标见表 4-1。

表 4-1　数字新质生产力发展水平指标构建

指标	变量	单位	属性
数字经济发展载体	移动电话交换机容量	万户	+
	互联网宽带接入端口	万个	+
	互联网普及率	%	+
	长途光缆线路长度	万千米	+
数字经济应用	每百家企业拥有网站数	个	+
	有电子商务交易活动的企业数比重	%	+
	邮电业务总量	亿元	+
	软件业务收入	万元	+
	电子商务销售额	亿元	+
数字技术创新	规模以上工业企业 R&D 人员全时当量	人年	+
	规模以上工业企业 R&D 经费	万元	+
	规模以上工业企业专利申请数	件	+
	技术市场成交额	亿元	+

（二）黄河流域数字新质生产力发展水平分析

表 4-2 为黄河流域 9 省区 2000—2021 年的数字新质生产力发展水平测度

结果。

表 4-2　黄河流域 9 省区 2000—2021 年的数字新质生产力发展水平测度结果

省份	2000 年	2003 年	2006 年	2009 年	2012 年	2015 年	2018 年	2021 年	均值
山西	0.5965	0.0227	0.0326	0.0547	0.0637	0.0946	0.1166	0.1403	0.1402
内蒙古	0.5964	0.0258	0.0337	0.0542	0.0707	0.1015	0.1120	0.1266	0.1401
山东	0.0458	0.0541	0.0871	0.1481	0.2060	0.2892	0.3984	0.4545	0.2104
河南	0.0237	0.0286	0.0487	0.0903	0.1109	0.1807	0.2311	0.2631	0.1221
四川	0.0260	0.0323	0.0506	0.1078	0.1331	0.1981	0.2652	0.1838	0.1246
陕西	0.5969	0.0272	0.0387	0.0524	0.0701	0.1199	0.1554	0.2020	0.1578
甘肃	0.0257	0.0287	0.0311	0.0398	0.0466	0.0861	0.0975	0.1186	0.0593
青海	0.7472	0.0219	0.0253	0.0323	0.0429	0.0853	0.0906	0.1147	0.1450
宁夏	0.5963	0.0240	0.0241	0.0268	0.0383	0.0899	0.0839	0.0897	0.1216

从表 4-2 中可以看出，9 省区的数字新质生产力发展水平整体呈现逐年波动上升的趋势。2000—2021 年，数字新质生产力均值最大的省份是山东省，其数字新质生产力发展水平的均值为 0.2104；2000—2021 年，数字新质生产力均值最小的省份是甘肃省，其数字新质生产力发展水平的均值为 0.0593。通过分析可知，黄河流域数字新质生产力发展水平存在较大的区域差距。可能的原因在于，优越的地理位置、高经济发展水平、高社会对外开放程度、要素充分自由地流动以及先进的技术创新水平为山东省的数字新质生产力提供了良好的发展基础。而地理位置较偏僻、经济发展缓慢、人才要素大量流出以及技术水平较低等导致甘肃省数字新质生产力发展所需的各种支持得不到供给，从而其数字新质生产力发展较为缓慢。

二、黄河流域产业高质量发展水平测度

（一）黄河流域产业高质量发展指标体系构建

与产业结构升级相比，产业高质量发展对产业发展提出更高的要求，不

再单纯强调产业规模和比例等数量的变化，还包括产业创新与绿色发展等质量方面的发展，是产业的经济效益、环境效益和社会效益等多方面的完善和优化（余泳泽等，2021），是新发展理念在产业层面的体现，也是实现经济高质量发展的必然要求。因此在构建产业高质量发展指标时，不仅要考虑产业目前的发展状况，还要对产业未来的发展作出考量；不仅要追求产业结构的转型升级，还要考虑产业生产方式的现代化；不仅要考虑产业发展所带来的经济效益，还要重视产业发展所产生的社会效益与生态效益。产业高质量发展是产业的经济效益、环境效益和社会效益等多方面的有机统一。基于此，本书借鉴李林山等（2021）的研究，从产业效益、效率提升、创新活力、结构优化以及绿色发展 5 个维度来构建中国产业高质量发展的指标。具体指标见表 4-3。

表 4-3　产业高质量发展水平指标构建

一级指标	二级指标	计算方法	属性
产业效益	GDP 增长率	地区生产总值增长率	+
	规模以上工业企业利润总额占比	规模以上工业企业利润总额/地区生产总值	+
	第三产业产值占比	第三产业增加值/GDP	+
效率提升	劳动生产率	产业增加值/劳动力数量	+
	资本生产率	产业增加值/资本存量	+
创新活力	高技术产业销售收入占比	高技术产业新产品销售收入/GDP	+
	高技术产业有效专利数	高技术产业有效专利数	+
	高技术产业新产品开发项目数	高技术产业新产品开发项目数	+
结构优化	产业结构整体升级	产业层次系数法	+
	产业结构合理化	泰尔指数取倒数	+
	产业结构高级化	第三产业增加值/第二产业增加值	+
	就业产业结构	第三产业就业人数/第二产业就业人数	+
	就业技能结构	高技术产业 R&D 人员全时当量/地区就业人员数	+

续表

一级指标	二级指标	计算方法	属性
绿色发展	单位 GDP 能源消耗量	能源耗费量/GDP	-
	单位 GDP 耗电量	电力能源消费量/GDP	-
	单位 GDP 废水排放量	工业废水排放量/GDP	-
	单位 GDP 二氧化硫排放量	二氧化硫排放量/GDP	-
	单位 GDP 固体废物排放量	一般工业固体废物产生量/GDP	-
	单位工业产值污染治理投入比	工业污染治理项目本年完成投资/GDP	+

（二）黄河流域产业高质量发展水平分析

表 4-4 为黄河流域 9 省区 2000—2021 年的产业高质量发展水平测度结果。

表 4-4　黄河流域 9 省区 2000—2021 年的产业高质量发展水平测度结果

省份	2000 年	2003 年	2006 年	2009 年	2012 年	2015 年	2018 年	2021 年	均值
山西	0.0663	0.0492	0.0723	0.0676	0.0641	0.0757	0.0887	0.0904	0.0718
内蒙古	0.0690	0.0594	0.0677	0.0680	0.0667	0.0844	0.0919	0.0888	0.0745
山东	0.0813	0.0757	0.0699	0.0736	0.0980	0.1233	0.1389	0.1679	0.1036
河南	0.0452	0.0441	0.0456	0.0455	0.0515	0.0857	0.1060	0.1220	0.0682
四川	0.0821	0.0792	0.0679	0.0702	0.0795	0.0878	0.1199	0.1452	0.0915
陕西	0.0732	0.0721	0.0765	0.0788	0.0859	0.0970	0.1046	0.1243	0.0891
甘肃	0.0726	0.0564	0.0694	0.0687	0.0743	0.0686	0.0793	0.0825	0.0715
青海	0.0588	0.0552	0.0534	0.0663	0.0607	0.0750	0.0775	0.0822	0.0661
宁夏	0.0705	0.0522	0.0645	0.0637	0.0685	0.0850	0.0910	0.0974	0.0741

由表 4-4 可知，9 省区的产业高质量发展水平整体呈现逐年波动上升的趋势。2000—2021 年产业高质量发展水平均值最大的省份是山东，其产业高质量发展水平的均值为 0.1036，四川和陕西的产业高质量发展水平的均值分别为 0.0915 和 0.0891，分别为第二位、第三位；2000—2021 年产业高质量发展水平均值最小的省份是青海，其产业高质量发展水平的均值为 0.0661。可以明显看出，黄河流域内部产业高质量发展水平存在较大的区域差距。可能

的原因在于，山东产业结构转型升级水平较高、大量的创新要素、较高的经济发展水平与社会包容度等促使其产业在高质量发展过程中，不仅不受传统高耗能与高污染产业的制约，而且能够获得大量的创新要素，从而促使其产业高质量发展水平较为领先。而青海产业结构转型升级缓慢、经济发展水平较低和创新人才缺乏，导致其产业高质量发展受传统耗能产业影响较大，以及产业高质量发展所需的创新要素得不到支持，从而使得该省产业高质量发展水平较低。

三、数字新质生产力影响黄河流域产业高质量发展的效果分析

（一）计量模型构建

1. 基准模型设定

为验证上述研究假说，本书首先采用时间和个体双向固定效应模型来检验数字新质生产力对黄河流域产业高质量发展的基本影响，模型设定如下：

$$idq_{it}=\alpha_0+\alpha_1 dig_{it}+\alpha_c Control_{it}+\mu_i+\delta_t+\varepsilon_{it} \tag{4-1}$$

式中，idq_{it} 为省份 i 在时期 t 的产业高质量发展水平，dig_{it} 为省份 i 在时期 t 的数字经济发展水平，$Control_{it}$ 为一系列控制变量，μ_i 表示省份 i 不随时间变化的个体固定效应，δ_t 表示控制时间固定效应，ε_{it} 表示随机扰动项。

2. 门槛模型设定

除了通过机制模型来检验间接影响，还需要考虑数字经济中的网络效应和梅特卡夫法则。本书采用面板门槛模型研究在不同的数字经济发展水平下其推动中国产业高质量发展的非线性特征，见式（4-2）：

$$\begin{aligned}idq_{it}=\gamma_0+\gamma_1 dig_{it}\times I(Adj_{it}\leqslant\theta)+\gamma_2 dig_{it}\times I(Adj_{it}>\theta)+\\ \gamma_c Control_{it}+\mu_i+\delta_t+\varepsilon_{it}\end{aligned} \tag{4-2}$$

式中，Adj_{it} 为数字经济的门槛变量；$I(\cdot)$ 为取值 1 或 0 的指示函数，满足条件即为 1，否则为 0。式（4-2）可根据相应的计量检验由单门槛模型扩充至多门槛模型。

3. 中介效应模型设定

除了式（4-1）所体现的直接效应，为分析数字经济对中国产业高质量

发展可能存在的间接影响，对消费升级是否为二者之间的中介变量进行检验。具体步骤如下：在数字经济（*dig*）对中国产业高质量发展（*idq*）的线性回归模型（4-1）的系数（α_1）显著性通过检验基础上，分别构建 *dig* 对于中介变量消费升级（*csu*）的线性回归方程，以及 *dig* 与 *csu* 对 *idq* 的回归方程，通过 β_1、τ_1 和 τ_2 等回归系数的显著性判断中介效应是否存在，具体的中介效应模型设定如下：

$$csu_{it}=\beta_0+\beta_1 dig_{it}+\beta_c Control_{it}+\mu_i+\delta_t+\varepsilon_{it} \tag{4-3}$$

$$idq_{it}=\tau_0+\tau_1 dig_{it}+\tau_2 csu_{it}+\tau_c Control_{it}+\mu_i+\delta_t+\varepsilon_{it} \tag{4-4}$$

式中，csu_{it} 为中介变量，即消费升级，其他变量设定与式（4-1）相同。

4. 变量测度与说明

消费升级作为居民生活水平提高以及经济社会发展水平不断提升的标志，学者们对其测度展开了丰富的研究。但在测度上基本是将消费内容划分为生存型、发展型和享受型三大类，并以发展型和享受型等高级消费支出的占比来衡量消费升级，但仅使用低端消费支出占比或者高端消费支出占比无法反映居民对不同层次消费支出的变化情况。基于此，本书借鉴崔耕瑞（2021）的研究，以居民八大类消费支出为基础，通过变异系数法对其进行权重赋值，以此来测度消费升级。具体的计算公式如下：

$$csu = \sum_{i=1}^{2} \frac{P_{it}}{P_t}\Big(\sum_{i=1}^{8} consum_i \times w_i\Big) \tag{4-5}$$

$$w_i = cv_i / \sum cv_j \tag{4-6}$$

式（4-5）中，*csu* 为消费升级，P_t 表示 *t* 时农村与城镇人口之和，*i* 用于区分城镇和农村，$consum_i$ 为第 *i* 类消费支出占比，w_i 为第 *i* 类消费支出占比的权重；式（4-6）中，cv_i 为第 *i* 类消费支出占比的变异系数，$\sum cv_j$ 为八大类消费支出占比的变异系数之和。

为了更加全面地探究数字经济对中国产业高质量发展的影响和作用机制，本书结合已有研究选取以下变量作为控制变量：基础设施（*inf*），以地区客运量取对数表示；市场化水平（*mar*），以市场化进程总得分表示；外商投资水平（*fdi*），以外商直接投资与地区生产总值的比值表示；劳动力水平（*lab*），以城镇单位就业人员取对数表示；政策支持（*fis*），以地方财政一般预算支出与地区生产总值的比值表示。

（二）数据来源及描述性统计

本书选用2000—2021年黄河流域9省区的面板数据进行实证分析。数据来源于《中国统计年鉴》《中国环境统计年鉴》《中国科技统计年鉴》《中国能源统计年鉴》《中国第三产业统计年鉴》以及各省份的统计年鉴，缺失数据采用移动平均法补齐。变量的描述性统计结果见表4-5。

表4-5　变量的描述性统计结果

变量类别	变量符号	变量名称	观测数	均值	标准差	最小值	最大值
被解释变量	*idq*	产业高质量发展	207	0.106	0.075	0.041	0.692
	*idq*1	产业效益	207	0.361	0.137	0.132	0.931
	*idq*2	效率提升	207	0.211	0.132	0.038	0.866
	*idq*3	创新活力	207	0.040	0.081	0.00004	0.883
	*idq*4	结构优化	207	0.136	0.107	0.025	0.659
	*idq*5	绿色发展	207	0.312	0.082	0.167	0.916
解释变量	*dig*	数字经济	207	0.126	0.128	0.017	0.853
	*dig*1	数字经济发展载体	207	0.195	0.161	0.016	0.925
	*dig*2	数字经济应用	207	0.101	0.123	0.007	0.861
	*dig*3	数字技术创新	207	0.062	0.108	0.0001	0.858
中介变量	*csu*	消费升级	207	0.123	0.007	0.108	0.151
	csu_u	城镇居民消费升级	207	0.124	0.008	0.113	0.155
	csu_r	农村居民消费升级	207	0.121	0.003	0.114	0.127
控制变量	*inf*	基础设施	207	10.673	1.011	7.019	13.261
	mar	市场化水平	207	7.182	2.153	2.243	12.864
	fdi	外商投资水平	207	0.022	0.022	0.0001	0.163
	lab	劳动力水平	207	5.928	0.763	3.619	7.660
	fis	政策支持	207	0.218	0.105	0.069	0.758

（三）实证分析结果

1. 基准回归分析结果

表 4-6 报告了数字新质生产力影响黄河流域产业高质量发展的基准回归结果。列（1）是未加入控制变量的估计结果，数字新质生产力的估计系数在 1%的水平下显著为正。列（2）是加入基础设施、市场化水平、外商投资水平、劳动力水平和政策支持等控制变量后的结果，数字新质生产力（*dig*）的估计系数仍然在 1%的水平下显著为正，说明数字新质生产力的发展会提升黄河流域产业高质量发展水平，假说 4 得到支持。其经济逻辑可能在于，数字新质生产力依托数字技术、数据要素以及数字平台等的发展可以对产业发展进行全方位赋能，数据作为生产要素参与到生产中不仅能够提升价值链的运行效率、优化生产要素的组合方式，而且能够打破市场信息壁垒，从而有助于产业效益增进以及产业效率提升。数字技术的应用能够催生新产业、新业态与新产品等的发展，推动上下游关联产业融合发展，在激发产业创新活力的同时可以优化产业结构。数据生产要素通过降低信息不对称等的发生以及数字技术应用带来的产业提质增效可以促进产业绿色化水平提升。

表 4-6　数字新质生产力影响黄河流域产业高质量发展的基准回归结果

变量	被解释变量：黄河流域产业高质量发展						
	idq		*idq*1	*idq*2	*idq*3	*idq*4	*idq*5
	(1)	(2)	(3)	(4)	(5)	(6)	(7)
dig	0.188*** (11.83)	0.130*** (8.49)	0.101*** (5.16)	0.064** (3.33)	0.148*** (6.47)	0.148*** (7.68)	−0.014 (−0.48)
inf		−0.017*** (−3.96)	0.005 (0.93)	0.041*** (7.74)	−0.041*** (−6.52)	0.014** (2.72)	−0.022*** (−2.72)
mar		0.0001 (0.04)	0.004 (1.16)	−0.002 (−0.61)	0.003 (0.69)	−0.003 (−1.01)	−0.005 (−1.01)
fdi		−0.449*** (−4.53)	−0.101 (−0.80)	−0.234* (−1.89)	−0.493*** (−3.34)	−0.604*** (−4.86)	0.247 (1.30)
lab		0.133*** (12.32)	−0.021 (−1.51)	0.110*** (8.16)	0.174*** (10.76)	0.097*** (7.13)	0.050** (2.40)

续表

变量	被解释变量：黄河流域产业高质量发展						
	idq		*idq*1	*idq*2	*idq*3	*idq*4	*idq*5
	(1)	(2)	(3)	(4)	(5)	(6)	(7)
fis		0.036 (0.90)	−0.018 (−0.35)	−0.285*** (−5.68)	0.115* (1.92)	−0.084* (−1.67)	0.265*** (3.44)
常数项	0.047*** (6.56)	−0.520*** (−7.16)	0.316*** (3.42)	−0.892*** (−9.81)	−0.569*** (−5.25)	−0.602*** (−6.61)	0.284** (2.03)
时间固定效应	Yes	Yes	Yes	Yes	Yes	Yes	Yes
个体固定效应	Yes	Yes	Yes	Yes	Yes	Yes	Yes
样本数	207	207	207	207	207	207	207
R^2	0.529	0.633	0.748	0.858	0.397	0.673	0.258

注：括号内为 t 值，*、** 和 *** 分别表示在 10%、5%和 1%的水平上显著。

列（3）~列（7）是数字新质生产力对黄河流域产业高质量发展各维度的回归结果。结果表明，除绿色发展外，数字新质生产力对其余 4 个维度均存在显著的促进作用。其中，数字新质生产力对产业结构优化和创新活力提升的促进作用最大，其次是产业效益增进，最后是产业效率提升。可能的原因在于，数字新质生产力作为产业高质量发展的引擎，其通过数字技术、数据要素以及数字基础设施能够激发出新产品与新业态，赋能产业发展边际效益递增的生产要素，从而能够大幅提升产业结构优化水平与增强产业创新活力。数字新质生产力通过提升产业结构优化水平以及增强产业创新活力，可以改变产业发展的高生产成本与低收益的状态，从而促进产业效益增进。随着产业效益不断增进，产业发展的模式不断改变，由依靠传统的生产要素投入的外延型扩张不断向依靠数据、创新以及人才生产要素投入的内涵型扩张转变，从而促进产业效率不断提升。

而数字新质生产力对产业绿色化发展水平提高的影响不显著的原因可能在于，一方面，产业绿色发展水平的提高主要受传统的高污染、高耗能以及高投入产业的影响，而这些产业长此以往的运行模式，导致其对劳动力、资本、土地等生产要素产生了较强的依赖性，而数字新质生产力作为一种新的经济形态，其依靠知识、数据、人才等新兴生产要素而发展，并且对知识密集型、技术密集型以及资金密集型等产业有着特殊的偏好，从而导致数字新质生产力的辐射范围尚未深入这些传统产业。另一方面，高污染、高耗能与高投入产业的形成模式具有坚固性，现阶段如果要对这些产业的发展模式进行全面的摧毁，不仅会对居民的就业、生产生活产生不利影响，甚至会对经济社会的运行、社会治理的稳定造成不良影响。基于以上考虑，数字新质生产力对于替代和淘汰传统落后耗能产业需要循序渐进以及较长的过程，这就导致数字新质生产力在短时间内对产业耗能和污染减排不会产生明显效果。综合上述两个方面的分析，数字新质生产力对产业绿色化水平提升的促进作用不显著。

对于控制变量，从列（2）中可以看出，基础设施和外商投资水平的系数均为负值，说明基础设施的建设、市场化的发展以及外商投资水平的发展会在某种程度上抑制产业高质量发展。可能的原因在于，地区发展不仅要加强传统基础设施建设，而且要加强新型基础设施建设。但是，无论是传统基础设施建设还是新型基础设施建设，其建设周期较长、建设所需投入较多、效益回收见效慢，导致企业一般不愿意涉足，只能依靠政府进行投资，但政府投资在有限的情况下，基础设施建设的过多投入会挤出产业高质量发展所需的技术与人才等关键生产要素，从而不利于产业高质量发展。外商投资水平的提高之所以会在某种程度上抑制产业高质量发展水平的提高，可能是因为外商投资具有偏好性，一般会选择劳动密集型与要素密集型的产业，而这些产业的加快发展会阻碍产业高质量水平的提升。

劳动力水平和政策支持的系数均为正值，说明劳动力的供给以及政策支持有利于黄河流域产业高质量发展。劳动力作为产业高质量发展的重要投入要素，充足的劳动力会补给产业高质量发展所需的要素，尤其是随着我国人均受教育水平不断提高、职业教育不断发展，人们的知识素养以及技能水平不断提高。现阶段，我国不再拥有传统意义上的人口红利，而是人才红利大量涌现，具有较高知识与较强技能的人才会促进产业高质量发展水平大幅提升。产业高质量发展需要对产业的方方面面进行改进与创新，这一较长的过程需要充足的资金、人才与技术作为补充，而政府较优惠的政策支持，会吸引人才、资金与技术大量聚集，从而会加快产业高质量发展的进程。

2. 门槛回归分析结果

为了验证假说5，本书采用面板门槛回归模型进行实证分析。回归之前，先采用 bootstrap 自助法进行面板门槛存在性检验，反复抽样500次以后，结果表明，数字经济发展指数以及消费升级均显著通过双门槛检验。在此基础上获取相应的门槛值，并得到了表4-7的回归结果。

表4-7 数字经济影响中国产业高质量发展门槛模型的回归结果

变量	被解释变量：中国产业高质量发展	
	(1)	(2)
门槛变量	*dig*	*csu*
门槛值	第一门槛值 0.1863	第一门槛值 0.1287
	第二门槛值 0.4426	第二门槛值 0.1332
$dig \times I\ (Adj \leq \theta_1)$	−0.409*** (−8.96)	0.011 (−0.83)
$dig \times I\ (\theta_1 < Adj \leq \theta_2)$	−0.170*** (−5.98)	0.137*** (7.55)
$dig \times I\ (\theta_2 < Adj)$	0.069*** (4.70)	0.330*** (21.32)
inf	−0.011*** (−2.98)	−0.021*** (−6.25)
mar	0.001 (0.50)	0.004** (2.01)
fdi	−0.383*** (−4.32)	−0.407*** (−5.28)
lab	0.110*** (11.08)	0.085*** (9.72)
fis	−0.057 (−1.55)	0.018 (0.57)
常数项	−0.415*** (−6.30)	−0.198*** (−3.37)

续表

变量	被解释变量：中国产业高质量发展	
	(1)	(2)
时间固定效应	Yes	Yes
个体固定效应	Yes	Yes
样本数	207	207
R^2	0.709	0.778

注：括号内为 t 值，** 和 *** 分别表示在 5%和 1%的水平上显著。

从列（1）中可以看出，随着数字经济发展水平不断提高，数字经济对中国产业高质量发展水平提升的促进作用逐渐增强，这说明数字经济对中国产业高质量发展的影响具有非线性特征，假说 5 得以验证。其经济逻辑可能在于，数字经济在发展初期，由于新型基础设施建设不全面、互联网普及率低、技术创新水平低，导致数字经济发展缓慢，从而抑制数字经济对产业高质量发展水平的提升。但是，随着物联网、人工智能、云计算等新型基础设施建设不断加快发展，互联网普及率不断提高，技术创新水平不断突破，从而为数字经济的发展提供了较好的支持，促进数字经济呈爆发式增长，数字经济的快速发展会对中国产业高质量发展产生显著的促进作用。

数字经济对产业高质量发展的影响不仅受到自身发展水平的作用，还有需要考虑其他门槛变量。列（2）是以消费升级为门槛变量，不难发现，当消费升级指数超越 0.1287 和 0.1332 时，数字经济对产业高质量发展的正向促进作用表现出显著增强的趋势，数字经济对产业高质量发展的正向促进作用具有非线性特征，再次验证了假说 5。

3. 中介效应分析结果

前文从理论上分析了数字经济能够通过消费升级的作用机制来提升中国产业高质量发展水平。接下来使用式（4-3）、式（4-4），从实证上来检验数字经济影响中国产业高质量发展水平提升的中介效应，结果见表 4-8。

表 4-8　消费升级作用机制分析的回归结果

变量	消费升级 *csu* (1)	产业高质量发展 *idq* (2)
dig	0.007*** (5.40)	0.116*** (4.49)
csu		2.177*** (7.48)
inf	0.003*** (7.69)	-0.022*** (-5.15)
mar	-0.0004 (-1.82)	0.001 (0.37)
fdi	-0.009 (-1.18)	-0.428*** (-4.38)
lab	0.002** (2.20)	0.129*** (12.07)
fis	-0.005 (-1.42)	0.046 (1.16)
常数项	0.081*** (13.71)	-0.696*** (-8.53)
时间固定效应	Yes	Yes
个体固定效应	Yes	Yes
样本数	207	207
R^2	0.845	0.644
Sobel 检验值	0.015*** (Z=3.454)	

注：括号内为 t 值，** 和 *** 分别表示在 5%和 1%的水平上显著。

从表 4-8 中可以看出，数字经济对消费升级有显著的促进作用，数字经济可以通过消费升级的作用机制来提升中国产业高质量发展水平，该实证结果验证了假说 6。可能的原因在于，居民消费升级受收入水平、消费方式、消费产品以及消费成本等多方面的影响，而数字经济能够通过提供劳动技能培训、增加居民受教育机会来促进居民就业，从而促进居民收入不断提高，进而加快居民消费升级的发展。数字经济通过促进国内统一大市场的加快形成、促进产品信息透明度不断提高，能够减少居民在消费过程中遇到的信息不对称等问题，从而降低消费成本、促进居民消费升级。数字经济通过创造云购物、数字支付等消费方式，能够让居民在购买行为发生之前体验消费产品与消费服务，从而提高居民的消费满意度，促进居民消费升级水平不断提高，通过消费升级的作用渠道来提高中国产业高质量发展水平。

第四节　研究结论与政策建议

一、研究结论

在数字新质生产力时代下，以促进产业高质量发展为重点，提升产业链现代化水平成为政学两界共同关注的热点问题。本书基于 2000—2021 年黄河流域 9 省区的面板数据，从产业效益、效率提升、创新活力、结构优化以及绿色发展 5 个相关维度来构建黄河流域产业高质量发展的指标，并且运用客观赋权法中的熵值法进行赋权以及对黄河流域产业高质量发展综合指标进行测度后，运用面板固定效应模型、门槛回归模型和中介效应模型等实证检验了数字新质生产力对黄河流域产业高质量发展的影响和作用机制。

本章的研究结论如下：第一，数字新质生产力的发展可以显著提升黄河流域产业高质量发展水平，这一结论在通过内生性处理以及一系列稳健性检验后仍然是可靠的，并且数字新质生产力对黄河流域产业高质量发展各维度的促进作用呈现出结构优化和创新活力>产业效益>效率提升>绿色发展的特征，这说明数字新质生产力对黄河流域产业高质量发展各维度的促进作用存在明显的差异性。第二，数字新质生产力发展水平因技术创新水平、数字用户规模以及数字新质生产力的边际成本等不同导致其对黄河流域产业高质量发展水平的提升作用呈现出非线性特征，当数字新质生产力发展水平超过第二门槛值时，数字新质生产力对黄河流域产业高质量发展水平提升的促进作用较为明显；数字新质生产力对产业高质量发展的影响不仅受到自身发展水平的作用，还需要考虑其他门槛变量，将消费升级作为门槛变量时发现数字新质生产力对黄河流域产业高质量发展水平提升的作用依然存在非线性特征。第三，消费升级作为生产的目的和归宿，其在数字新质生产力提升黄河流域产业高质量发展水平中发挥着正向的中介作用。

二、政策建议

为了更好地发挥数字新质生产力对黄河流域产业高质量发展水平的提升作用，促进各地区数字新质生产力、消费升级与产业高质量发展协调推进，缩小区域发展差距，推进全国整体层面的产业高质量发展水平提升，本章提出以下政策建议：

第一，要注重数字新质生产力对黄河流域产业高质量发展水平的提升作用。数字新质生产力对黄河流域产业高质量发展水平提升表现出强大的能动性，但是数字新质生产力发展所依赖的发展环境以及所需要的发展载体具有特殊偏好，因此，应从各方面积极入手，发挥各主体对数字新质生产力发展的促进作用。从政府层面来看，要充分发挥政府在数字新质生产力新基建建设过程中的主导作用，加快推进新基建的建设进程，从而为数字新质生产力发展提供较好的基础设施支持；要加大对物联网、人工智能、云计算等数字技术发展的政策支持与资金投入，破解创新发展过程中所遇到的瓶颈难题，推进技术不断革新，从而发挥数字技术创新在数字新质生产力发展中的核心作用，加快数字新质生产力的发展；要加快教育改革，增设大数据、物联网、人工智能以及数字新质生产力等专业。

对于高校而言，其在数字型人才培养方面发挥着重要的作用。高等学校要积极落实教育改革政策，通过内部培养或者外部引进来造就一支较强的师资队伍，为培养大批数学型人才提供教学上的支持；要加强对创新创业大赛举办的支持，通过宣传倡导、技术培训、资金支持来充分调动学生创新创业的积极性，提高学生的数字型技能；要加强与企业的多方面联合，通过产学研合作、人才进入企业学习以及企业孵化器等机制来提高数字型人才的实际技能应用。企业作为市场经济的主体，在提升数字新质生产力发展水平方面发挥着重要的作用。企业要加强技术创新研发的投入，通过竞争投标、内部培养与外部引进来打造一批研发型人员和机构，为企业的研发创新活动奠定坚实的基础；要加强对“卡脖子”型技术难题，前端性、复杂性以及艰难性等技术的研发与突破，改变过去那种直接买进外部技术研发成果的思想，不断提高企业自身的研发能力以及关键核心技术创新水平；要加强研发成果的应用，及时将技术创新成果转化为市场需求的产品与服务，促进研发成果在实际中的应用。以此通过多方面的努力为我国数字新质生产力发展提供人才与技术支持，从而加快数字新质生产力对我国产业高质量发展的推动作用。

第二，要注重消费升级在数字新质生产力提升黄河流域产业高质量发展水平中的作用机制，利用数字新质生产力的发展来助推消费升级。对于政府而言，要加大以互联网、大数据、人工智能和5G等现代信息技术为支撑的数字新质生产力新基建的建设力度，提高新基建对消费升级的拉动作用；要提高居民文化水平、就业水平、收入水平以及劳动技能；要利用数字新质生产力的发展促进劳动力市场供需对接，减少摩擦性和结构性失业，保障居民收入持续增长，从而提高居民的购买力水平、促进居民消费升级；利用数字新质生产力来提高公共服务的供给效率，从而降低居民的生活成本、减少居民的预防性和储蓄性动机，促进消费升级不断发展；关注中老年群体在互联网使用上的劣势，鼓励中老年人积极融入数字生活、学习互联网使用的相关技能操作，让老年人等特殊群体享受到数字新质生产力发展所带来的红利，从而大力推进“银发经济”的发展，促进中老年群体的消费升级。

企业作为市场的主体，在消费产品与服务的供给、消费方式创新、消费满意度提高等方面发挥着重要作用。要加强技术创新与自主研发，从而提供满足市场需要的高品质、高端化产品与服务；要借助数字技术的发展推动线上线下消费方式不断创新，推进网络电商的销售模式更新迭代，发展“云逛街”“云体验”“云消费”等模式，通过消费方式的创新来促进居民消费升级；要提高诚信经营水平，以消费者至上的理念来供给市场所需，减少欺骗消费者行为的事情，提高居民消费满意度与体验感，促进居民消费升级不断发展。居民作为消费的主体，要提高自身的消费水平与结构，要不断加强自身知识教育的学习，提高自己的文化水平与劳动技能，改变在劳动力市场中的被动地位，从而提高就业水平与收入水平，为消费升级提供物质基础；要加强对互联网、人工智能等技术的应用，适应网上购物、体验的消费方式与数字型支付方式，通过创新消费方式与支付方式来促进自身消费不断升级；要加强消费维权意识的培养、提高对网络诈骗信息的识别，通过维护消费者合法权益以及减少欺诈行为的发生来提高消费满意度与体验感，从而加快消费升级，发挥消费升级在数字新质生产力提升黄河流域产业高质量发展水平中的中介作用。

第三，要加强城乡、区域之间数字新质生产力发展的均衡性，缩小区域之间数字新质生产力发展的鸿沟，以带动产业高质量发展整体推进。区域之间经济发展水平的差距导致各地区数字新质生产力发展水平存在明显的差异，为了推进黄河流域产业高质量发展水平整体提升，缩小区域之间数字新质生产力发展的差距是必不可少的。从政府层面来看，要做好顶层设计规划，对于农村和欠发达地区在财政资金、技术人才、政策支持等方面给予一定的倾斜，鼓励人才、资金与技术向农村和欠发达地区流动，为其数字新质生产力的发展提供支持，从而推动数字新质生产力在城乡与区域之间协调发展。要推进数字新质生产力新基建均衡发展。新型基础设施有别于传统的铁路与公路等基础设施，它可以联通区域交往，促进生产要要自由流动，是数字新质生产力发展赖以存在的基础，因此，要加强农村和欠发达地区新型基础设施建设；要加强农村和欠发达地区创新创业产业园区的建设，改善农村和欠发达地区的网络营商环境，从而吸引创新型企业入驻产业园区、提高农村和欠发达地区数字新质生产力发展水平，缩小区域数字新质生产力发展差距。

第五章　数字经济发展对黄河流域制造业高质量发展的影响

黄河流域经贸高质量发展已成为重大国家战略。目前，中国区域发展战略可以概括为“四三二”大框架，其中，“四”指四大区域板块，即东北地区板块、华北地区板块、华东地区板块和华南地区板块；“三”指三大核心城市群，即京津冀城市群、长三角城市群、珠三角城市群；“二”指两大经济发展带，即“一带一路”和长江经济带。黄河流域不仅在地理位置上横穿华北和华东地区板块，其上游省区作为陆上丝绸之路经济带的重要通道，对共建“一带一路”起到举足轻重的作用。同时，黄河流域各省区的经济、对外贸易、生态环境发展对周边省份、地区有强大的辐射效应。2021 年 10 月《黄河流域生态保护和高质量发展规划纲要》的正式印发标志着黄河国家战略从谋划部署正式进入启动实施阶段。

开放与发展是黄河流域生态保护和高质量发展的主旋律。当前，全球正迎来新一轮的科技革命和产业变革，互联网、人工智能、大数据等前沿信息技术正以前所未有的速度飞速发展，这为区域经济的发展注入了强大动力。与此同时，党的十九届五中全会提出要“加快构建以国内大循环为主体、国内国际双循环相互促进的新发展格局”的重大战略部署，高水平的对外开放是国家立足外部环境和要素禀赋变化，保证国民经济由高速增长阶段向高质量发展阶段平稳顺利转变的战略选择。党的二十大报告更是强调要“加快发展数字经济，促进数字经济与实体经济深度融合，打造具有国际竞争力的数字产业集群”，因而研究黄河流域各省区数字经济发展水平和制造业出口技术复杂度就显得尤为重要。

第一节　黄河流域9省区数字经济发展

随着大数据、互联网、云计算等先进信息科技的革新与应用，数字经济这一新兴经济形态如雨后春笋般蓬勃发展。数字经济经历了从信息经济到网络经济，再到当前方兴未艾的数字经济新业态的不断拓展与深化，同时，数字经济与实体产业的融合发展也为经济增长增添动力。本节主要研究黄河流域整体及各省区数字经济发展水平，通过测度不同省区数字经济发展水平，探究黄河流域区域间和区域内省际间数字经济发展存在明显差异的机理。

一、黄河流域数字经济发展概述

（一）数字经济的概念界定

Tapscott（1996）最早提出了“数字经济”这一术语，认为数字经济就是以数字方式呈现信息流的经济模式。1998年，美国商务部正式宣布了数字经济的提法，数字经济的概念开始广为人知。然而，关于这一概念的确切定义，学术界却有不同的看法和理解。在数字经济发展初期，众多学者倾向将其等同于电子商务，将数字经济视为由电子支持设备、电子商务交易及其相关流程所构成的整体。此后，Miller和Wilsdon（2001）提出数字经济是一种新的经济形态，并将互联网经济概念发展为数字经济。Atkinson和Mckay（2007）认为数字经济不仅包括电子商务和互联网，还涵盖了ICT产业及其在各领域的应用。随着数字经济的发展，数字经济的概念更为精细化，可以分别从窄口径和宽口径对数字经济进行定义，窄口径是指数字产业化，涵盖IT服务电信以及互联网等ICT相关产业；宽口径则是指除窄口径所指的ICT产业以外的产业，宽口径还将传统产业数字化发展也包含在内（Zhang and Chen，2019）。

2016 年 G20 杭州峰会发布的《G20 数字经济发展与合作倡议》中提到，“数字经济是以数字化的信息和知识为关键生产要素、以现代信息网络作为重要载体、以信息通信技术的有效使用作为效率提升和经济结构优化的重要推动力的一系列经济活动”，该倡议的发布基本达成了学术界和世界各国对数字经济内涵的统一认识。从宽泛的角度来说，数字经济是以数字化的信息为主要资源，通过数字平台不断传播以及数字技术和平台应用的不断创新从而促进商业模式以及相关产业业态发展的经济活动（陈晓红等，2022）。

（二）数字经济测算概述

随着数字经济与各行业的联系日益密切，如何衡量数字经济逐渐成为研究热点。基于对其内涵的解读和特性的分析，众多国家的学者和机构提出了多样化的测量方法，这些方法大致可以分为两类：一是增加值测算法，用于计算数字经济的实际增加值；二是指标值测算法，通过构建一系列指标来全面评估数字经济的发展状况。

关于增加值测算法最先出现的是知识经济和信息经济的增加值测算（Machlup，1962）。康铁祥（2008）最早根据 2002 年中国的投入产出表，用数字经济直接创造的附加值以及间接创造的附加值求和来衡量数字经济的发展水平。随着数字经济在经济中占比越来越高，学术界对数字经济的研究越来越多，对数字经济的测算方法也越来越多，各国通过不同的数据库和算法计算数字经济对经济发展的影响。新西兰统计局于 2017 年在 OECD 数字经济框架的基础上，对 2007—2015 年新西兰的数字经济规模进行了测算。澳大利亚统计局则在 2019 年采用了 BEA 的测算方法，评估了数字经济的增加值及其对经济增长的推动作用。中国信息通信研究院将数字经济分为直接和间接两部分，采用生产法测算数字经济规模，也就是用信息产业增加值与 GDP 的比值来表示数字产业的直接贡献，用传统产业进行数字应用产生的增加值与 GDP 的比值来表示信息通信产业带来的衍生贡献。

此外，指标值测算法也是众多学者采用的方法。1994 年，日本学者小松琦清介率先对“信息化”进行了量化分析。随后，日本电信和经济研究所在此基础上对信息化指数模型进行了进一步的优化和完善。OECD 则分别在

2007 年和 2014 年构建了 ICT 产业的统计指标体系和数字经济指标体系。世界经济论坛所提出的网络准备度（Networked Readiness Index，NRI）在国际指标测评中享有较高的权威性，该指标强调数字经济发展是信息化的程度、技术水平以及社会整体环节共同作用的结果，因此在研究信息技术领域有较高的参考价值与可信度。国内学者在测算数字经济时，更多地将数字基础设施（李浩、黄繁华，2022）、数字产业化（台德进、蔡荣，2023）、产业数字化（魏丽莉、侯宇琦，2022）、数字技术应用（周正、王搏，2023）、数字产业发展（郭本海等，2023）等作为评价指标。此外，吴翌琳（2019）还从电子商务、数字金融的角度研究数字经济发展水平。

考虑到数字经济对其他经济形态的高渗透性，以及获取大范围、大体量细致数据的可得性，增加值测算法测算得不够全面，其结果与现实存在偏差（蔡跃洲，2018）。基于数据的可得性和结果的可靠性，本书采用指标值测算法。本书首先基于王家庭等（2022）、李史恒和屈小娥（2022）等的研究结果，构建经济指标评价体系，通过熵权法来衡量中国数字经济发展水平，再利用中国数字经济发展水平和制造业对数字部门完全消耗系数的乘积得出中国制造业各个行业的数字经济发展水平（杨仁发、郑媛媛，2023）。

二、黄河流域数字经济发展水平测度与分析

（一）数字经济发展水平指标测定

本章主要参考王军等（2021）的熵值法量化数字经济发展水平，选取了“数字化基础”“数字产业化”“产业数字化”“数字创新能力”4 个一级指标，另选取 19 个二级指标构建了中国数字经济指标体系，以黄河流域 9 省区为样本进行研究，研究时间跨度为 2012—2022 年，共计 10 年。数字经济发展水平综合评价指标体系如表 5-1 所示。

表 5-1　数字经济发展水平综合评价指标体系

一级指标	二级指标	单位	属性
数字化基础	互联网宽带接入端口数	万个	+
	互联网宽带接入用户数	万户	+
	移动电话基站密度	个/平方千米	+
	移动电话普及率	部/百户人	+
	单位面积长途光缆长度	万千米	+
数字产业化	软件业务收入占 GDP 的比重	%	+
	信息技术服务收入占 GDP 的比重	%	+
	信息服务务业从业人数	万人	+
	电信业务总量占 GDP 的比重	%	+
产业数字化	企业电子商务交易额	亿元	+
	电子商务交易活动企业比例	%	+
	企业每百人使用计算机数	台	+
	每百家企业拥有网站数	个	+
	数字普惠金融指数	—	+
数字创新能力	规模以上工业企业 R&D 人员全时当量	人年	+
	规模以上工业企业 R&D 经费支出	万元	+
	规模以上工业企业 R&D 项目数	项	+
	技术合同成交总额	万元	+
	专利申请授权数	件	+

在对数字经济进行测度过程中，本书借鉴王军等（2021）的做法构建了数字经济发展水平的综合评价体系，在赋权时参考徐志向和丁任重（2019）的客观熵值法，进而剔除人为主观因素对所选取指标赋值时的影响，使得所得结果客观、科学，具体步骤如下：

第一步，因选取的各二级指标其表达在单位和数量级上均存在差异，无法直接比较，因此需要将这些数据进行统一化处理，使其具有横向的可比性和规范性，进而为数字经济指标衡量的精确性作出贡献。标准化处理的方式如下：

正向：

$$X_{ij}=\frac{X_{ij}-\min(X_j)}{\max(X_j)-\min(X_j)} \tag{5-1}$$

负向：

$$X_{ij}=\frac{\max(X_j)-X_{ij}}{\max(X_j)-\min(X_j)} \tag{5-2}$$

式中，$\min(X_j)$ 表示在目标省份所有年份中指标最小值，相应地，$\max(X_j)$ 表示最大值，X_{ij} 表示省份 i 年度 j 该指标的数值，在对其进行标准化处理后计算各个指标的客观权重。

第二步，用 ε_{ij} 表示年度 i 指标 j 的权重：

$$\varepsilon_{ij}=\frac{X_{ij}}{\sum_{i=1}^{m}X_{ij}} \tag{5-3}$$

式中，m 表示共评价的年份，本书为 10 年。

第三步，计算各指标的信息熵：

$$E_j=-\frac{1}{\ln m}\sum_{i=1}^{m}\varepsilon_{ij}\times\ln\varepsilon_{ij} \tag{5-4}$$

第四步，算出指标信息熵的冗余度：

$$D_j=1-E_j \tag{5-5}$$

第五步，根据式（5-5）计算指标权重 ϑ_j：

$$\vartheta_j=\frac{D_j}{\sum_{j=1}^{m}D_j} \tag{5-6}$$

第六步，以标准化处理之后得到的 X_{ij} 和测算的指标权重 ϑ_j，用加权的多重共线性函数求出本书使用的数字经济指标（ED），计算过程如下：

$$ED_i=\sum_{j=1}^{m}\vartheta_j\times\varepsilon_{ij} \tag{5-7}$$

将经过标准化处理的各项指标代入式（5-7）中，可得到最终的数字经济指标 ED，其含义为省份 i 年 j 的数字经济水平，其数值范围为 0~1，数值越低，表明该省份数字经济发展水平越低；反之则说明数字经济发展水平高。

（二）黄河流域整体数字经济发展水平分析

黄河流域全域数字经济发展水平呈明显上升趋势，且黄河下游流域的带动作用更加明显，如图 5-1 所示。

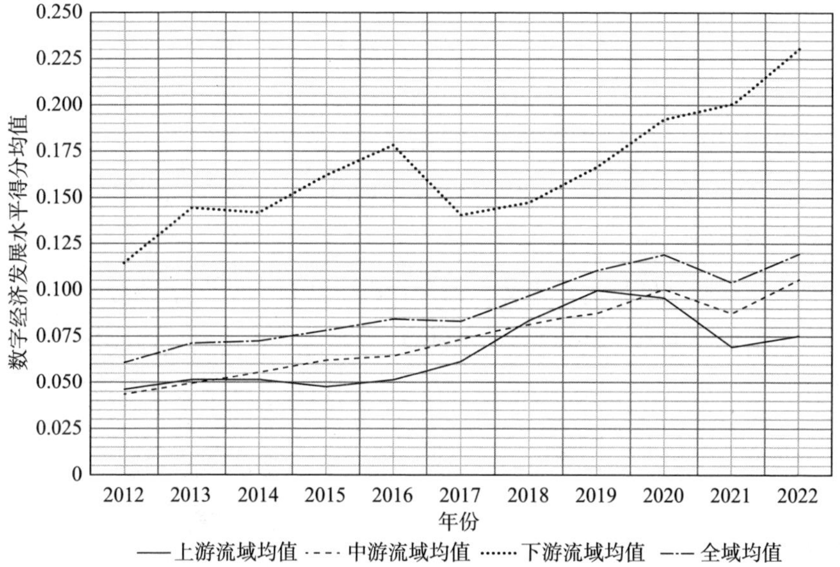

图 5-1　黄河流域全域数字经济发展水平得分均值

黄河流域全域均值整体呈上升趋势，从 2012 年的 0. 061 增长至 2022 年的 0. 119，在 2016—2017 年和 2020—2021 年略有下降。分区域来看，黄河下游流域均值从 2012 年的 0. 115 增至 2022 年的 0. 230；黄河中游流域均值从 2012 年的 0. 044 增至 2022 年的 0. 106；黄河上游流域均值从 2012 年的 0. 046 增至 2022 年的 0. 075。对比黄河上、中、下游流域数字发展水平得分均值可以发现，上游流域均值与中游流域均值较为接近，但下游流域均值显著高于上游流域均值和中游流域均值，下游流域均值分别是上游流域均值和中游流域数值的 2. 5 倍和 2. 2 倍。这说明，一方面，黄河下游流域的数字经济发展对全域数字经济发展起到引领作用，这主要得益于黄河下游地区资源丰富、区位优势明显且基础设施投资力度大。另一方面，黄河流域不同区域间数字经济发展水平呈现明显差异，上游区域和中游区域数字经济发展明显滞后于下游区域，说明加快弥合数字经济区域发展差距是当前地区经贸高质量发展的迫切需求。

（三）黄河流域各区域数字经济发展水平分析

1. 黄河上游流域

黄河上游流域中省际“数字鸿沟”问题突出。如图 5-2 所示，青海、甘肃、宁夏 3 个省区的数字经济发展水平相近，增长速度均较为缓慢，尤其是甘肃和青海均出现较大幅度波动。相比之下，四川的数字经济发展上升趋势明显，从 2012 年的 0.068 上升至 2022 年的 0.163，但同样在 2019—2021 年出现明显下滑。原因如下：

第一，产业规模与集群优势。四川在数字经济领域已形成较为完整的产业链，包括集成电路、数字视听、数字终端制造、软件研发与应用的多个领域。较为庞大的产业规模和完善的产业链为四川数字经济发展提供有力支撑，同时也通过数字化推动产业链上下游联动，加速产业链数字化发展。而青海、甘肃、宁夏 3 个省区的产业发展较为单一，且尚未形成完整的产业链条和明显的集群优势。

第二，产业技术创新和研发实力。四川在算法、算力和人才供给等方面具有较强实力，其算力指数居全国第 7 位，同时已聚集 1100 余家人工智能企业，由 27 所高等院校开设人工智能专业，为数字经济发展提供强大的技术和人才支持。与四川相比，青海、甘肃和宁夏在算法、算力、人才供给等方面的实力相对较弱，且缺乏具有影响力的龙头企业和科研机构。

第三，基础设施建设和政策支持。四川关于数字经济发展的基础设施相对完备，在用数据中心机架超 20 万个。同时，四川省政府也出台一系列政策措施以支持数字经济的发展，例如，四川省政府于 2021 年制定了《四川省“十四五”数字经济规划》，明确提出数字经济发展目标和重点任务，为数字经济的发展提供了有力的政策支持。相比之下，青海、甘肃、宁夏 3 个省区在基础设施建设和政策支持方面还有待加强，需要进一步完善和优化数字经济发展的物质基础和政策环境。

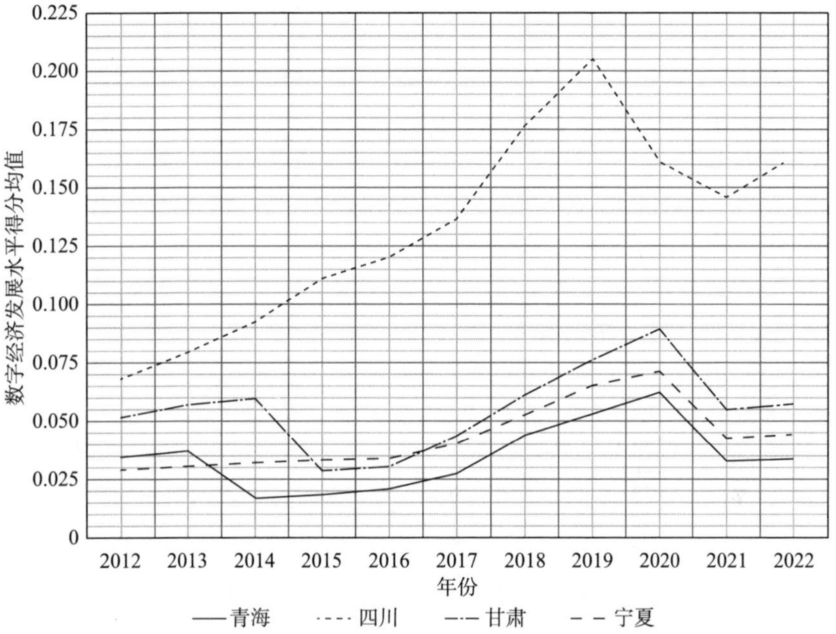

图 5-2　黄河上游流域各省区数字经济发展水平得分

2. *黄河中游流域*

黄河中游流域不同省区之间数字经济发展各具优势。如图 5-3 所示，陕西数字经济发展近年来持续快速增长，数字经济发展水平得分从 2012 年的 0.056 上升至 2022 年的 0.149，增幅达 166%。山西数字经济发展虽然波动较大，但整体呈上升趋势。其中，2015—2018 年和 2021—2022 年山西省数字经济发展增速较快，2022 年数字经济发展水平得分达到 0.108，相比 2012 年增幅达 178%。内蒙古数字经济发展整体呈上升趋势，但增长相对缓慢。各省区之间数字经济发展存在差距，主要包括以下原因：

第一，数字基础设施建设。陕西在数字基础设施建设方面表现出较强的实力，全省移动电话基站总数和 5G 基站数量持续增加，宽带用户下载速率也位居全国前列，完善的基础设施为陕西数字经济发展提供了有力保障。山西也在加快数字基础设施建设，提前两年完成“十四五”5G 建设任务目标，实现乡镇及以上区域 5G 网络全覆盖。内蒙古在新型基础设施建设方面具有一定

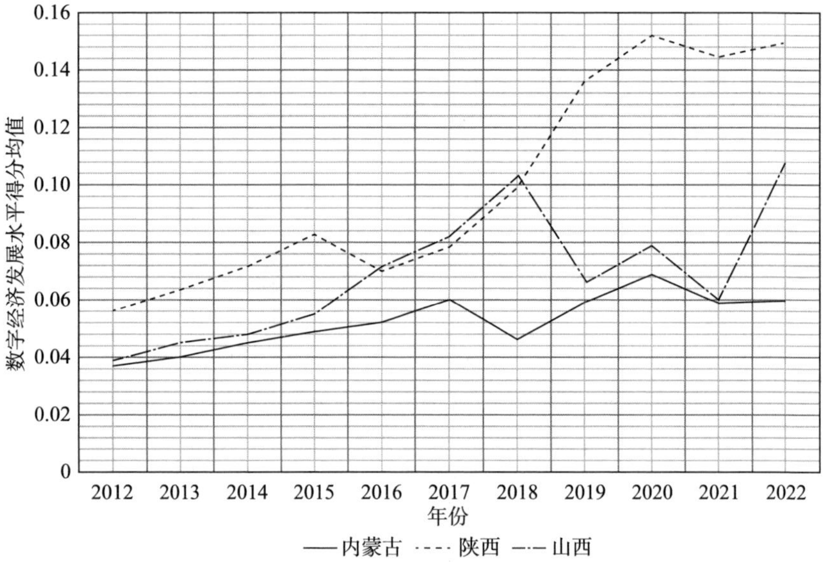

图 5-3　黄河中游流域各省区数字经济发展水平得分

优势，特别是在数据中心建设方面，例如，林格尔新区作为“东数西算”规划的 10 个国家数据中心集群之一，建成和在建数据中心数量较多，为当地数字经济发展提供了强大支撑。

第二，数字经济与实体经济的融合程度。陕西数字经济与实体经济融合度较高，数字技术正在向社会发展各个领域渗透。山西近年来也在加快推动数字经济与实体经济间的融合，而内蒙古在该方面仍需进一步努力，虽然“东数西算”数据中心集群为数字经济发展提供新的动力，但如何将数字经济发展优势转化为实体产业发展的动力仍需进一步探索和创新。

第三，政策支持与资金投入。陕西作为西北经济发展的枢纽，集合了更多且更为优质的资源，加之陕西省政府高度重视，得以重组要素资源、重塑经济结构、加快构建现代化产业体系和加快数字转型发展。山西省政府也在积极推动数字经济发展，同时制定了一系列政策措施并加大投入力度以支持数字经济相关产业的发展。内蒙古自治区政府在推动数字经济发展的政策支持和投入情况等方面与陕西、山西仍存在一定差距。

3. 黄河下游流域

山东与河南在数字经济发展水平上存在显著差异，如图 5-4 所示。

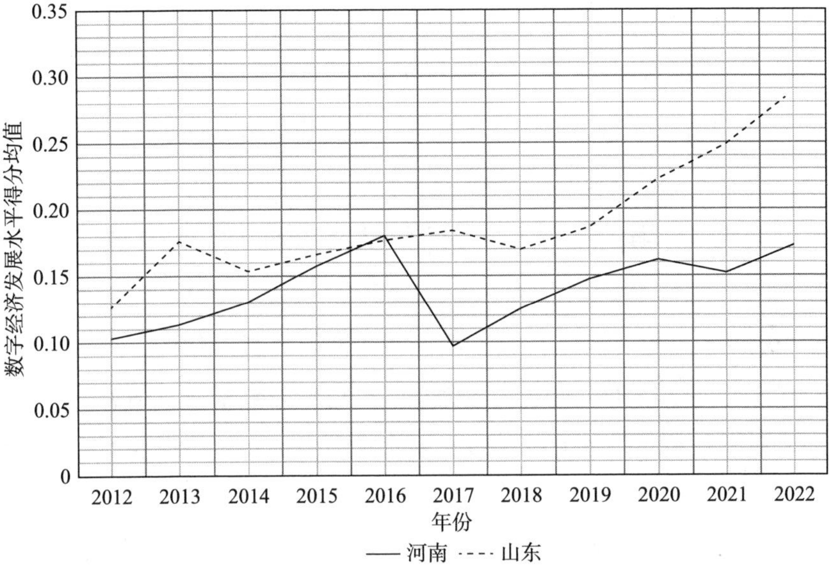

图 5-4 黄河下游流域各省区数字经济发展水平得分

由图 5-4 可知，山东数字经济发展稳步增长，数字经济发展水平得分从 2012 年的 0. 128 上升至 2022 年的 0. 288，增幅达 125%。相比之下，河南数字经济发展较为缓慢，且在 2016—2017 年出现较大波动。产生上述差异的主要原因包括：

第一，发展模式与路径。作为沿海省份和经济大省，山东更注重数字经济与实体产业的深度融合，通过数字化转型推动制造业、农业等传统产业的结构优化与价值链升级。而河南在经贸发展上则更加注重从产业数字化和数字产业化两个方向共同发展，通过引进外资企业和培育本土品牌，加快形成优势产业集群，推动传统产业向数字化、绿色化、智能化方向发展，实现产业高质量发展。

第二，环境建设与政策支持。山东省政府高度重视数字经济发展，出台一系列政策措施以提高产业数字化水平，同时推动环境保护与产业数字化发展协同共进，共同推动数字经济发展。相比之下，河南在数字经济发展上的政策支持和环境建设相对较弱，需要进一步加强。

第三，产业结构与产业发展特色。山东在数字经济领域具有较为完整的产业链和丰富的应用场景，特别是在制造业、农业等传统产业领域具有较强的数字化转型需求，这使得山东在数字经济发展上更具特色和优势。河南在数字经济领域的发展则更加注重新兴产业的培育和发展，如智能终端、智能传感器等领域逐渐形成优势产业集群，但在传统产业的数字化转型方面相对滞后。

第二节　黄河流域 9 省区制造业出口技术复杂度

出口技术复杂度体现了出口产品的技术含量与技术结构，因此出口产品技术含量和技术结构的变化都将直接影响出口技术复杂度。随着黄河流域各省区数字技术与制造业等实体经济的紧密融合，众多新模式与新业态不断涌现，不仅催生了新的经济增长点，而且重塑了相关地区传统产业的运作方式。特别是在制造业领域，数字经济的渗透与融合对生产、管理和服务过程产生了深刻影响，这些影响直接反映在出口产品技术含量与技术结构上。

一、出口技术复杂度相关研究

（一）出口技术复杂度的概念界定

“出口技术复杂度”这一概念是随着经济发展以及相关研究持续深入而不断丰富的。出口技术复杂度源自 Michaely（1984）提出的贸易专业化指数，该指数将人均 GDP 与出口产品中所包含的技术水平相联系，并以贸易额为权重对人均 GDP 进行加权处理，以此来评估该国的出口贸易技术内涵。“出口技术复杂度”的概念首次出现是 Hausmann 和 Rodrik（2003）提出的在开放的经济体中，各国形成特有的比较优势，即在高技术水平优势的国家与低技术水平优势的国家中，前者生产出口技术含量较高的产品，后者生产出口技术含量较低的产品。此后 Hausmann 等（2007）在自身理论的基础上对这一概念进行了丰富，认为出口技术复杂度是产品价值、技术含量以及生产效率的综合体现，是研究一国出口的综合指标。Rodrick（2006）在此基础上将出口技术复杂度与国际分工地位相联系，认为一国的国际分工地位可通过出口产品复杂度来表示，出口技术复杂度越高的国家，其出口的高附加值产品越多，该国的国际分工地位也就越高。

国内关于出口技术复杂度的理论研究开始较晚，许斌（2008）提出出口技术复杂度与出口质量相关，即出口技术复杂度越高的国家出口产品质量越高，反之则出口产品质量越低。从技术含量的角度来看，出口技术复杂度是指出口产品的技术含量，包括国外技术贡献和国内技术贡献（姚洋、张晔，2008）。黄先海和杨高举（2010）认为，出口技术复杂度体现了一个产业在不同技术层级产品出口上的综合表现，这一组合值越高，意味着该产业的技术实力越强大。陈晓华和刘慧（2011）认为，出口技术复杂度反映一国出口技术结构，出口技术复杂度较高的国家，其高技术产品出口比重高于中低技术产品出口比重。陈启斐和张为付（2017）则提出生产性消费和服务性消费要素通过扩展边际对高技术产业的出口产生促进作用。

综上所述，尽管在出口技术复杂度的定义上，国内外学者的观点不尽相同，但他们的核心观点却殊途同归，都是在 Hausmann 等（2007）的基础上进一步补充和完善。出口技术复杂度越高，也就意味着出口产品的质量和附加值越高，在国际市场的竞争力也就越强。

（二）出口技术复杂度测算概述

Michaely（1984）最早提出了出口技术复杂度的测算方法，他认为国民收入与出口产品技术含量有相关性，于是以人均 GDP 代表国民收入，用某产品在国际市场上的份额占比来对人均 GDP 进行加权处理，最后计算出产品的出口技术复杂度。Lall 等（2006）认为，一国的出口技术复杂度与收入水平相关，在此基础上构建了出口技术复杂度指数；杜修立和王维国（2007）则在 Lall 等（2006）的基础上进行改造，创建了 TC 模型测算方法。而当前学者普遍采用 Hausmann 等（2007）的比较优势指数（RCA）法。RCA 法是在 Michaely（1984）的基础上，基于比较优势理论，将出口产品的国际市场份额用本国出口产品的显性比较优势替代，再对国民收入水平进行加权平均，通过这两步的计算最后得出出口技术复杂度。

国内学者大多在 Hausmann 等（2007）的基础上从不同视角研究出口技术复杂度。姚洋和张晔（2008）通过 WIOD 数据库筛选出我国的出口数据，运用 Hausmann 等（2007）的两步法对我国及各省的出口技术复杂度进行了测算。此外，有学者结合垂直专业化理论，提出了新的出口技术复杂度测算方法（杜传忠、张丽，2013）。余姗和樊秀峰（2016）则进一步剔除我国出口商品中的进口投入价值，丰富了出口技术复杂度的测算方法。刘威和丁一兵（2019）基于双边贸易视角，在 Hausmann 等（2007）的基础上研究了我国贸易伙伴的产品需求以及资金供给对我国出口产品技术复杂度的影响。卢仁祥（2020）则基于贸易增加值的视角，通过改良 Hausmann 等（2007）的测算公式对我国出口技术复杂度进行了测算并探讨其提升的关键因素。

根据前期的文献梳理发现，Hausmann 等（2007）提出的测算出口技术复杂度的方法较为成熟，并被普遍采用，诸多研究均以此为基础。因此，本章将采用 Hausmann 等（2007）的两步法对黄河流域各省区制造业的出口技术复杂度进行测算。

二、黄河流域制造业出口技术复杂度测度与分析

（一）制造业出口技术复杂度指标测算

出口技术复杂度反映一国（或地区）的某产业出口商品结构，一国（或地区）出口产品的出口复杂度越高，该国（或地区）出口产品的技术水平就越高。本章参考 Hausmann 等（2007）提出的出口技术复杂度测算方法，分别测算 2012—2021 年黄河流域各省区制造业出口技术复杂度①：

$$PRODY_{st} = \sum_{j=1}^{n} \frac{\dfrac{X_{jst}}{X_{jt}}}{\sum_{j=1}^{n}(x_{jst}/x_{jt})} Y_{jt} \tag{5-8}$$

① 制造业出口技术复杂度数据来源于国研网贸易数据库，根据海关 HS 两位数编码并与国家统计局最新公布的国民经济行业分类表进行匹配，共有 16 个制造业出口数据。

式中，$PRODY_{st}$ 表示 t 时期 s 行业产品的出口技术复杂度，X_{jst} 表示地区 j 在 t 时期 s 行业的出口额，X_{jt} 表示 t 年地区 j 的出口总额，Y_{jt} 表示地区 j 的人均国内生产总值。

i 省区制造业出口总体行业的出口复杂度：

$$\exp y_{jt} = \sum_{j=1}^{n} \left(\frac{x_{jst}}{x_{jt}}\right) PRODY_{st} \tag{5-9}$$

式中，$\exp y_{jt}$ 表示 t 年 j 省区整体制造业出口技术复杂度。

（二）黄河流域制造业出口技术复杂度分析

1. 黄河上游流域

如图 5-5 所示，黄河上游流域各省区制造业出口技术复杂度整体呈上升趋势，但在 2019—2021 年均有小幅波动。其中，青海、甘肃、四川 3 省的制造业出口技术复杂度差距较小，分别从 2012 年的 40393.19、40316.66、45211.00 上升至 2021 年的 72205.39、70606.22、74072.09。相比之下，宁夏与另外 3 省的差距相对较大，且 2021 年比 2019 年下降了约 7%。黄河上游流域各省区制造业出口技术复杂度存在差异可能包括以下原因：

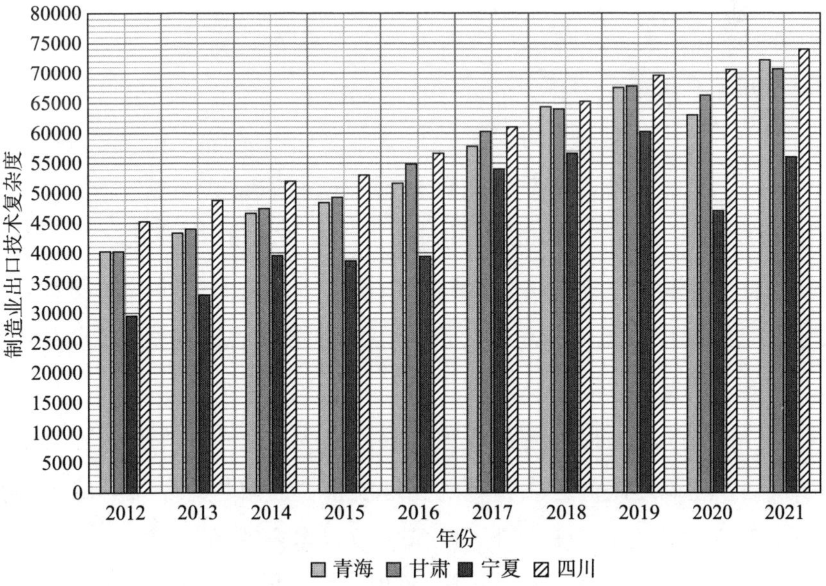

图 5-5　黄河上游流域各省区制造业出口技术复杂度

第一，经济发展水平与产业结构。不同省份的经济发展水平和产业结构会对地区制造业出口技术复杂度产生不同影响，产业科技创新能力较强的地区其出口产品中的技术含量通常较高。四川作为中国西部地区的经济大省，拥有较为完善的工业体系和较强的工业基础，制造业结构更加多元化，产业数字化、服务化程度较高，因而其出口技术复杂度在黄河上游领域各省区中始终保持领先地位。而青海、甘肃和宁夏的产业结构相对单一，主要以资源型产业、农牧业和传统制造业为主，缺乏高新技术产业和新型制造业做支撑，且产业数字化水平较低，其出口产品技术复杂度也相对较低。

第二，技术创新能力与研发投入。地区产业的技术创新能力和研发投入直接关系到地区产业结构优化和贸易结构升级。而产业技术创新能力和研发投入受地区资源要素配置、经济吸收能力、对外开放程度、政府政策支持影响较大。四川的开放程度较高，高等院校和科研机构数量较多，劳动力素质相对较高，政府和企业在技术创新方面投入较高，使得相关制造业行业得到较快发展，制造业出口技术复杂度相对更高。相比之下，青海、甘肃和宁夏3个省区经济发展更依赖资源密集型行业，制造业整体的技术创新能力和研发投入相对较弱，缺乏核心技术和自主知识产权，使得其产业增值能力较弱，出口产品技术含量较低，出口技术复杂度提升缓慢。

2. 黄河中游流域

如图5-6所示，黄河中游流域各省区制造业出口技术复杂度整体呈上升趋势。其中，山西和陕西的数据变化相对一致且呈现稳步增长趋势。制造业出口技术复杂度分别从2012年的41545.14、42633.49上升至2021年的74929.82、75508.91，增幅分别为80.4%和77.1%。而内蒙古的制造业出口技术复杂度在2012—2016年增长缓慢，在2017年出现迅猛增长后势头逐渐衰落。出现上述差异的原因主要包括：

第一，地理位置与对外开放程度。陕西作为连接中国东部、西部的重要省份以及陆上丝绸之路的起点，可以更好地整合国内与“一带一路”共建国家的优质资源，有利于本土企业、品牌和技术走向海外，推动地区乃至全国更好地融入全球经济体系。同时，山西作为陕西的临近省份，在自然资源、人口结构和工业生产方面与陕西有着较多的相似之处，且地区间人口流动效率较高，这使得山西可以更好地承接陕西经贸发展的溢出效应。而内蒙古由于地理面积广阔、自然资源相对单一、人口数量较少，其经济发展、产业升级、对外开放都受到很大限制，这是内蒙古在制造业出口技术复杂度上与山西、陕西产生明显差异的主要原因之一。

第二，技术创新和研发投入。陕西对教育研发的投入较高，省内拥有如西安交通大学、西北工业大学等实力较强的科研院校，同时还聚集了如中国科学院西安分院、中国兵器装备集团西安研究院等优秀科研院所，这些高等院校不仅为制造业企业输送大量高素质人才，还通过产学研合作、科技成果转化等方式提升科技创新的变现能力，这些都大力推动地区制造业技术水平的提升。相比之下，山西和内蒙古在科技创新和研发投入方面相对较弱。两个地区的高等院校和科研机构在科技创新和人才培养方面与陕西仍存在明显差距，科技创新能力、新兴技术变现能力的不足在一定程度上制约了其制造业出口技术复杂度的提升。

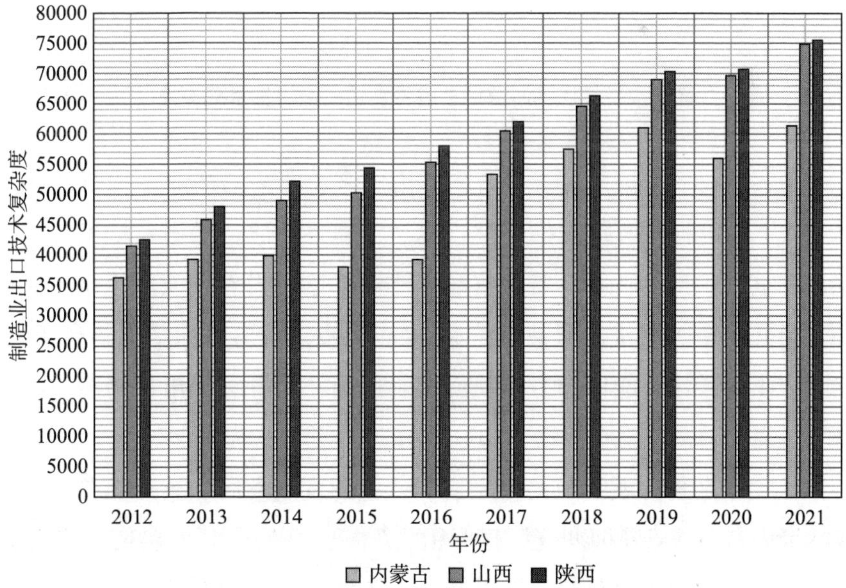

图 5-6 黄河中游流域各省区制造业出口技术复杂度

3. 黄河下游流域

如图 5-7 所示，山东和河南制造业出口技术复杂度整体呈稳步上升趋势，二者数值相近，分别从 2012 年的 40948.69、44234.92 上升至 2021 年的 70919.48、73539.56，增幅分别为 73.2%和 66.2%。山东和河南数据稳步上升的原因主要包括：

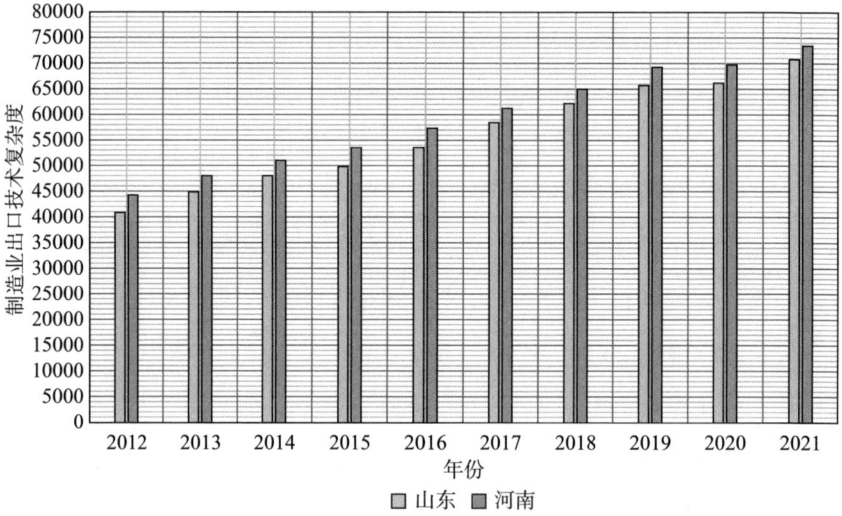

图 5-7　黄河下游流域各省份制造业出口技术复杂度

第一，产业结构与重点发展方向。近年来，河南的产业结构日趋多元化和高端化，河南省政府提出构建现代化产业体系，通过推进新型工业化并实施制造业重点产业链高质量发展行动，建设制造业强省。该现代化产业体系建设包括壮大 7 个先进制造业集群和 28 个重点产业链，如新材料产业集群、新能源产业集群等，这将大力推动河南制造业产业升级和出口转型。山东省政府持续实施制造业强省战略，2024 年通过的《实施先进制造业“2024 攻坚提质年”工作方案》就明确提出先进制造业的发展方向和重点任务，这为制造业技术创新、产业升级提供了明确的方向。同时，山东在聚焦发展外贸“新三样”（电动汽车、锂离子蓄电池、太阳能电池）和跨境电商等新兴贸易方式上持续发力，这对于提升制造业出口技术复杂度具有重要意义。

第二，技术创新与研发投入。河南在技术创新和研发投入方面持续发力，河南全社会研发投入强度在 2023 年已经突破 2%，技术合同成交额增长 33.4%，发明专利授权量增长 20.3%，这些数据表明河南在科技创新方面的积极努力与显著成效。尽管与沿海先进省份相比，山东的研发经费投入总量和强度仍有提升空间，但近年来山东在科技创新方面的投入持续增加，这种趋势有助于提升制造业的技术水平和创新能力。

第三，人才储备与教育水平。作为人口大省，山东和河南在人才储备方面具有明显优势，同时，充沛的教育资源、科研院所数量多也为制造业产业发展与创新提供了有力的人才支持。同时，两省都通过制定一系列高层次人才引进、本土人才培育政策，为制造业发展提供强大的人才保障。这些措施都有助于推动地区制造业产业发展与创新，推动制造业出口转型与升级。

第三节　黄河流域数字经济发展与制造业出口技术复杂度

随着数字经济的发展，数字技术的应用已经渗透进企业生产经营的各个环节，为其出口技术复杂度的提升注入了强大动力。数字经济主要通过技术创新、交易成本以及全球价值链嵌入 3 条路径影响黄河流域各省区制造业的出口技术复杂度。

一、数字经济发展对制造业出口技术复杂度影响的理论基础

（一）技术—经济范式理论

西方哲学中的“范式”在 1982 年首次被多西引入技术创新的研究中，之后弗里曼在其基础上提出的“技术—经济范式”为学者研究技术进步与经济增长提供了方法论。1992 年，弗里曼将影响经济发展的技术因素分为四个方面，分别是增量创新、基本创新、新技术体系以及技术经济模式。这四个方面层层递进，推动了整个宏观经济的变革。

“技术—经济范式”是在科技产业革命的基础上形成的，是科技革命与产业革命的有机融合（鄢显俊，2004），科技革命必然对产业技术基础、结构、运行方式以及规模范围产生巨大影响，从而引发产业革命。例如，第一次工业革命蒸汽机的发明颠覆了传统手工生产模式，出现机械化生产，合伙制企业诞生。第二次工业革命诞生的流水线生产模式，垄断企业和股份制企业。而作为以数字化、智能化、网络化和个性化为核心的第三次工业革命必将催生出诸如电子商务、共享经济等前沿业态与模式（黄群慧、贺俊，2013）。

无论是创新理论还是内生增长理论都将技术进步与革新视为经济增长和发展的关键因素。作为由大数据、人工智能、移动互联网、云计算、物联网等形成的智能技术群，数字经济深刻改变着经济生产活动方式，为企业注入转型升级和创新发展的强大动力。因此，随着“大智物移云”等新一代数字技术的突破，新技术集群使信息技术范式得到了升级，进入了“数字技术—经济范式”。数字经济的核心要素数据已演变为至关重要的生产要素，其不仅能够增加和创造新的价值，而且重塑了传统价值观念，推动着传统经济逐步过渡到以数据为核心驱动力的新型经济形态。

（二）生产要素理论

生产要素是指投入生产活动和服务中的资源，也是所有经济活动的基础。生产要素理论是经济学中一个非常重要的概念，也是生产与资源分配的核心理论，该理论主要研究经济生产活动中生产要素的作用和价值，以及如何分配使其达到效用最大化。

随着经济社会的持续发展以及研究的不断深入，生产要素的定义也在不断演变。生产要素理论的发展历史可追溯到古典经济学，亚当·斯密在《国富论》中提到的劳动、资本和土地的“生产要素三元论”；之后马歇尔在《经济学原理》中将“组织”作为经济活动中的第四要素，即“生产要素四元论”；随着研究的深入，经济学家们进一步将“技术”纳入考量，将其作为第五大生产要素，形成“生产要素五元论”。

20世纪80年代，我国知名学者徐涛提出“生产要素六元论”，即人力、财力、物力、运力、自然力和时力。此外，也有学者在“生产要素五元论”

的基础上将信息列为第六个生产要素。随着数字时代和信息时代的到来，作为新型要素的“数据要素”逐渐在经济活动中占据核心地位，与其他要素联动，对资源配置优化产生深远影响。在数字技术推动下，生产要素投入水平的提升能够充分发挥知识和技术的外溢性，提高企业的生产效率，进而提升出口产品的竞争力。

（三）交易成本理论

在新古典经济学的理论框架中，制度被视为固定不变的因素，市场交易是“零成本”的。而科斯在1937年首次提出“交易费用”这一概念，其实质内涵与交易成本相契合，涵盖了寻找交易对象、协商价格以及监督合约等内容，这些成本不仅存在，而且可能导致交易失败，“交易费用”的提出对市场交易“零成本”的假设提出了挑战。之后，科斯在此基础上进一步从企业角度阐释了交易成本的概念，即商品或服务在地区间转移时所产生的成本，推广到国际贸易中，交易成本就涉及商品或服务在国家间流转所产生的各项费用，交易成本过高会阻碍买卖双方的经贸活动，降低这些费用则有利于交易的达成。对于高技术企业而言，节约的交易成本能够将更多资源投入研发中，进而提高生产效率、优化资源配置、提升盈利能力。

在数字经济时代，数据所展现的共享性和低成本性使数字化技术在应用中呈现出显著的赋能效应，这种效应正逐步改变交易方式、塑造新的交易场景，并对交易成本产生深远影响。制造业企业得以利用数字经济的赋能机制降低生产、管理、营销等内部成本，同时利用外部交易成本的优势提升产业链效率，从而适应日新月异的市场竞争环境。

（四）比较优势理论

传统的比较优势理论源于大卫·李嘉图提出的“比较优势贸易理论”，该理论建立在国际贸易中各国生产技术相对差异的基础之上，认为各国应依据权衡利弊的原则进行贸易往来。然而，这一理论的先决条件较为严苛，即认为比较优势是各国固有的，这显然有悖于当代经济发展的现实情况。鉴于传统比较优势理论存在的缺陷，杨小凯和张永生（2001）提出了一种新的理论模型——内生比较优势理论。该理论主张，即便各国在起始条件上并无明显差异，即不存在外在比较优势，但仍可以通过技术创新、经验积累和深度的专业学习来发展出自身的“内在比较优势”。这种内在的比较优势有可能出现在先天条件完全一致的经济体中，各经济体能够根据自身选择的专业学习路径和生产模式形成自身的比较优势，这种通过后天努力形成的比较优势，是推动国际贸易持续发展的关键因素。根据内在比较优势理论，即便各国起点相同，也仍有机会通过自主选择来构建并强化自身的比较优势。

多年来，凭借丰富的廉价劳动力所带来的比较优势，中国一直在全球价值链的生产环节中占据重要地位。然而，由于人口红利的逐渐消失，这一传统优势正在逐步丧失。为了形成并培育新的比较优势，中国需要依托技术创新及更深层次的专业化分工。鉴于此，中国正大力促进高新领域的技术进步，以期将技术优势转化为新的内在比较优势。得益于强大的研发能力和高度的专业化，中国已经成功推动了数字技术的创新，并由此带动了智能制造等尖端行业的迅速发展，从而大幅提高了出口产品的技术含量。此外，数字技术的广泛应用正助力中国传统制造业的转型升级，显著提高了生产效率，降低了生产成本。借助数字经济所赋予的内在优势，中国得以持续深化其制造业在全球价值链的嵌入程度，从而提高出口产品的技术含量。

二、黄河流域数字经济发展对制造业出口技术复杂度影响因素分析

（一）技术创新效应

数字经济的发展为技术创新提供了难得的战略机遇，激发了制造业企业的技术创新能力，主要体现在以下三个方面：

一是数字经济的发展帮助制造业企业提高了自身的技术水平。新型数字技术的兴起，使企业能够随时随地了解国内外技术的实时变化，进而分析竞争对手的产品和技术优劣，这样企业就能够全面客观地对自身的产品技术进行定位，进而通过改善自身的生产工艺或者学习竞争对手的技术来提高自身

的生产技术水平。四川、陕西、河南和山东的数字经济发展水平较高，同时制造业企业自身的技术适配能力、技术创新能力相对较强，这些都极大地促进了制造业企业的技术创新和数字化转型，推动制造业出口技术复杂度的提升。

二是数字经济的发展提高了研发人员的创新能力和效率。数字经济时代，各种信息技术不断涌现，国与国之间、企业与企业之间的竞争也日趋激烈，高科技人才必然是各市场主体竞相争抢的对象。广大研发人员为了提高自身在人才市场的竞争力，必然会加大对高新技术的研究力度，提高自身的研发创新能力；此外，数字经济的发展也有效打破了“信息孤岛”，信息流动阻碍和成本的降低有助于黄河流域不同省区间的企业进行信息交流，地区产业创新、对外开放的辐射效应会加大增强，有利于缩小地区间经济、贸易发展不平衡，推动黄河流域各省区制造业出口技术复杂度的提升。

三是数字经济的发展可以优化研发资本的配置。研发资本对于制造业企业来说是必不可少的，研发资本的可获得性直接决定了企业是否需要进行技术创新活动。数字经济时代，大数据的应用使制造业企业能够更轻易地获得自身所需的金融信息，同时借助数字信息平台，可以更好地优化地区间的资本配置，实现区域间经贸协调发展。

（二）交易成本效应

数字经济以其高效便捷的特性，显著降低了传统贸易模式中的交易成本。首先，数字经济的发展降低了信息搜寻成本。在传统贸易中，市场主体在作出决策前需要在诸多信息资源中寻求性价比较高的信息，这会耗费大量的信息搜寻成本。而在数字经济时代，数字技术的广泛应用使得一种基于贸易的网络体系得以建立，依赖于数据化、信息化的网络平台，企业能够快速有效地获取跨境交易中所需的各种信息，从而加速决策过程，这一变革显著降低了企业在信息搜寻方面的成本。此外，通过数字化网络平台，企业能够更深入地洞察国际市场的动态，进而发掘新的市场需求和商机，将产品拓展至更广泛的市场领域，提高其在国际市场的影响力。

其次，数字经济的发展降低了信息的不确定成本。市场运行的各个环节中都蕴含着不确定性，这种不确定性常常会给企业的生产经营活动带来损失。为了降低潜在的风险并创造更加有利的发展环境，企业在以往的生产经营活动中不得不投入大量资金以消除信息的不确定性，这些资金支出构成了企业的信息成本（李金城、周咪咪，2017），企业掌握的信息越少，其面临的风险和不确定性就越大。随着互联网等数字技术的发展，虚拟网络平台逐渐成为交易的核心场所，彻底打破了时空的局限，使市场边界不断向全球拓展（林毅夫等，2004）。线上交易平台、物联网等数字技术层出不穷并持续创新，使各市场交易主体能迅速获取所需信息，有效降低了企业消除不确定性的成本，从人力、物力、财力多个维度实现了资源的高效利用和成本的优化控制，在一定程度上帮助企业提高决策的有效性，有利于企业通过信息资源的有机整合促进自身整体效益的提升，最终促进出口技术复杂度的提高。

最后，数字经济的发展降低了支付成本。在国际贸易中，交易双方经过深入谈判，共同敲定合同的各项细节，并于随后正式签署买卖合同。货款支付作为交易的关键环节，在传统的出口贸易中往往伴随着较高的成本。然而，数字经济的蓬勃发展催生了第三方支付平台，这些平台打破了传统时空的界限，实现了货款的快速结算，从而降低了支付成本，提升了支付效率；同时，作为秩序的维护者，这些平台在整个交易过程中保持利益中立，发挥着担保的作用，使交易双方能够放心地进行合作，加快了交易进程，提高了市场的公开性与透明度。第三方支付平台的出现为企业开展大规模、深层次营销活动提供了有力支持，最终促进了出口技术复杂度的提升。

（三）全球价值链效应

全球价值链的显著特征在于其高度的国际分工与协同合作，即将产品的不同生产环节精细地分配到全球范围内的各个国家和地区。这种分工模式不仅充分利用了地区间的比较优势，提高了生产效率，而且促进了黄河流域资源的优化配置。对于黄河流域制造业企业而言，该模式为其提供了融入全球生产网络、提升国际竞争力的契机，制造业企业在嵌入全球价值链的过程中实现了与国际知名企业和品牌的合作，学习并吸收先进的技术、设计理念和研发方法。这不仅有助于企业提升自身的技术水平和创新能力，还可以使企业更好地满足国际市场的需求，提供更具技术含量和附加值的产品。数字经济作为产业变革的重要力量，可以有效赋能制造业企业全球价值链嵌入水平的提高，对制造业企业参与国际分工产生重要影响，数字经济的全球价值链嵌入效应主要体现在以下几个方面：

一是数字经济通过加强网络连接提升了黄河流域各省区制造业全球价值链嵌入水平。数字技术的不断进步为制造业生产的不断细分提供了可能，数字基础设施以其高效处理和共享巨量数据的能力，成功打破了制度环境和商业环境对企业融入全球产业分工的限制，极大地缩短了传统意义上的时空距离，通过拓宽融资渠道、降低信息的不对称以及加速技术和商业模式的传播，为企业更好地融入全球价值链创造了更多的机会。此外，数字技术及数字平台的应用使资源在区域间得到更加合理的配置，在生产环节，需求方、供应方均可借助共享平台实现资源的高效接入，通过构建虚拟影像精准对接要素的供给方与需求方，进而优化生产流程、提高生产效率。在消费端，生产商借助先进的数据处理技术，深入剖析消费者行为趋势与产品偏好，进而推出更多个性化和定制化产品。数字平台通过提供精准的用户画像和营销场景搭建服务，为全球消费市场的构建提供坚实支撑，进而推动不同区域全球价值链分工的优化与发展。

二是数字经济通过推动价值创造提升了黄河流域各省区制造业全球价值链嵌入水平。借助数字技术，制造业企业能够洞察市场动向、竞争对手的进展以及未来的机遇与挑战，这种数据驱动的决策方式有助于企业优化资源配置，进而削减运营成本、提高运营效率。同时，通过深入挖掘与分析大数据，企业能够探寻市场中潜在的需求空白，并针对这些需求研发新产品或提供新服务，进而为企业的持续发展注入新的增长动力。此外，数字经济以其独特的模式，超越了传统市场规则，引领了更为透明和公正的交易范式，其共享价值的核心理念有助于缓解发展失衡，进一步促进地区间经济共同发展，也为制造业企业开辟了更广阔的市场空间，创造了更多的合作契机，从而推动黄河流域各省区制造业在全球价值链中的更深度参与。

三是数字经济增强了产业关联。一方面，数字经济促进了地区数字产业与全球生产网络的深度融合，进而加强了地区间产业的相互关联性。作为全球生产网络中效率领先的产业，数字产业表现出显著的技术外部性，有效打破了地区和行业间的信息壁垒，强化了全球价值链中的技术关联。借助供应链体系，数字产业不仅推动了传统产业的融合与创新发展，也为其他产业领域提供了优质的数字化要素，进一步促进了各产业的功能互补与融合。另一方面，数字经济以其独特的优势突破了物理空间的束缚，提高了区域间产业的关联性。在这个转变过程中，数字平台发挥了举足轻重的作用，数字平台建立了一个低成本、高效率的“协作—交流”生态体系，为企业提供了更为广泛的协作网络，助力黄河流域企业实现“零障碍”衔接与高效合作。得益于这种区域间协作的强化，企业在全球价值链的参与程度有了明显提高。

第四节　研究结论与政策建议

一、研究结论

在对国内外相关文献进行梳理之后，本书测算了黄河流域各省区数字经济发展水平得分以及各省区出口技术复杂度，并论述黄河流域不同区域间以及区域内省际数字经济发展对制造业出口技术复杂度的效应及内在机理，得出如下结论：

第一，黄河流域数字经济发展明显促进了制造业出口技术复杂度的提高。数字技术的投入可以显著提升制造业产业较为传统、产业高新技术含量较低省区（如内蒙古、宁夏、甘肃）出口产品的技术含量，同时数字经济快速发展还能够催生新模式、新业态，丰富相关省区出口产品多样性，提升高附加值、高技术含量产品在出口产品中的比例，进而提高制造业发展相对较弱省区的出口技术复杂度。

第二，黄河流域数字经济发展能够通过提高技术创新水平、降低交易成本以及提高全球价值链嵌入水平来提升制造业的出口技术复杂度。首先，数字经济的发展促进了四川、陕西、河南和山东 4 个经济大省的制造业产业技术创新，同时还优化了研发资本配置，技术的提高带来产品质量的提升，使出口产品更具竞争力；其次，数字经济的发展可以通过优化供应链管理、提高生产要素的利用率来提高制造业企业的生产效率，从而促进出口技术复杂度的提升；最后，数字经济的发展还降低了信息搜寻成本、不确定成本以及支付成本等交易成本，通过加强网络连接、推动价值创造、增强产业关联提高了黄河流域各省区制造业全球价值链嵌入水平，进而促进了出口技术复杂度的提升。

二、政策建议

（一）夯实数字经济基础，优化发展环境

数字基础设施是数字经济发展的基石，数字基础设施不仅有助于推动传统产业的转型升级，还能促进新兴产业的培育和发展，因而无论是把握数字经济发展带来的机遇，还是推动制造业向更高层次转型，黄河流域各省区都有必要加强数字基础设施建设，构建先进、完善、可靠的新一代数字基础设施体系。加快推进数字基础设施建设，打造完善的数字化生态，首先，需要政府从提高其数字化治理能力入手，使数字化和市场化得以有机结合。在经济活动中，各省区政府要充分发挥其调节作用和市场主导作用，加快简政放权的步伐，保护企业的合法权益，从而提高经济效益，为制造业转型升级营造良好的营商环境。其次，要加大对人工智能、云计算、5G、工业互联网、工业物联网等数字基础设施和服务的支持力度，鼓励发展基于数字基础设施的创新应用，为制造业的数字化转型提供强力支撑。最后，需要加大对数字经济发展平台的建设，推进制造商互联网平台支撑体系的建立与运用，积极吸引各类制造业企业进入云上网络平台，充分运用制造商互联网平台的海量信息，攻破工业生态中供应商、价值链环节与产业链间的“数据孤岛”和“流动壁垒”，有效推进制造业全要素联结和资源优化配置，完成其生产技术创新与经营管理模式向高效、共享与合作转化。

(二) 加大研发投入，提高创新能力

科技创新是提高生产力、引领地区经济发展的重要引擎。推动技术创新需要政府和企业的共同努力，对于政府而言，首先，可以提供一系列政策支持，包括提供税收减免、财政补贴等措施，以此激发企业的创新活力，为企业的长远发展营造稳定的政策环境；其次，政府可以设立研发创新基金，为企业的创新活动提供资金支持，特别是对那些处于研发初期以及风险较高的项目，这些资金可以有效降低研发风险；最后，政府还需担负起保护创新成果的重任，通过加大对知识产权的保护力度、打击侵权行为等措施，为创新活动提供有力的保障，从而提高企业的创新积极性。对于制造业企业而言，首先，可以通过增加资金投入、组建专业的研发团队等方式提高自身创新能力，推动新产品、新技术的研发与应用；其次，企业还应建立一套完善的创新机制，包括激励机制、考核机制等，以激发员工的创新热情；最后，企业还应重视人才引进与培养工作。通过建立完善的人才培养机制，为员工提供系统的培训与发展机会，在提高员工的专业技能与素质的同时，还能吸引更多创新人才的加入，为企业的创新发展提供强有力的人才支撑。

(三) 打造服务平台，降低交易成本

数字经济发展降低了信息搜寻成本、不确定成本和支付成本等交易成本，不仅有利于区域内省际制造业产业协同创新与发展，还有利于区域间制造业产业信息与资源整合，进而推动了黄河流域各省区制造业出口技术复杂度的提升。基于此，一方面可以构建完善的数字商业生态系统，为企业、研发机构等主体提供一站式获取数据要素市场最新动态的专业平台，降低信息搜寻成本和不确定成本，提高信息交易服务效率，使企业能够作出正确决策；另一方面可以利用数字技术建立第三方支付平台，例如，搭建跨境支付独立站，企业直接与银行和支付机构合作，避免中间商的干扰，从而降低支付成本、提高支付效率。此外，跨境支付独立站还可以为企业提供多层加密和风险评估等服务，保障支付安全。

(四) 挖掘细分行业发展潜力，推动制造业数字化转型

由于数字经济对不同地区不同制造业行业的影响存在显著差异，因此需

要充分考虑地区经济发展特征以及制造业行业特征，合理规划推进其数字化进程。对于地区经济发展较弱且制造业产业发展较为缓慢的省区，需要提高制造业企业员工的数字化技能，通过定期的培训课程、在线学习平台和实操训练，使员工掌握基本的数字化工具和技术；同时还要引入自动化和机器人技术来替代部分重复性高、劳动强度大的工作，从而减轻员工负担、提高工作效率。对于地区经济发展较快尤其是制造业产业体系健全、发展较快的省区，首先，可以对相关制造设备进行智能化升级改造，使其具备数据采集、分析和远程控制的能力；其次，应推行智能制造，利用物联网、大数据和人工智能等技术，实现制造过程的智能化管理与优化，通过实时数据监控和分析预测设备故障，提前进行维护；最后，要强化供应链管理，构建数字化的供应链管理系统，实现供应链的透明化和协同化，通过实时数据分享，提高供应链的响应速度和灵活性，降低库存成本。

第六章 数字经济发展对黄河流域企业高质量发展的影响

我国正处在转变发展方式、转换增长动力的攻关期，发展供应链金融成为推进供给侧结构性改革、增强金融服务实体经济能力的重要抓手。本章以黄河流域各省区为研究对象，从资源配置优化效应、技术创新驱动效应、产业链协同效应3个层面对供应链金融赋能企业全要素生产率的理论机制进行了深刻分析，并提出要构建多层次、跨区域的供应链金融服务体系，加强供应链金融与技术创新的深度融合以及推动供应链金融赋能产业链升级。本章的研究不仅拓展了企业全要素生产率驱动因素的相关研究，也为践行供应链金融助力经济高质量发展提供了新的证据。

第一节 引言

在全球经济格局日益复杂和中国经济转型升级的大背景下，提升企业全要素生产率已成为推动区域经济高质量发展的关键因素。作为中国重要的经济地带，黄河流域在国家发展战略中占据着举足轻重的地位。然而，长期以来，这一地区面临着产业结构不合理、创新动力不足、资源配置效率低下等问题，严重制约了企业全要素生产率的提升。在此背景下，供应链金融作为一种创新的金融服务模式，正在为解决这些问题提供新的思路和可能性。本书聚焦黄河流域各省区供应链金融对企业全要素生产率的影响，旨在深入探讨供应链金融如何通过优化资源配置、促进技术创新和加强产业协同等途径，提升区域企业的整体效率和竞争力。

黄河流域横跨青海、四川、甘肃、宁夏、内蒙古、陕西、山西、河南、山东9省区，地域辽阔，资源禀赋各异，经济发展水平参差不齐。这一地区既有山东、河南等经济相对发达的省份，也有甘肃、宁夏等仍处于经济追赶阶段的省区。从产业结构来看，黄河流域既有传统的农业和重工业基地，如山西的煤炭产业、河南的农产品加工业，也有新兴的高新技术产业集群，如陕西的航空航天产业。这种复杂多样的经济地理格局为研究供应链金融的作用机制提供了丰富的样本和独特的视角。同时，它也凸显了区域发展不平衡的问题，特别是在资金、技术、人才等关键生产要素的配置上存在明显差异，这直接影响了企业的全要素生产率水平。

近年来，随着互联网技术的发展和金融创新的推进，供应链金融在黄河流域各省区得到了广泛应用和快速发展。作为连接金融服务与实体经济的重要纽带，供应链金融通过整合供应链上下游企业的资金流、信息流和物流，为解决中小企业融资难、融资贵等问题提供了新的解决方案。例如，在山东的轻工业产业集群中，供应链金融平台通过应收账款融资等方式，有效缓解了上游中小供应商的资金压力；在河南的装备制造业中，订单融资等创新模式帮助企业更好地满足生产经营中的资金需求。这些实践不仅优化了产业链的资金流转，还促进了产业链各环节的深度协同，为提升企业全要素生产率创造了有利条件。

在我国战略布局中，供应链金融的地位逐渐提高。有关数据显示，我国2020年供应链金融市场规模达到15万亿元。同时围绕我国供应链金融的发展，出台了一系列政策，加快供应链金融行业整体发展水平。2021年政府工作报告中更是首次单独提及“创新供应链金融服务模式”。2022年，中共中央办公厅、国务院办公厅印发了《关于推进社会信用体系建设高质量发展促进形成新发展格局的意见》（以下简称《意见》）。《意见》明确提到了多项关于金融信用体系建设、金融服务实体、供应链金融发展等内容。为供应链金融服务实体进一步明确了方向，并着重信用制度的完善，强化流通金融服务，充分关切中小企业融资。除此之外，各地方纷纷与当地情况相结合积极落实相关供应链金融政策。供应链金融如火如荼的发展也引起了学术界的广泛关注和研究。然而，尽管供应链金融在实践中取得了一定成效，学术界对其如何影响企业全要素生产率，特别是在像黄河流域这样复杂的区域经济体系中的作用机制，仍缺乏系统深入的研究。

本书的理论贡献主要体现在以下几个方面：首先，丰富了供应链金融理论，特别是在其如何影响企业生产效率方面提供了新的见解。通过构建一个多维度的影响机制模型，我们将为理解供应链金融的作用机制提供更加全面的理论框架。其次，拓宽了全要素生产率研究的视野，将供应链金融作为一个重要的解释变量纳入分析，这不仅补充了现有文献的不足，还为探索提高全要素生产率的新途径奠定了理论基础。最后，通过聚焦黄河流域这一特定区域，本书将为理解区域特征如何调节金融创新效应提供新的洞见，这对于发展区域经济学理论具有重要意义。

在实践层面，本书的研究结果将为制定针对性的政策提供重要参考。对于政策制定者而言，深入理解供应链金融对企业全要素生产率的影响机制，有助于设计更有效的金融支持政策，推动区域经济高质量发展。对于企业管理者而言，本书将帮助其更好地利用供应链金融工具，优化资源配置，提升企业效率和竞争力。对于金融机构而言，研究结果将为创新金融产品和服务，更好地服务实体经济提供指导。

第二节 文献综述

一、全要素生产率的影响因素

（一）全要素生产率的宏观影响因素

全要素生产率代表企业生产的技术水平、管理能力及资源配置效率，涵盖信息全面，综合性强，能够反映企业生产效率的变化程度，是度量企业转型升级成效和高质量发展的代表性指标（唐松等，2019），能够进一步体现宏观政策的有效性。关于外部宏观环境对全要素生产率的影响，学者们主要从交通基础设施、金融发展、产业政策、资本市场等方面展开研究。李建军和王冰洁（2022）的研究发现，税收征管的不断加强会削弱企业的资本配置效率、降低企业的创新成本，进一步使企业全要素生产率降低。从政策制度层面出发，相关研究发现，加速折旧优惠政策能够提升试点企业的全要素生产率（赵旭杰等，2022）。交通基础设施对全要素生产率的影响主要集中在制造业和服务业，学者们发现交通基础设施条件的改善有利于吸引企业和资源集聚（Holl，2016）、提高企业间的资源配置水平（Ghani et al.，2016）、节约管理层的沟通成本（Charnoz et al.，2018）以及降低买卖双方的搜寻成本，提高交易效率（Bernard et al.，2019），最终促进制造业全要素生产率的提高。此外，交通设施一方面有利于扩大人口集聚和研发投资（咸金坤、汪伟，2020），进而对服务业的集聚过程产生促进作用；另一方面，交通设施使得服务业在集聚和分散之间进行转换，当交通不完善时，服务业会选择形成集聚效应；反之，完善的基础设施为远距离的合作提供了便利条件，从而使服务业在地理空间上选择分散（宣烨等，2019）。杨洁等（2022）主要研究了环境保护费改税对全要素生产率发生作用的两条路径，一是通过技术创新这个中介变量影响企业全要素生产率，二是通过投资效率这个中介变量影响全要素生产率。杜运周等（2022）基于复杂系统观研究营商环境对全要素生产率、高质量发展的作用机制。研究表明，发挥市场机制与人力资本和知识溢出效应，有助于促进企业高质量发展。

（二）全要素生产率的微观影响因素

微观层面上，不同企业之间的投入、产出和生产效率总是存在显著而持久的差异（Syverson，2011），效率高的企业往往具有更大的市场份额（余泳泽、张先轸，2015）。邵宜航等（2013）在用资源配置效率解释全要素生产率过程中发现，中国工业企业 1998—2007 年的资源配置效率呈现先改善后恶化的态势。Hsieh 和 Klenow（2009）利用引入中国企业微观数据，揭示了中国和美国全要素生产率差异的 49%是由资源配置效率差异造成的。Erhemjamts 和 Huang（2019）基于 2000—2014 年中国省级面板数据，实证检验技术因素对全要素生产率的影响，其中本地 R&D 投资在促进全要素生产率方面发挥着主导作用，通过外商直接投资、进出口等形式的对外开放带来的技术溢出也能够显著促进全要素生产率的提升。程惠芳和陆嘉俊（2014）通过实证研究发现，技术能够正向影响企业全要素生产率，主要包括技术创新、技术开发与技术改造。黄渤等（2022）从企业间的要素流动视角出发，基于本书的分析，得出企业间的战略联盟合作可以提高企业全要素生产率的结论。一方面，战略联盟通过促进联盟伙伴之间的知识流动、转移和分享，可有效推动企业形成技术创新良性循环，降低研发风险，促进创新投入，实现企业创新水平的提高。另一方面，企业间的战略联盟可以帮助企业形成促进研发创新，降低交易成本、交易费用，进而提高企业全要素生产率的影响机制。王启超等（2020）通过实证研究发现，人才配置对企业全要素生产率的影响呈现倒“U”形关系，金融行业对人才具有很大的吸引力，制造业企业得不到足够的人力资本，将会降低制造业企业全要素生产率。

二、供应链金融的经济后果

（一）供应链金融模式应用及模式创新

何娟和沈迎红（2012）将传统供应链金融服务研究拓展到现货电子交易平台研究上，并提出了一个叫作“云仓”的新商业模式；葛林（2022）探索数字供应链金融和农村电商产业的融合模式，指出应在宏观与微观层面上协同努力，使农业与农村电商之间形成一个完整封闭的产业链，增强产品竞争力，使农村电商模式得到长久的发展。史金召等（2022）首创性地提出了我国跨境电商供应链金融的 3 类 4 种典型模式，包括跨境电商仓单融资（进口—保税区型、出口—海外仓型）、跨境电商订单融资（进口—采购型、出口—生产型）以及跨境电商保理融资。通过对各细分模式的演进路径和业务运作流程进行分析，本书提取了相关风险要素，并发现跨境电商供应链金融面临许多新风险，涉及入区/仓货物权属和合法性、货物境外监管与配送、跨境交易资金合法性以及汇率变动等方面。

（二）供应链金融风险

宋华等（2024）认为，金融科技的发展不仅简化了供应链金融的实施，还提升了风险管理的效率和准确性。数字化平台基于高效的数据分析和处理能力，能够快速评估和验证企业交易的背景信息，确保贸易的真实性和透明度。金融科技平台不仅简化了金融交易过程，还为不同规模和需求的企业提供了定制化的供应链金融解决方案，促进了金融市场的发展和创新。凌润泽等（2023）提出，核心企业在实施供应链金融计划时，倾向缩短债务期限。这一趋势的影响机制包括两个方面：一方面，通过提升企业盈利水平和稳定性来降低利率风险；另一方面，通过改善财务状况来降低再融资风险。汪刘凯等（2022）提出了测度供应链金融质押物 VaR 的新方法——MIDAS-SVQR，在无须分布假设的情况下利用核函数捕获非线性关系以直接输出分位数。

第三节　内涵解析

一、全要素生产率

全要素生产率（Total Factor Productivity，TFP）是经济学中的一个关键概念，它衡量的是一个经济体在不增加投入（如资本和劳动力）的情况下，通过技术进步、管理改进、组织变革以及其他效率提升因素所能实现的产出增长。全要素生产率的内涵可以从其定义、衡量方法及其经济意义等多个方面进行详尽分析。

首先，全要素生产率的定义源自生产函数的基本形式，即一种经济模型描述产出与各种生产要素（如资本、劳动、土地等）之间的关系。传统的生产函数通常表示为 $Y=A\times f(K, L)$，其中，Y 代表总产出，K 和 L 分别代表资本和劳动，A 则是全要素生产率系数，反映了生产效率的整体水平。全要素生产率被视为无法直接观测的一个残差项，其变化通常通过生产函数的回归分析间接估计出来。这意味着全要素生产率捕捉了除资本和劳动之外的所有其他影响产出的因素。例如，技术创新可以提升全要素生产率，因为它使得同样数量的资本和劳动能够生产更多的产出。管理的改进和组织结构的优化也可以通过提高资源的配置效率来提升全要素生产率。此外，全要素生产率还包含一些难以量化的因素，如制度变革、市场结构变化以及外部经济环境的变化等。这些因素通过各种渠道影响生产率，从而最终反映在全要素生产率的波动上。

其次，从方法论的角度来看，衡量全要素生产率的常用方法包括指数方法（如Solow余值法）、参数估计方法（如生产函数估计）和非参数方法［如数据包络分析（DEA）和随机前沿分析（SFA）］。Solow余值法是最经典的方法之一，通过对总产出增长进行分解，将其中不能被资本和劳动解释的部分归因于全要素生产率。具体来说，在Solow模型中，总产出增长率可以被分解为资本增长的贡献、劳动增长的贡献和全要素生产率增长的贡献。生产函数估计方法则通常采用跨期或跨国面板数据，通过估计生产函数参数来间接计算全要素生产率。非参数方法则不需要假设特定的生产函数形式，而是通过对多输入、多输出生产过程的数据分析来评估效率和全要素生产率。尽管这些方法各有优劣，但都旨在揭示全要素生产率对经济增长的贡献，帮助我们更好地理解经济发展的内在机制。

从经济意义上看，全要素生产率被认为是长期经济增长的主要驱动力之一。历史上，大多数发达国家的经济快速增长并非完全依赖于资本和劳动的积累，而是得益于全要素生产率的显著提升。例如，美国在20世纪中叶的经济繁荣很大程度上归因于科技进步和管理革新，这些都体现在全要素生产率的提升上。相反，很多发展中国家尽管在资本和劳动投入上有显著增长，但由于全要素生产率提升乏力，经济增长仍然受限。全要素生产率的提升不仅依赖于技术进步，还包括教育和人力资本的积累、创新能力的增强、市场机制的完善和制度环境的优化。特别是在全球化背景下，技术扩散和跨国技术合作也显得尤为重要。发达国家通过技术输出和直接投资，可以帮助发展中国家提高全要素生产率，促进全球经济协同发展。

二、供应链金融内涵

供应链金融（Supply Chain Finance，SCF）是一种通过整合供应链中各节点企业的资金流、信息流和物流，以降低融资成本和风险，提高整个供应链效率的金融服务模式。它将金融服务嵌入供应链管理中，解决了传统融资方式中企业因信用不足、信息不对称、抵押物不足等问题所导致的融资难题。供应链金融的内涵包括定义、发展背景、主要模式和核心作用等多个方面。

首先，供应链金融的定义和发展背景是理解其内涵的基础。供应链金融通过银行、金融机构或平台企业的介入，利用核心企业的信用，将上下游企业的贸易行为与金融服务相结合，形成一个综合性的融资解决方案。这种模式下，金融机构可以基于核心企业的信用状况，为上下游企业提供更加便捷和低成本的融资服务，进而促进整个供应链的健康运转。供应链金融的产生和发展有其特定的经济背景。在全球化和信息技术发展的推动下，供应链变得更加复杂和多元化，企业间的竞争不再仅局限于单个企业的竞争，而是供应链与供应链之间的竞争。与此同时，中小企业在供应链中往往面临融资难、融资贵的问题，导致其在资金周转、运营管理方面受到制约。供应链金融通过利用核心企业的信用，构建信用传递机制，有效缓解了这些问题，提升了整个供应链的竞争力。

供应链金融的主要模式包括应收账款融资、预付款融资和库存融资等多种形式，每种形式都有其独特的运作机制和适用场景。应收账款融资是最常见的一种模式，指供应商基于核心企业的应收账款进行融资。金融机构依据核心企业的信用状况和应收账款的真实贸易背景，向供应商支付一定比例的预付款，供应商则将应收账款作为质押品。这种模式不仅解决了供应商的资金周转问题，还降低了金融机构的信用风险。预付款融资是指核心企业为了保证供应链的顺畅运行，提前向供应商支付部分货款，供应商可以利用这部分预付款进行生产和采购。金融机构在其中提供预付款的融资服务，核心企业的信用起到了担保作用。库存融资则是指企业以其库存商品为质押，从金融机构获取贷款。这种模式对零售和制造业企业尤为适用，能够有效盘活库存，提高资金使用效率。

从经济学角度来看，供应链金融在提升供应链效率、降低融资成本、优化资源配置方面具有显著的经济意义。首先，供应链金融通过优化企业的资金流动性，缩短了资金周转周期，降低了企业的融资成本，提升了资金的使用效率。特别是在中小企业融资难的问题上，供应链金融为其提供了一条新的融资渠道，有助于改善其资金状况，促进其发展壮大。其次，供应链金融通过信用传递机制，将核心企业的信用扩展到整个供应链，提高了供应链的整体信用水平和稳定性。金融机构可以依托供应链金融模式，降低信用风险，优化信贷结构，提升服务质量和效率。最后，供应链金融促进了企业间的合作与协同，通过信息共享和资源整合，提升了供应链的响应速度和灵活性，增强了供应链的整体竞争力。此外，供应链金融还推动了金融科技的应用和发展，区块链、大数据、人工智能等新技术在供应链金融中的应用提高了信息透明度和业务处理效率，进一步降低了交易成本和信用风险。

第四节　供应链金融赋能全要素生产率的理论分析

一、供应链金融的资源配置优化效应

第一，供应链金融通过优化跨区域资金流动，有效缓解了黄河流域各省区资源分布不均衡的问题，从而显著提升了企业的全要素生产率。黄河流域各省区在自然资源禀赋、经济发展水平和产业结构等方面存在较大差异。传统金融体系往往难以有效应对这种复杂的区域经济格局，导致资金分布不均、流动受阻等问题。供应链金融通过建立跨区域、多层次的金融服务网络，有效打破了地域界限，促进了资金在黄河流域各省区之间的自由流动。例如，山东、河南等经济较为发达的下游省份的资金可以通过供应链金融平台，精准地流向甘肃、宁夏等上游省区的优质企业，缓解了这些地区长期以来面临的融资困境。这种资金流动不仅提高了整个黄河流域的资金使用效率，还通过优化资源配置，帮助企业克服了地域限制带来的发展瓶颈。具体而言，上

游省区的企业能够获得更充足的资金支持，用于技术创新、设备更新和产能扩张，从而提高劳动生产率和资本产出效率；下游省份的企业则可以通过供应链金融平台，寻找到更具成本优势的上游供应商，优化其采购策略和成本结构。这种跨区域的资源优化配置直接提升了企业的全要素生产率，推动了黄河流域整体经济效率的提升。

第二，供应链金融通过引导资金从低效率部门向高效率部门流动，促进了黄河流域各省区产业结构的优化升级，进而提高了企业的全要素生产率。黄河流域各省区长期以来存在产业结构不合理、传统产业占比过高、新兴产业发展不足等问题，这在一定程度上制约了企业全要素生产率的提升。供应链金融通过创新的金融产品和服务模式，能够更精准地识别和评估企业的发展潜力和风险状况，从而实现资金的优化配置。具体而言，供应链金融平台可以利用大数据分析、人工智能等技术，全面评估企业在产业链中的位置、技术创新能力、市场前景等因素，为高效率、高潜力的企业提供更多的金融支持。例如，在传统的煤炭开采业占比较高的山西，供应链金融可以优先支持那些致力于清洁能源开发、煤炭深加工等高附加值项目的企业，推动产业向更高效、更环保的方向发展。同时，对于一些效率较低、污染较重的传统产业，供应链金融可以通过适当控制信贷规模，引导其加快转型升级或有序退出。这种有针对性的资金配置不仅优化了黄河流域的产业结构，还直接提高了企业的全要素生产率。高效率部门获得更多资金支持后，可以加大研发投入、引进先进技术和设备、优化生产流程，从而提高劳动生产率和资本使用效率；而一些低效率企业在转型升级过程中，也能通过技术改造和管理创新，提升其生产效率。这种产业结构的优化升级过程实质上是一个资源重新配置和效率提升的过程，直接推动了黄河流域各省区企业全要素生产率的整体提升。

第三，供应链金融通过帮助企业突破地域限制，获得更优质的上下游合作伙伴，显著提高了资源配置效率，从而提升了企业的全要素生产率。黄河流域地域辽阔，各省区之间的经济联系相对薄弱，企业往往受限于地理位置，难以充分利用区域外的优质资源。供应链金融通过构建跨地区、跨行业的金融服务平台，为企业提供了突破地域限制、优化供应链结构的有效途径。具体来说，供应链金融平台可以整合黄河流域各省区的产业信息和企业数据，为不同地区的企业提供精准的配对服务，帮助它们找到最适合的上下游合作伙伴。例如，青海的新能源企业可以通过供应链金融平台，与山东的先进制造业企业建立合作关系，实现优势互补；内蒙古的畜牧业企业可以与河南的食品加工企业对接，形成更加高效的产业链。这种跨地区的资源整合不仅优化了企业的供应链结构，还带来了多方面的效率提升：首先，企业可以获得更优质、更低成本的原材料和中间品，直接降低生产成本，提高资源利用效率；其次，与先进企业的合作有助于技术溢出和管理经验共享，促进企业创新能力的提升；最后，更广泛的市场网络有助于企业扩大销售规模，实现规模经济效应。这些因素综合起来，直接提高了企业的全要素生产率。此外，供应链金融还可以通过提供跨区域结算、风险管理等服务，降低企业跨地区合作的交易成本和风险，进一步释放资源优化配置带来的效率红利。

第四，供应链金融通过促进信息流、资金流与实物流的高效协同，优化了黄河流域各省区的整体资源配置效率，从而全面提升了企业的全要素生产率。黄河流域省区由于地理跨度大、经济发展不平衡，长期存在信息不对称、物流效率低下等问题，这些因素严重制约了资源的优化配置和企业效率的提升。供应链金融通过整合金融服务与供应链管理，构建了一个信息流、资金流与实物流高度融合的运营体系，有效解决了上述问题。在信息流方面，供应链金融平台利用区块链、物联网等先进技术，实现了供应链各环节信息的实时共享和透明化，大大降低了信息不对称风险，提高了决策效率。例如，陕西的农产品加工企业可以实时了解甘肃供应商的生产情况，精准调整采购计划，优化库存管理。在资金流方面，供应链金融创新了多种融资模式，如应收账款融资、订单融资等，使资金能够更加灵活地流向供应链中最需要的环节，提高了资金使用效率。例如，河南的中小制造企业可以基于与下游大型企业的订单，获得银行融资，缓解资金压力。在实物流方面，供应链金融通过与物流企业合作，优化了仓储、运输等环节，提高了整体物流效率。例如，宁夏的葡萄酒企业可以通过供应链金融平台，选择最优的物流路线和仓储方案，降低运营成本。这种信息流、资金流与实物流的高效协同，不仅优化了黄河流域的整体资源配置效率，还直接提升了企业的全要素生产率。企业可以更精准地进行生产计划和库存管理，减少资源浪费；可以更高效地利用金融资源，优化资本结构；可以更灵活地调整供应链策略，提高运营效率。这些改进综合起来，显著提高了劳动生产率、资本效率和全要素生产率，推动了黄河流域企业整体效率和竞争力的提升。

二、供应链金融的技术创新驱动效应

第一，供应链金融通过提供灵活多样的融资方式，为黄河流域企业的技术改造和创新研发提供了强有力的资金支持，从而显著提升了企业的全要素生产率。黄河流域多为传统产业集中地，如山西的煤炭产业、河南的装备制造业、山东的重化工业等，这些行业普遍面临产业升级和技术创新的迫切需求。然而，传统金融体系往往难以准确评估技术创新项目的价值和风险，导致许多具有创新潜力的企业难以获得所需的资金支持。供应链金融通过深度嵌入产业链，能够更加全面地了解企业的经营状况、创新能力和发展潜力，从而提供更加精准和灵活的融资服务。例如，供应链金融可以基于企业在产业链中的地位、与核心企业的合作关系、历史交易数据等多维度信息，为企业量身定制创新融资方案。具体而言，对于那些处于技术突破关键阶段的企业而言，供应链金融可以提供期限更长、利率更优惠的中长期贷款；对于一些中小企业的创新项目而言，可以通过知识产权质押、应收账款融资等方式，盘活企业的无形资产和经营性资产，提供更充足的创新资金。这种灵活的融资支持使黄河流域的企业能够更从容地进行技术改造和创新研发，不必过分担心短期现金流压力。例如，山西的煤炭企业可以利用供应链金融支持，投资于清洁煤技术和智能开采系统，提高资源利用效率和生产安全性；河南的装备制造企业可以获得资金支持，升级自动化生产线，提高生产精度和效率。这些技术创新直接提升了企业的生产效率、产品质量和资源利用率，从而显著提高了全要素生产率。此外，供应链金融的支持还能帮助企业吸引和留住高素质人才、购置先进设备、引进国际先进技术，这些都是提升全要素生产率的关键要素。通过这种方式，供应链金融有效地推动了黄河流域传统产业的转型升级，为提高企业全要素生产率提供了强有力的资金保障。

第二，供应链金融通过创新风险分担机制，有效降低了黄河流域企业的创新失败风险，极大地激发了企业加大创新投入的积极性，从而推动全要素生产率的持续提升。技术创新本质上是一项高风险、高收益的活动，特别是对于黄河流域这样以传统产业为主的地区，企业往往因为担心创新失败带来的巨大经济损失而裹足不前。供应链金融通过构建多方参与的风险分担体系，有效地降低了单个企业承担的创新风险，从而鼓励更多企业投身技术创新。具体而言，供应链金融可以通过以下几种方式实现风险分担：首先，利用供应链核心企业的信用优势，为上下游中小企业的创新活动提供增信支持，降低其融资成本和风险。例如，在陕西的汽车产业链中，供应链金融可以借助大型整车厂商的信用，为其创新型零部件供应商提供更优惠的融资条件。其次，设计创新保险产品，如研发费用补偿保险、新产品试销保险等，帮助企业分散创新风险。最后，建立创新项目资金池，汇集产业链多个参与者的资金，共同投资于具有前景的创新项目，实现风险共担、收益共享。例如，在甘肃的新能源产业链中，可以组织上游原材料供应商、中游电池制造商和下游新能源汽车企业共同设立创新基金，支持整个产业链的技术突破。这种多元化的风险分担机制极大地降低了单个企业承担的创新失败风险，使更多企业敢于尝试更具突破性的创新项目。在这种环境下，黄河流域的企业不再局限于渐进式改进，而是更多地投入颠覆性创新中，如新材料开发、智能制造系统构建、清洁能源技术突破等。这些重大创新一旦成功，将带来全要素生产率的跨越式提升。例如，宁夏的煤化工企业通过开发新型催化剂，可显著提高化工产品的转化效率和质量；内蒙古的农牧业企业通过智能化养殖系统的创新，可大幅提高畜牧业的生产效率和产品质量。更重要的是，这种持续的创新投入培养了企业的创新文化和能力，为全要素生产率的长期持续提升奠定了基础。通过降低创新风险、鼓励创新投入，供应链金融有效地激活了黄河流域企业的创新动力，推动全要素生产率不断攀升。

第三，供应链金融通过促进黄河流域各省区产业链上下游的技术协同，加速了技术扩散，有效提升了整个产业链的技术水平和效率，从而全面提高了企业的全要素生产率。黄河流域的产业结构普遍呈现出“大而全”的特征，各环节之间的协同效应往往未能充分发挥。供应链金融通过将金融服务与产业链管理深度融合，为产业链上下游企业搭建了技术交流与合作的平台，有效促进了技术创新的协同和扩散。具体而言，供应链金融可以通过以下几种方式推动技术协同：首先，建立产业链技术创新联盟，为上下游企业提供合作研发的资金支持和风险分担机制。例如，在山东的石化产业链中，供应链金融可以支持原料供应商、化工企业和下游应用企业共同开发新型环保材料，实现全产业链的技术升级。其次，设计针对技术转移和扩散的专项金融产品，如技术许可融资、专利权质押贷款等，促进先进技术在产业链中的快速传播。最后，利用大数据分析和人工智能技术，绘制产业链技术地图，帮助企业识别技术瓶颈和创新机会，推动精准创新。例如，在河南的装备制造业中，供应链金融平台可以通过分析产业链各环节的技术水平和创新需求，为企业提供有针对性的技术引进和创新建议。这种产业链技术协同机制带来了多重效益：其一，它有效整合了产业链各环节的创新资源，避免了重复研发和资源浪费，提高了整体创新效率。其二，通过上下游企业的密切合作，加速了新技术从实验室到市场的转化过程，缩短了创新周期。其三，技术的快速扩散使产业链各环节能够同步提升技术水平，避免了因某个环节落后而拖累整体效率的情况。例如，在青海的新能源产业中，光伏材料生产技术的突破可以迅速传导至电池制造和光伏发电系统集成环节，实现全产业链的效率提升。更重要的是，这种技术协同机制建立了企业间的信任和长期合作关系，为持续的技术创新和效率提升奠定了基础。通过促进产业链技术协同，供应链金融不仅提高了单个企业的技术水平和生产效率，更提升了整个产业链的协同效应和整体竞争力，从而全面提高了黄河流域企业的全要素生产率。

第四，供应链金融通过推动黄河流域企业数字化转型，释放了数字技术对全要素生产率的巨大提升潜力。在当前数字经济蓬勃发展的背景下，数字化转型已成为提升企业全要素生产率的关键途径。然而，黄河流域的许多传统企业由于缺乏资金、人才和技术积累，在数字化转型过程中面临诸多挑战。

供应链金融通过提供全方位的数字化支持，有效加快了企业的数字化进程，从而显著提升了全要素生产率。具体而言，供应链金融可以通过以下几个方面推动企业数字化转型：首先，提供专项的数字化转型融资产品，如智能制造专项贷款、数字化升级融资等，解决企业在数字化过程中的资金需求。例如，为山西的传统制造业企业提供低息贷款，支持其引进工业互联网和智能制造系统。其次，构建数字化供应链金融平台，整合物联网、大数据、人工智能等技术，为企业提供智能化的供应链管理服务。这不仅直接提升了企业的运营效率，还为企业积累了宝贵的数字化经验。最后，通过数据共享和分析，帮助企业实现精准决策和个性化生产，提高资源配置效率。例如，在河南的农产品加工业中，供应链金融平台可以基于气象数据、市场需求数据等，为企业提供种植建议和生产计划优化方案。此外，供应链金融还可以通过组织数字化培训、提供技术咨询等方式，帮助企业培养数字化人才，提升数字化管理能力。这种全方位的数字化支持带来了企业全要素生产率的全面提升：在生产环节，数字化和智能化技术显著提高了生产效率和产品质量，减少了资源浪费；在管理环节，数据驱动的决策模式提升了企业的运营效率和风险管理能力；在营销环节，数字化渠道提高了企业的市场覆盖率，加快了市场响应速度。例如，宁夏的葡萄酒企业通过数字化转型，可以实现从种植、酿造到销售的全流程智能化管理，大幅提升产品质量和生产效率；内蒙古的乳制品企业可以利用大数据分析，实现需求预测和个性化生产，提高资源利用率和市场适应性。更重要的是，数字化转型培养了企业的持续创新能力，为全要素生产率的长期提升奠定了基础。通过推动企业数字化转型，供应链金融不仅提高了黄河流域企业的即时生产效率，更为其在数字经济时代的持续发展提供了强大动力，从而实现全要素生产率的跨越式提升。

三、供应链金融的产业链协同效应

第一，供应链金融通过优化资金流动和风险管理，显著降低了黄河流域产业链的整体运营成本，提高了协同效率，从而全面提升了企业的全要素生产率。黄河流域拥有多个特色产业集群，如山东的轻工业、河南的装备制造业、陕西的能源化工产业等，这些产业集群往往面临资金流动不畅、上下游企业信用风险传导等问题，制约了产业链的整体效率。供应链金融通过创新的金融工具和服务模式，有效解决了这些问题，降低了产业链的整体运营成本。具体而言，首先，供应链金融通过应收账款融资、订单融资等方式，加速了产业链中的资金流转。例如，在河南的装备制造业集群中，上游零部件供应商可以基于与核心企业的订单，提前获得融资，缓解资金压力，保证生产的连续性。这不仅降低了供应商的融资成本，还提高了整个产业链的资金使用效率。其次，供应链金融通过构建多层次的信用体系，实现了产业链信用的有效传导。例如，在山东的轻工业集群中，核心企业的信用可以通过供应链金融平台向上下游中小企业传导，使这些企业能够获得更优惠的融资条件，从而降低整体融资成本。最后，供应链金融通过提供集中化的风险管理服务，如应收账款保理、信用保险等，有效分散了产业链中的信用风险，降低了企业的经营风险和成本。例如，在陕西的能源化工产业链中，供应链金融可以为上游原料供应商提供应收账款保理服务，降低其坏账风险，同时为下游企业提供更灵活的付款条件。这种全方位的成本优化和风险管理不仅直接降低了企业的运营成本，还通过提高资金周转效率、降低库存成本等间接途径，进一步提升了企业的经营效率。更重要的是，这种产业链层面的协同效应使企业能够更专注于其核心业务，将更多资源投入技术创新和生产效率提升中。例如，河南的装备制造企业可以将节省的资金和精力投入到智能制造技术的研发中，提高生产自动化水平；山东的轻工业企业可以利用更充裕的资金进行产品创新和品牌建设，提高产品附加值。这些举措直接提升了企业的劳动生产率、资本效率和技术进步率，从而全面提高了全要素生产率。通过降低产业链整体运营成本和提高协同效率，供应链金融为黄河流域企业全要素生产率的提升创造了良好的外部环境和内在动力。

第二，供应链金融通过构建产业链协同平台，极大地促进了黄河流域产业集群内部的知识溢出和经验共享，为企业全要素生产率的提升提供了强大的智力支持。黄河流域的特色产业集群虽然在地理上相对集中，但由于信息壁垒、竞争意识等因素，企业间的知识交流和经验共享往往不够充分，制约了整个产业集群的创新能力和效率提升。供应链金融通过构建跨企业、跨行业的协同平台，打破了这些壁垒，创造了知识溢出和经验共享的有利环境。具体而言，首先，供应链金融平台可以基于企业间的业务往来和资金流动数据，识别产业链中的关键节点和潜在合作机会，为企业提供精准的合作对接服务。例如，在山西的煤化工产业集群中，供应链金融平台可以根据原料供应、加工工艺、终端应用等数据，推荐最适合的上下游合作伙伴，促进技术互补和经验交流。其次，供应链金融可以通过设立产业创新基金、组织技术交流会等方式，为产业集群内的企业搭建知识共享平台。例如，在甘肃的新能源产业集群中，供应链金融可以组织光伏材料、电池制造、系统集成等不同环节的企业定期交流，分享各自的技术进展和市场洞察。最后，供应链金融可以利用大数据分析技术，挖掘产业链中的最佳实践和创新模式，并将这些知识在产业集群内广泛传播。例如，在宁夏的葡萄酒产业集群中，供应链金融平台可以通过分析种植、酿造、销售等环节的数据，总结出高效的生产管理模式和质量控制方法，并推广到整个产业集群。这种知识溢出和经验共享机制带来了多重效益：其一，它加速了先进技术和管理经验在产业集群内的扩散，使整个产业的技术水平和管理效率得到整体提升。例如，河南的装备制造业集群中的智能制造技术可以通过这种机制快速在上下游企业中推广，提高整个产业链的自动化水平。其二，它促进了跨领域的知识融合和创新，为产业升级提供了新的动力。例如，山东轻工业集群中的材料技术创新可能为相关的重工业带来新的应用机会。其三，这种持续的知识交流培养了企业的学习能力和创新文化，为长期的效率提升奠定了基础。通过促进知识溢出和经验共享，供应链金融不仅提高了单个企业的技术水平和管理效率，更是提升了整个产业集群的创新能力和竞争力，从而全面提高了黄河流域企业的全要素生产率。

第三，供应链金融通过构建高效的信息共享机制，显著减少了黄河流域产业链上下游企业间的信息不对称现象，大幅提升了资源配置效率和决策质量，进而全面提高了企业的全要素生产率。黄河流域的产业链由于地域跨度大、企业规模和性质差异大，长期存在信息流通不畅、信息质量参差不齐等问题，严重制约了产业链的协同效率和整体竞争力。供应链金融通过创新的技术手段和服务模式，有效解决了这一问题，为产业链各环节的高效协同创造了条件。具体而言，首先，供应链金融平台利用区块链、物联网等先进技术，构建了一个透明的、可信的信息共享网络。例如，在内蒙古的畜牧业产业链中，从养殖、屠宰到加工、销售的全过程信息可以实时上链，确保信息的真实性和可追溯性。这不仅提高了产品质量和食品安全，还优化了整个产业链的生产和库存管理。其次，供应链金融通过大数据分析，为产业链各环节提供精准的市场预测和决策支持。例如，在青海的新能源产业链中，供应链金融平台可以整合上游原材料价格、中游生产能力、下游市场需求等多维度数据，为企业提供全面的市场洞察，帮助其优化生产计划和库存策略。最后，供应链金融通过构建统一的信用评价体系，降低了产业链中的信任成本和交易风险。例如，在陕西的装备制造业产业链中，上下游企业可以通过供应链金融平台查询合作伙伴的信用状况，从而作出更明智的合作决策。这种全方位的信息共享机制带来了显著的效率提升：其一，它大幅降低了信息搜集和验证的成本，使企业能够将更多资源投入核心业务中。其二，它提高了决策的准确性和及时性，使企业能够更快速地响应市场变化。例如，河南的食品加工企业可以根据实时的市场需求数据，灵活调整生产计划，减少库存积压。其三，它降低了产业链中的不确定性和风险，使企业能够更有信心地进行长期投资和创新。例如，山东的化工企业可以基于更可靠的上下游信息，制订更精准的产能扩张计划。更重要的是，这种高效的信息共享机制培养了产业链各环节之间的信任和默契，为长期的深度协作奠定了基础。通过减少信息不对称，供应链金融不仅提高了单个企业的运营效率和决策质量，更优化了整个产业链的资源配置，从而全面提升了黄河流域企业的全要素生产率。

第四，供应链金融通过促进黄河流域产业链的垂直整合和横向协作，创造了规模经济和范围经济效应，显著提升了产业链的整体运营效率，从而全面提高了企业的全要素生产率。黄河流域的产业链虽然在某些领域形成了特色集群，但仍存在产业链不完整、协作不充分等问题，这限制了规模效应和协同效应的发挥。供应链金融通过创新的金融工具和服务模式，有效促进了产业链的垂直整合和横向协作，释放了巨大的效率提升潜力。在垂直整合方面，供应链金融通过提供并购融资、联合贷款等服务，支持企业进行产业链纵向延伸。例如，在山西的煤炭产业链中，供应链金融可以支持煤炭开采企业向下游发电、化工等领域扩张，形成更完整的产业链。这种垂直整合不仅降低了交易成本，还提高了资源配置效率和产品质量控制能力。在横向协作方面，供应链金融通过搭建产业联盟平台、提供联合融资等方式，促进了同一环节企业间的深度合作。例如，在甘肃的农产品加工业中，供应链金融可以支持多家中小企业组建采购联盟，提高议价能力和资源利用效率。这种横向协作不仅实现了规模经济，还促进了技术和管理经验的共享。具体而言，这种垂直整合和横向协作带来了多重效益：首先，它优化了产业链的结构，减少了中间环节，提高了整体运营效率。例如，河南的装备制造业通过产业链整合，实现了从原材料到终端产品的一体化生产，大幅降低了生产成本，提高了产品质量。其次，它增强了产业链的抗风险能力，提高了资源的利用效率。例如，山东的化工产业通过横向协作，可以更灵活地调配产能，应对市场需求的波动。最后，它为产业链的技术创新和升级提供了更广阔的空间。例如，宁夏的葡萄酒产业通过垂直整合，可以更好地控制从种植到销售的全过程，实现产品的差异化和高端化。更重要的是，这种深度的产业链协同培养了企业的战略思维和系统管理能力，为持续的效率提升和创新突破奠定了基础。通过促进产业链的垂直整合和横向协作，供应链金融不仅提高了单个企业的经营效率，更是优化了整个产业生态系统，从而全面提升了黄河流域企业的全要素生产率，为区域经济的高质量发展提供了强大动力。

第五节　供应链金融赋能全要素生产率的现实路径

一、构建多层次、跨区域的供应链金融服务体系

黄河流域横跨 9 省区，经济发展水平参差不齐，产业结构各异。为充分发挥供应链金融对企业全要素生产率的提升作用，需要构建一个多层次、跨

区域的供应链金融服务体系。具体实现路径如下：

首先，建立黄河流域供应链金融协调机制。由国家发展改革委牵头，联合财政部、人民银行、银保监会等部门，成立黄河流域供应链金融发展协调小组。该小组负责制定区域统一的供应链金融发展规划，协调跨省份的政策制定和实施，破除地方保护主义带来的壁垒。

其次，打造多层次的供应链金融服务平台。鼓励大型商业银行、政策性银行在黄河流域设立专门的供应链金融事业部，开发适合区域特点的金融产品。同时，支持地方性银行和民营金融机构开发特色供应链金融服务，形成多层次、多元化的服务体系。特别是要重视发展面向中小微企业的供应链金融服务，如应收账款融资、订单融资等，以缓解这些企业的融资压力。

最后，推动供应链金融与产业政策的协同。各省区在制定产业发展规划时，应将供应链金融作为重要的配套政策考虑在内。例如，在支持战略性新兴产业发展时，可以制订专门的供应链金融支持计划，为产业链中的创新型企业提供更多金融支持。

二、加强供应链金融与技术创新的深度融合

技术创新是提升全要素生产率的关键驱动力。而供应链金融通过优化资金配置、降低创新风险，可以有效促进企业的技术创新。因此，加强供应链金融与技术创新的深度融合是提升黄河流域企业全要素生产率的重要路径。具体实现方式如下：

首先，设立黄河流域供应链金融创新基金。由中央和地方政府共同出资，联合社会资本，设立专门的创新基金。该基金重点支持供应链中具有高成长潜力的创新型企业，特别是那些能够带动整个产业链技术升级的关键环节企业。基金的运作应采用市场化方式，引入专业的基金管理团队，确保资金使用效率。

其次，开发针对创新活动的供应链金融产品。鼓励金融机构设计专门服务于技术创新的供应链金融产品，如知识产权质押融资、研发费用贷款、科技保险等。这些产品应充分考虑创新活动的高风险、长周期特点，在贷款期

限、还款方式等方面提供更大灵活性。同时，建立风险补偿机制，通过政府风险补偿基金等方式，降低金融机构的风险，加大其对创新活动的支持力度。

最后，建立创新绩效与金融支持挂钩的激励机制。设计一套科学的评估体系，将企业的创新绩效（如专利数量、新产品销售额占比等）与其获得供应链金融支持的力度挂钩。对于创新成效显著的企业，在融资额度、利率等方面给予更多优惠。这种机制可以形成良性循环，激励企业持续加大创新投入。

三、推动供应链金融赋能产业链升级

黄河流域多为传统产业集中地，产业升级需求迫切。供应链金融可以通过优化资源配置、促进协同创新，有力推动产业链升级，进而提升企业全要素生产率。具体实现路径如下：

首先，实施“链主企业”培育计划。识别并重点扶持黄河流域各重点产业链中的核心企业，即链主企业。这些企业通常处于产业链的关键位置，具有较强的资源整合能力。通过供应链金融支持链主企业做大做强，可以带动整个产业链的升级。具体措施包括：为链主企业提供优惠的融资支持，帮助其扩大生产规模、提升技术水平；支持链主企业建立供应链金融平台，为上下游中小企业提供金融服务，增强产业链韧性。

其次，实施产业链“补链”“强链”专项行动。通过供应链金融精准支持，聚焦产业链薄弱环节，强化关键环节。具体可以采取以下措施：建立产业链缺失环节和薄弱环节清单，为这些环节的企业提供专项融资支持；设立产业链升级专项基金，重点支持产业链中的技术改造和智能化升级项目；鼓励金融机构开发针对产业链升级的专门产品，如设备更新贷款、技术改造融资等。

最后，建立产业链协同创新机制。利用供应链金融的资源整合优势，促进产业链上下游企业的协同创新。具体措施包括：设立产业链协同创新基金，为跨企业、跨环节的联合创新项目提供资金支持；建立产业链创新联盟，组织产业链上下游企业定期交流，共同制定技术路线图；开发支持协同创新的金融产品，如联合贷款、创新收益分享等模式。

第七章　数字新质生产力驱动下黄河流域绿色金融高质量发展

在我国当今经济转向高质量发展的新阶段，数字经济与绿色金融作为两种重要的经济形态，已成为我国政府和企业关注的焦点。数字经济是以数字化的知识和信息为关键生产要素，以技术创新为核心驱动力，以现代信息网络为重要载体，推动传统产业数字化、智能化转型，加速重构经济发展与政府治理模式的新型经济形态。而绿色金融则是指为支持环境改善、应对气候变化和资源节约高效利用的经济活动，即对环保、节能、清洁能源、绿色交通、绿色建筑等领域的项目投融资、项目运营、风险管理等所提供的金融服务。数字经济和绿色金融之间还存在着相互作用，一方面，数字经济为绿色金融提供技术支撑和创新动力，通过大数据、区块链等技术提高绿色金融的融资效率、降低信息不对称风险，并推动绿色金融产品和服务的创新。另一方面，绿色金融为数字经济提供资金来源和风险管理服务，引导资金流向环保、节能等绿色领域，促进数字经济在绿色、可持续发展方向上的应用和发展，缓解数字经济高质量发展造成的碳排放过高问题，形成数字经济与绿色金融的良性互动关系。总体来看，数字经济与绿色金融都在快速发展中，数字经济为绿色金融提供了有力支撑，而绿色金融推动了经济的绿色可持续发展。两者相互促进，共同为经济注入新的活力。因此，研究黄河流域数字经济与绿色金融高质量发展的耦合关系和协同效应对于黄河流域新质生产力的发展，实现经济可持续发展目标有重要意义。

第一节　引言

一、概念界定

（一）数字经济的概念界定

Tapscott（1996）认为数字经济是一个多维度、跨领域的经济体系，其核心在于数字化的知识和信息作为关键生产要素，现代信息网络作为重要载体，以及ICT的有效使用作为推动力。何枭吟（2013）认为，数字经济的内涵随着技术进步而不断扩展，它不仅涵盖了与数字技术直接相关的特定产业部门，还包括了传统产业通过数字技术融合所带来的产出增加和效率提升部分。

从狭义上讲，Katzenbach 和 Bchle（2019）认为，数字经济是指在社会经济活动中涉及的数字产品、服务和交易等方面。以数字基础设施、数字化平台和数字产品生产商为重要主体，基于信息技术创新，将数字化的信息转化为新生产要素，培育出新的商业模式。陈晓红等（2022）认为，从广义上看，数字经济能够促进数字技术与传统经济和实体经济相融合，以数据要素为核心，对传统经济模式进行升级，改变了传统的生产、流通、交易和分配方式，提升了资源配置效率。

（二）绿色金融的概念界定

Salazar（1998）首次提出了“绿色金融”概念，指出环境金融同时包含了金融产业与环保项目，而环境保护需求能够推动金融工具持续创新。高建良（1998）认为绿色金融一直是服务绿色增长的重要金融力量，借助金融活动的开展，减少温室气体的排放，同时推动环保产业的发展。蒋先玲和张庆波（2017）认为，绿色金融是将环保与金融进行有机结合的金融模式，相较于此前传统的金融活动，绿色金融对生态环境效益更为关注，同时对环保产业的发展也更为重视。中国人民银行、财政部、国家发展改革委等七部委为了引领构建绿色金融体系，在2016年发布的《关于构建绿色金融体系的指导意见》中对绿色金融的内涵作出明确解释：为绿色建筑、绿色交通、环保节能等产业的发展，从风险防控、项目运营、投融资等方面入手提供的金融服务，其目的是提高能源节约效率、应对气候变化、改善生态环境。这也是目前我国关于绿色金融基本含义最为权威的解释，后续我国学者的研究基本认同这一对绿色金融内涵的诠释。因此本书也选择该解释作为绿色金融的内涵。

二、数字经济高质量发展的内涵与作用

（一）数字经济高质量发展的内涵

创新是数字经济高质量发展的核心驱动力。这包括数字产业自身的创新发展与数字赋能传统产业的创新发展，进而推动经济体系变革升级。创新思维贯穿数字经济发展的始终，能够不断拓展数据要素来源，加速要素的流通和重组，形成新的要素组合，催生新的发展模式。数字经济作为新时代的先导性产业，对其他产业的影响更大，能够带动整个经济社会创新和转型发展。在两次工业革命期间，交通运输和电力起到了先导性作用，推动了整个世界的变革。如今，数字经济已经成为新时代的引领者，不断催生新产业、新业态、新模式。数字经济通过数据资源的不断流动和优化配置实现高质量发展，促进区域产业的深度融合，有助于形成更加紧密的产业链、供应链和价值链，推动产业向高端化、智能化、绿色化方向发展。

数字经济的高质量发展可以赋能实体经济高质量发展，数字经济与实体经济的融合发展是实现高质量发展的必然选择。数字经济通过提供新技术、新应用、新业态，为实体经济注入新的动力和活力，推动实体经济向数字化、网络化、智能化方向转型升级。数字经济高质量发展需要保持健康、规范、均衡的发展态势。这意味着要遵循市场规律，加强监管和风险防范，确保数字经济的可持续发展。同时，还需要注重数字经济与实体经济的协调发展，避免数字鸿沟的扩大。

综上所述，数字经济高质量发展的内涵包括创新驱动、引领带动作用、促进区域产业深度融合、赋能实体经济高质量发展以及健康、规范、均衡发展等方面。这些内涵共同构成了数字经济高质量发展的核心要素和关键路径。

（二）数字经济高质量发展的作用

数字经济高质量发展可以激发国内市场需求，数字经济的快速发展提供了多元化的应用平台和丰富的消费场景，能够激发消费者的消费潜力，创造增量的消费需求。数字应用的快速渗透促进了服务业的发展，打破了传统消费市场时间和空间上的制约，为消费者提供了多样化的消费选择和购物渠道，降低了买卖双方的信息不对称程度。此外，数字化技术应用的深化还可以挖掘消费者的消费偏好，为其提供个性化服务，培养消费者的网络消费习惯，有利于优化消费结构。数字经济的高质量发展水平还可以促进区域产业深度融合，数字经济通过创新发展、协调发展、绿色发展、开放发展、共享发展，促进区域产业的深度融合。数据资源不断催生新产业，推动各产业的数字化转型。数字经济的快速发展可以打破行业壁垒，推动传统产业和新兴产业的融合，实现产业的转型升级。数字经济赋能实体经济的新发展，工业领域数字化转型是各产业数字化转型的核心环节。数字经济通过提供数字化解决方案，帮助企业提高生产效率、降低运营成本、优化供应链管理。

目前，数字经济已成为全球经济发展的重要引擎，随着数字技术的快速发展，世界各国不断出台合作倡议，数字经济依托数字技术和新一代 ICT 深刻变革了社会生活和传统经济模式。此外，数字经济还对市场化水平、产业结构优化升级、乡村振兴等方面产生了积极影响，成为推动经济高质量发展的重要力量。

三、绿色金融高质量发展的内涵与作用

（一）绿色金融高质量发展的内涵

绿色金融高质量发展不仅是将环境因素纳入金融决策，更是要在整个金融体系中深入贯彻可持续发展的理念。这意味着金融机构在业务开展、产品创新、风险管理等方面，都要以可持续发展为导向，确保金融活动与环境、社会和经济目标的和谐统一。高质量发展的绿色金融需要提供多元化的绿色金融产品与服务，以满足不同行业、不同项目的绿色融资需求。这包括绿色

信贷、绿色债券、绿色股权、绿色保险等多种产品，以及碳金融、环境权益交易等新兴领域。同时，这些产品和服务还需要具备高度的综合性和创新性，能够灵活适应市场变化和客户需求，提供定制化的解决方案。

由于绿色金融涉及的环境风险较高，因此风险管理是绿色金融高质量发展的关键环节。金融机构需要建立完善的风险管理体系，通过识别、评估、监控和应对环境风险，确保金融业务稳健运行。同时，金融机构还需要积极采取科技手段，提升风险管理的效率和准确性，以应对日益复杂多变的市场环境。高质量发展的绿色金融需要促进绿色产业与金融的深度融合，推动绿色产业的高质量发展。金融机构可以通过提供融资支持、优化金融服务等方式，支持绿色产业的发展壮大，同时也可以通过绿色产业带动金融业务的增长和转型。

在全球化背景下，绿色金融的高质量发展需要加强国际合作与交流。通过与国际金融机构、国际组织等开展合作与交流，可以借鉴国际先进经验和技术，提升我国绿色金融的发展水平。同时，国际合作与交流也有助于推动我国绿色金融的国际化进程，提升我国在全球绿色金融领域的影响力和话语权。政府需要加强对绿色金融的政策引导与支持，制定和完善相关政策法规和标准体系，为绿色金融的发展提供有力保障。同时，政府还需要加强对绿色金融的宣传和普及工作，提高社会各界对绿色金融的认识和参与度。

综上所述，绿色金融高质量发展的内涵是一个综合性的概念，需要在可持续发展理念指导下，通过多元化、综合性的绿色金融产品与服务、强化风险管理、促进绿色产业与金融的深度融合、加强国际合作与交流以及加强政策引导与支持等多个方面的共同努力来实现。

（二）绿色金融高质量发展的作用

绿色金融发展的初衷一方面通过提供绿色信贷、绿色债券等金融产品，引导社会资本流向绿色产业和项目，引领绿色投资方向，吸引更多的投资者关注并参与绿色产业，以投资的良性循环推动绿色经济的持续发展。另一方面，通过制定绿色标准和认证体系，对投资项目进行绿色评估和筛选，确保资金投向真正符合绿色发展要求的项目，降低投资中的潜在环境风险。此外，绿色融资渠道的拓宽为绿色技术的研发和应用提供了必要的资金支持，激发企业绿色技术创新活力、推动绿色技术的广泛应用和普及，助力创新型企业将绿色技术转化为实际生产力，加速推动产业结构升级与经济转型。

在转型过程中，数字经济已成为经济发展的新增长点，但数字经济的发展对能源的需求量大，这种高能耗的特性使数字产业尤其是东部地区的数字产业在快速发展的同时碳排放问题加剧。而在此背景下，绿色金融的高质量发展可以引导资金流向节约资源技术开发和生态环境保护产业，促进环境保护及治理，推动数字经济绿色可持续发展，这与数字经济的核心目标——实现产业智能化和经济高质量发展是一致的。同时，实现绿色金融高质量发展还可以为公众提供更多的环保产品和服务，如绿色保险、绿色基金等，鼓励公众参与环保行动，共同推动生态环境的提高和可持续发展。

四、研究目的与意义

（一）研究目的

黄河流域作为我国的重要经济地带和生态屏障，在经济社会发展中占据着重要地位。2019 年，习近平总书记在郑州提出了黄河流域生态保护和高质量发展的重大国家战略。2021 年，《黄河流域生态保护和高质量发展规划纲要》明确提出，要在黄河流域建设数字化基础设施，促进数字经济与传统经济的融合发展，增强数字化基础设施在经济高质量发展道路上的促进作用。同时，由于黄河流域不同区域间的经济发展状况存在较大差异，绿色金融高质量发展可以为生态环境保护修复项目提供必要的资金支持。黄河流域的产业结构转型升级是实现高质量发展的关键。绿色金融通过引导资金流向绿色、低碳的产业和项目，推动传统产业向绿色低碳方向转型。黄河流域生态保护和高质量发展已经上升为国家战略，绿色金融是响应和贯彻这一国家战略的重要手段，有助于黄河流域的长远发展。由于绿色金融和数字经济发展两个系统是相互关联的，两个系统间的协调作用大于各自单独作用，因此有必要从耦合协调视角探讨二者之间的双向关系，本书试图在数字经济的背景下，对黄河流域的绿色金融高质量发展效应进行深入研究。

（二）研究意义

1. 理论意义

本书分析了黄河流域各省区的绿色金融和数字经济两要素之间的相互作用关系，构建了能全面、准确、客观反映黄河流域区域发展水平的数据指标体系，丰富了绿色金融和数字经济理论内涵，从理论和实证视角研究我国黄河流域各省区绿色金融和数字经济发展水平，为国家推动黄河流域可持续发展及经济高质量发展提供了一定的理论基础和现实依据。现有学者在研究可持续发展时，往往把绿色金融和数字经济拆分开去研究其对生态环境的影响，分别考察它们的作用机制。因此，本书在厘清数字经济与绿色金融内涵的基础上，从耦合视角出发，考察黄河流域绿色金融和数字经济两者之间的关系，论述了数字经济与绿色金融发展的耦合协调机制，有利于完善两者协调发展的理论体系。通过探寻影响两者耦合协调发展的因素，能够了解各因素的影响方向与强度。本书研究了耦合协调发展水平及其时空演化特征，是对已有研究的拓展，丰富了相关理论和实证研究，具有一定的理论意义，为有关部门制定相关政策提供一定参考。

2. 实践意义

黄河流域面积辽阔，横跨我国东西部地区，由于区域间自然资源禀赋以及经济发展基础等存在差异，使得各地区之间的数字经济发展水平以及绿色金融发展水平也存在差异。现阶段，绿色金融高质量发展与数字经济研究大多集中于发展水平测度，涉及二者关系的研究内容较少，且研究区域多集中于发达地区和全国范围，针对黄河流域的绿色金融与数字经济之间耦合协调发展演化趋势缺乏系统研究，为了更好地验证和分析绿色金融与数字经济高质量发展在黄河流域发展过程中所形成的互动机制，本书选取黄河流域具有代表性的地级市，作为开展分析黄河流域绿色金融和数字经济的研究对象，总结借鉴前人的相关研究经验，研究黄河流域经济高质量发展与绿色金融间的耦合协调关系，为黄河流域沿线省份数字经济和绿色金融高质量发展提供相应的理论支撑。通过探究黄河流域各省区绿色金融高质量发展测度和数字经济综合发展水平，为后续提升黄河流域绿色金融资源的配置效率、生态保护效率以及经济社会的发展质量提供借鉴。

第二节　黄河流域数字经济与绿色金融发展现状

一、黄河流域数字经济的发展现状

（一）研究对象和数据来源

目前，黄河流域的地理范围界定并没有一个统一的标准，但本书参照水利部黄河水利委员会的划分标准，同时考虑城市经济高质量发展与黄河流域的相关性、连续性和数据的可获得性，最终选取了黄河流域7个省区的60个地级市作为此次的研究对象，并参考《黄河流域综合规划（2012—2030年）》的划分方法，将这60个地级市分为上、中、下游3个主要区域（见表7-1）。数据来自《中国城市统计年鉴》、CNRDS数据库、Wind数据库等。

表7-1　黄河流域区域划分

区域划分	城市
黄河上游	呼和浩特、包头、乌海、鄂尔多斯、巴彦淖尔、乌兰察布、兰州、金昌、白银、天水、武威、张掖、定西、平凉、庆阳、西宁、银川、石嘴山、吴忠、固原、中卫
黄河中游	太原、大同、阳泉、长治、晋城、朔州、晋中、运城、忻州、临汾、吕梁、西安、铜川、宝鸡、咸阳、渭南、延安、榆林、洛阳、三门峡
黄河下游	郑州、开封、平顶山、安阳、新乡、焦作、濮阳、许昌、商丘、济南、淄博、东营、济宁、泰安、日照、莱芜、聊城、滨州、菏泽

数据来源：《黄河流域综合规划（2012—2030年）》《中国城市统计年鉴》等。

（二）指标体系的构建

本书主要从数字经济基础设施、数字经济产业规模以及数字金融三个方面来构建黄河流域数字经济评价指标体系（见表7-2）。基础设施是数字经济发展的首要前提，主要通过互联网普及率以及移动互联网普及率进行衡量。数字经济产业规模是反映数字经济发展的重要衡量指标，主要从互联网相关从业人员数以及互联网相关产出两个方面来进行测度。数字金融是数字化时代的关键生产要素，为数字经济的发展提供了重要保障，本书主要选用数字普惠金融指数来进行衡量。

表 7-2　数字经济综合发展指标构建

一级指标	二级指标	三级指标	指标说明	预测方向
数字经济综合发展指标	数字经济基础设施	互联网普及率	每百人互联网宽带用户数	正向
		移动互联网普及率	每百人移动电话用户数	正向
	数字经济产业规模	互联网相关从业人员数	计算机服务和软件从业人员占比	正向
		互联网相关产出	人均电信业务总量	正向
	数字金融	数字普惠金融指数	数字普惠金融指数	正向

数据来源：《中国科技统计年鉴》《中国能源统计年鉴》《中国金融年鉴》等。

（三）测算方法

本书借鉴已有文献的研究，采用常见的客观赋权方法（熵值法）进行测度，熵值法的具体过程如下：

若为正向指标：

$$C_{ij}=\frac{b_{ij}-\min(b_{ij})}{\max(b_{ij})-\min(b_{ij})} \tag{7-1}$$

若为负向指标：

$$C_{ij}=\frac{\max(b_{ij})-b_{ij}}{\max(b_{ij})-\min(b_{ij})} \tag{7-2}$$

建立标准化矩阵后，计算每个指标的信息熵，对于第 j 个指标而言，其信息熵的计算公式为：

$$h_{ij}=\frac{c_{ij}}{\sum_{j=1}^{n} c_{ij}} \tag{7-3}$$

$$Q_{ij}=-\frac{1}{\ln n}h_{ij}\ln h_{ij} \tag{7-4}$$

根据所得信息熵及式（7-4）计算各指标的权重，最后由所赋权重与式（7-5）计算得出综合得分：

$$W_{ij}=\frac{1-Q_{ij}}{m-\sum_{i=1}^{m} Q_{ij}} \tag{7-5}$$

$$U_{ij} = \sum_{j=1}^{n} W_{ij} c_{ij} \tag{7-6}$$

(四) 数字经济时间演变分析

基于前文构建的指标体系，并利用熵值法进行测度，如图 7-1 所示，反映了 2012 年、2017 年以及 2022 年绿色金融发展情况、数字经济发展变化趋势。

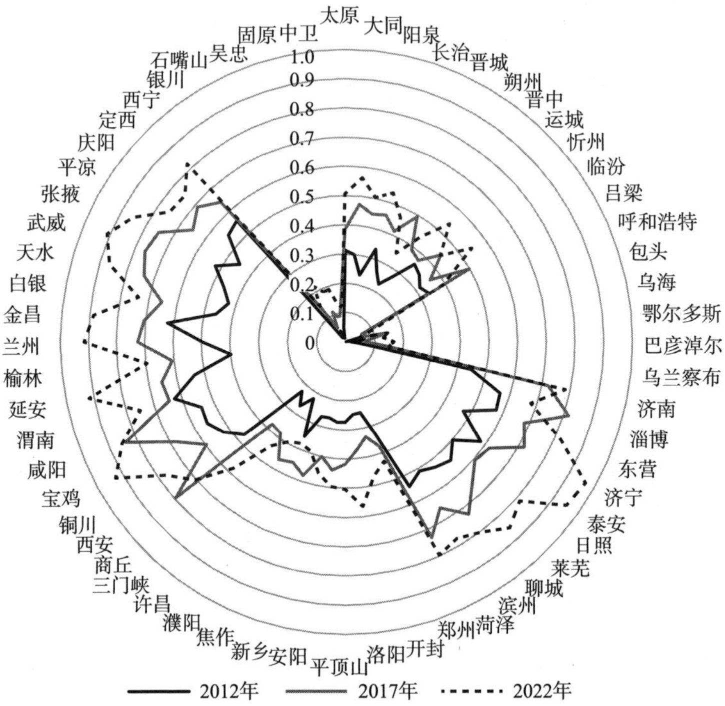

图 7-1　黄河流域数字经济综合发展指数

数据来源：由笔者测算而得。

由图 7-1 可知，黄河流域 60 个地级市发展数字经济成效显著。从黄河流域各地级市 2022 年数字经济发展指数来看，位居前五的地级市依次是济宁市、泰安市、宝鸡市、延安市、兰州市，位于发展的第一梯队，数字经济发展较快的地级市所在地主要位于山东省、陕西省以及甘肃省；山西省和河南省位于发展的第二梯队，发展相对有不小差距；宁夏回族自治区、青海省西宁市以及内蒙古自治区的表现依旧落后。黄河流域是我国重要的生态屏障，也是"一带一路"

陆路的重要地带，水资源相对缺乏、生产力布局不合理、生态系统失衡、传统产业结构落后等问题一直制约着黄河流域经济的高质量发展，发展数字经济有助于黄河流域传统产业转型升级，减少能耗与污染，产出增长、效率提高、质量提升，改变粗放式经济增长模式，使劳动密集型和以重工业为主的产业结构转向高级化阶段，提高生产要素配置效率，从而促进黄河流域经济高质量发展。

如图 7-2 所示，从平均数上看，数字经济发展指数由 2012 年的 0.34 上升到 2022 年的 0.56；从中位数上看，数字经济发展指数由 2012 年的 0.33 上升到 2022 年的 0.54，分别增长了 66%和 62.7%。2012—2022 年黄河流域整体的数字经济发展水平呈上升趋势。2012—2015 年发展趋势迅猛，2015—2021 年趋于平缓，2022 年甘肃省地级市数字经济发展方面具有很大的飞跃，但宁夏回族自治区发展远远落后，造成黄河上游地区的数字经济发展水平均值较低，可能的原因是地理环境影响、自然资源少、水资源短缺以及主要以高污染资源型产业为主，绿色金融的发展受到刚性约束。

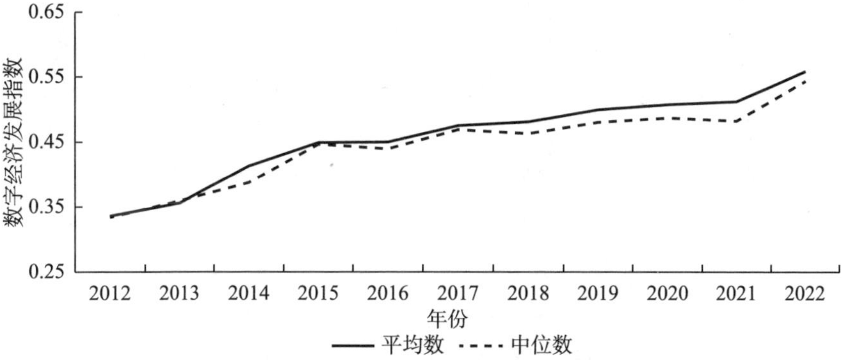

图 7-2 2012—2022 年黄河流域地级市数字经济发展趋势

数据来源：由笔者测算而得。

如图 7-3 所示，分流域来看，下游地区和中游地区的数字经济发展水平差距较小，下游地区的数字经济发展水平略高于中游地区，但上游地区的数字经济发展水平明显落后于中下游地区。可能的原因在于中下游地区基础设施较为完善，地理环境较为优越，传统产业尤其是农业和工业整体发展规模和质量较高，而上游地区的自然地貌比较特殊，长期存在可用于建设土地的有限性和经济发展用地需求的内在矛盾，技术创新改革和资金投入量不足，数字基础设施也尚未完善，产业结构单一等。此外，黄河流域的快速发展离不开相关政策以及大环境的影响。相关政策多次强调通过激活创新要素、发展数字经济解决黄河流域工业化基础薄弱、生态环境恶化等关键问题，市场行业环境等都积极推进数字化转型，不断实现产业结构升级，促进经济高质量发展。同时以互联网、大数据为核心内容的信息技术快速发展与普及也使黄河流域各省区纷纷加快数字经济基础设施的建设与有效运用，加大人才引进力度，进而有效提升了黄河流域数字经济的发展水平。

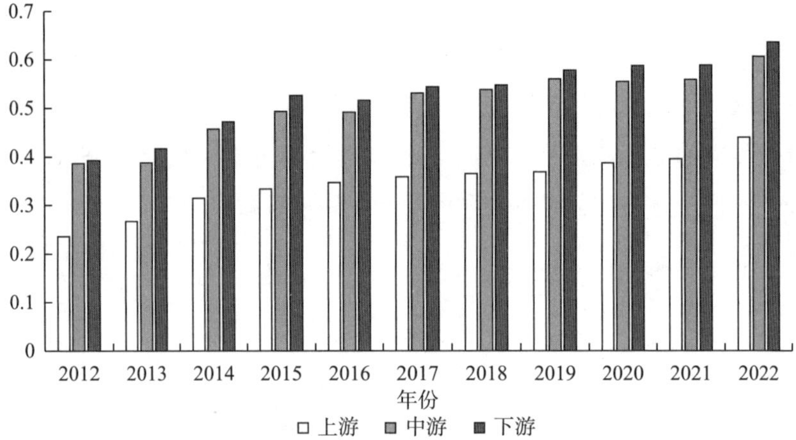

图 7-3　2012—2022 年黄河流域上游、中游、下游数字经济发展水平均值

数据来源：由笔者测算而得。

（五）数字经济空间演变分析

为了解黄河流域数字经济发展水平空间分布特征，本章运用 ArcGIS10.2 软件，将黄河流域 60 个地级市 2012 年、2017 年以及 2022 年的数字经济发展综合指数进行可视化，根据自然间断点分级法划分为 10 个等级，颜色越深，代表数字经济发展水平越高。

2012 年黄河流域数字经济发展指数排名前三的地级市分别是渭南、金昌、泰安，但其与周围地级市数字经济发展水平相比差距并不大，数字经济发展水平较低的地级市基本分布于宁夏回族自治区及内蒙古自治区。与 2012 年相比，2017 年黄河流域所有地级市的数字经济发展水平都有了进一步提升，但发展依旧不平衡，相对落后的地级市依旧是上述 3 个地区，相比之下，山东、陕西以及甘肃的发展处于较高水平，其中咸阳、淄博以及西安数字经济发展指数名列前茅。从 2022 年的图例来看，数字经济发展水平在进一步提升，与 2012 年相比发展明显，说明近 10 年来黄河流域各地级市非常重视数字经济的发展，积极提出并落实有关促进数字经济发展的相关政策，使黄河流域数字经济发展水平有了质的飞跃。

2022 年，济南、泰安、宝鸡、延安、兰州、武威等市数字经济发展排名靠前，与其他各地级市的差距较 2012 年明显缩小，数字经济发展水平较高的地级市依旧集中在陕西、山东以及甘肃，山西以及河南的大部分地级市与其相比发展较为缓慢，内蒙古有部分地区发展速度较快，如巴彦淖尔，但其他地区发展依旧落后。西宁、白银、固原、中卫以及吴忠等市发展停滞不前，近 10 年来发展并无太大变化。虽然黄河流域近 10 年来数字经济发展水平不断提升，但从空间上看，黄河流域 60 个地级市数字经济发展水平极不平衡，上游、中游、下游差距依旧较大，各区域省市之间也有较大差距，并没有形成区域协同一体的发展格局。

二、黄河流域绿色金融的发展现状

（一）指标体系的构建

本书从绿色权益、绿色证券、绿色投资、绿色支持以及绿色保险五个方面来测算绿色金融发展水平。具体指标体系构建及测算方法如表 7-3 所示。

表 7-3　绿色金融指标体系构建及测算方法

	一级指标	二级指标	指标说明	预测方向
创新发展	绿色权益	绿色权益发展深度	碳交易、排污权交易/权益市场交易总额	正向
开放发展	绿色证券	绿色债券发展程度	绿色债券发行总额/所有债券发行总额	正向
		绿色基金占比	绿色基金总市值/所有基金总市值	正向

续表

	一级指标	二级指标	指标说明	预测方向
绿色发展	绿色投资	绿色贷款占比	该市环保项目信贷总额/全市信贷总额	正向
		节能环保支出占比	节能环保财政支出/财政支出总额	正向
协调发展	绿色支持	环境污染治理投资占比	环境污染治理投资额/GDP	正向
共享发展	绿色保险	环境污染责任保险推广程度	环境污染责任保险收入/总保费收入	正向

数据来源：《中国金融年鉴》《中国工业统计年鉴》等。

（二）绿色金融时间演变分析

基于前文构建的指标体系，同样利用熵值法进行测度。图 7-4 反映了 2012 年、2017 年以及 2022 年的绿色金融发展情况。

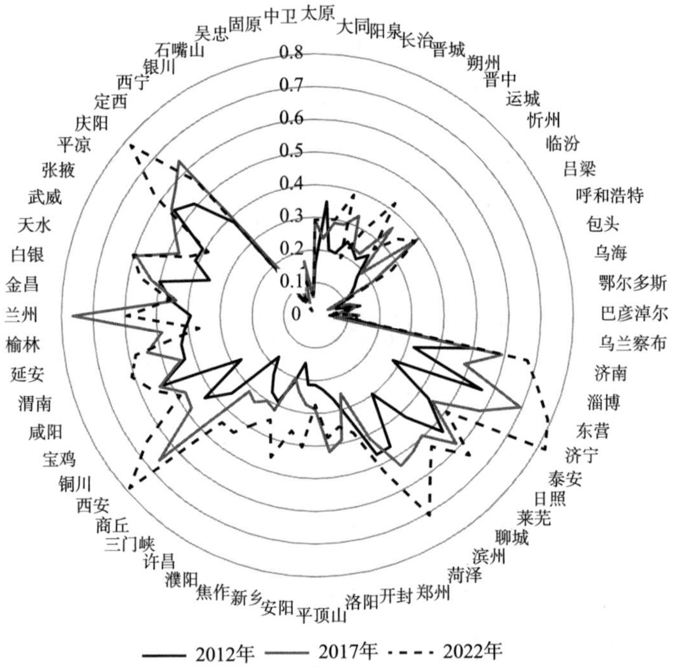

图 7-4　黄河流域绿色金融综合发展指数

数据来源：由笔者测算而得。

从总体上看，黄河流域各地级市绿色金融发展的规模逐渐扩大。2022 年，济宁、西安、菏泽、庆阳等市表现较为突出，绿色金融发展水平较高的地级市主要集中在山东、陕西以及甘肃，且山东整体发展较快，可能的原因在于其自身地理条件好且绿色金融发展起步早，产品规模大，资金主要用于基础设施的绿色升级、清洁能源发展等方面。山西和河南绿色金融发展水平较近，位于发展的第二梯队，内蒙古、宁夏以及青海省西宁市发展较为落后。黄河流域是经济发展的核心地带，虽然具有丰富的能源及矿产资源，但面临生态环境脆弱、水土流失严重、水资源短缺的约束，同时传统式的加工和开采导致植被覆盖率逐渐降低，土地沙漠化等问题严重，依靠重工业发展的传统产业结构也对环境造成破坏性影响。绿色金融可以同步优化资源配置为生态环境治理提供多元化的融资渠道，加强对绿色产业的资金支持，提高黄河流域生态治理水平，所以黄河流域各地级市发展绿色金融能够实现生态和经济的“双赢”局面。

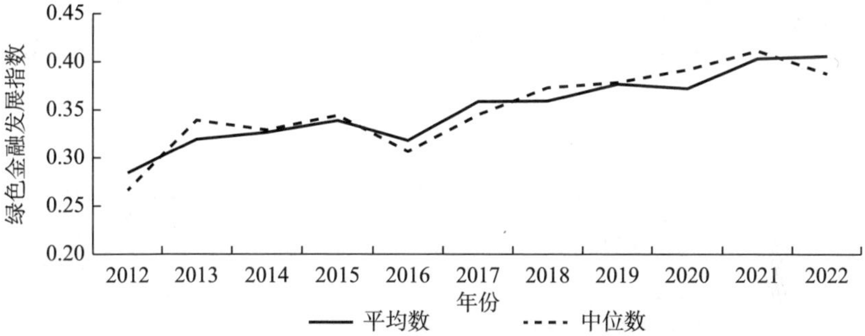

图 7-5　2012—2022 年黄河流域绿色金融发展趋势

数据来源：由笔者测算而得。

如图 7-5 所示，从平均数上看，绿色金融发展指数由 2012 年的 0.28 上升到 2022 年的 0.41；从中位数上看，绿色金融发展指数由 2012 年的 0.27 上升到 2022 年的 0.39，分别增长了 43%和 46%，在 2016 年出现了明显的下降。同年，中国人民银行等部门联合印发了《关于构建绿色金融体系的指导意见》，各地区开始加强对绿色金融发展的重视，并在政策的引领下，逐步完善绿色金融体系，根据自身的实际情况和需求制定了更加具体的绿色金融政策规划，推动绿色金融发展水平从 2016 年后保持一个增长趋势。

如图 7-6 所示，分流域来看，上游地区的绿色金融发展水平远低于中游和下游地区，中游和下游地区发展差距较小。总体来看，下游地区的绿色金融发展水平稍高于中游地区，但在2015年、2016年，中游地区的绿色金融发展水平高于下游地区，且从发展趋势来看，不同区域的绿色金融发展水平一直在上下波动，但总体呈上升趋势。上游地区增长幅度相对较小，中游和下游地区增幅相对较大。

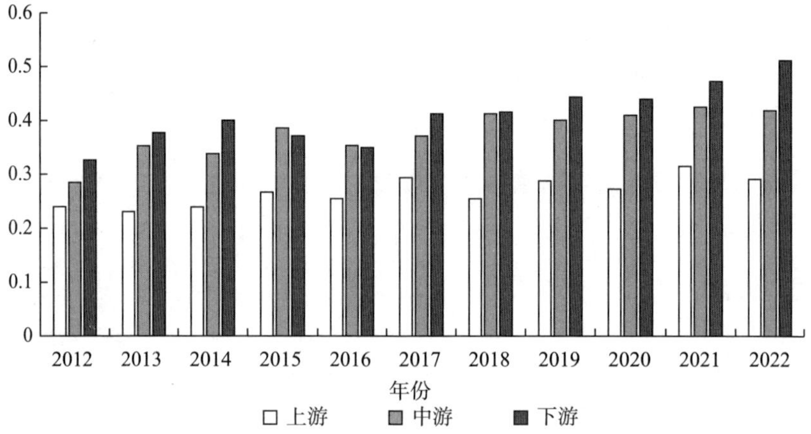

图7-6　2012—2022年黄河流域上游、中游、下游绿色金融发展水平

数据来源：由笔者测算而得。

（三）绿色金融空间演变分析

为了解黄河流域绿色金融发展水平空间分布特征，同样运用ArcGIS10.2软件，将黄河流域60个地级市2012年、2017年以及2022年的绿色金融发展指数进行可视化，根据自然间断点分级法划分为10个等级，颜色越深，代表绿色金融发展水平越高。

2012年黄河流域绿色金融发展指数排名前五的地级市分别是东营、平凉、日照、咸阳、庆阳，绿色金融发展水平较低的地级市基本分布于宁夏和内蒙古，青海只有西宁市属于黄河流域，可以看出绿色金融发展水平同样较低。与2012年相比，2017年黄河流域所有地级市的绿色金融发展水平都有了进一步提升，但发展依旧不平衡，相对落后的地级市依旧是上述5个地区，相比之下，山东、陕西以及甘肃发展处于较高水平，排名前五的地级市依次是兰州、东营、西安、定西以及天水，可见甘肃省地级市表现突出，究其原因在于甘肃省是国家重要的综合能源基地和陆上能源输送大通道，风能、太阳能等可持续发展资源丰富，其技术可开发量也居于全国前列，发展新能源产业具有天然优势，与绿色金融发展理念不谋而合。从 2022 年的图例来看，绿色金融发展取得显著成效，说明近 10 年来各地级市非常重视生态环境保护以及经济的绿色发展，同年济宁、东营、西安、庆阳、淄博等市绿色金融发展排名靠前。

黄河流域绿色金融发展水平不断提升，但从空间上看，黄河流域 60 个地级市绿色金融发展水平极不平衡，发展水平较高以及发展速度较快的地级市主要集中在山东、陕西以及甘肃，内蒙古、宁夏以及青海省西宁市与其相比差距明显。内蒙古以及宁夏风能、光能等自然资源丰富，绿色金融拥有很大的发展空间，但目前与其他地区差距明显的原因可能在于其产业依旧依赖于化工等重污染产业，金融业发展不完善，绿色项目产业投资周期长、回报率不明确，导致银行类金融机构出现想贷不能贷的现象，同时政府财力有限，补助资金不足以弥补项目资金缺口。所以，各级政府应该积极推出并落实相关政策，发掘自身优势，让绿色金融更好地服务于生态环境保护以及实体经济高质量发展。

三、存在的问题

（一）数字经济发展差异大、基础设施不完善

从上述分析中可以看出，黄河流域数字经济发展水平呈现“下强中次上弱”的状态。一方面，数字经济的发展依赖于基础设施建设，但黄河流域自然地理环境的特殊性使基础设施建设不能顺利开展。另一方面，各区域城市之间经济发展水平差距大，导致对于信息基础设施建设投入差距大，基础设施（如网络覆盖、信息技术设施等）有所欠缺，导致部分地区城市信息化建设水平弱、数字经济发展缓慢。

（二）绿色金融发展动能不足

金融市场发展程度受经济发展水平影响，沿黄经济欠发达地区产业布局相对

落后与人才引力不足均导致其金融创新能力不足，无法满足生态治理和经济发展相关的多样化融资需求。尽管2020年中央将黄河流域生态保护和高质量发展战略提升为国家战略，但目前黄河流域绿色金融供给与其生态保护和治理对金融的需求存在结构性矛盾。一方面，黄河流域生态保护和环境治理项目多为公益性项目，项目本身缺乏或者没有现金流入。另一方面，以第一、第二产业为主的黄河流域产业转型需要投入较长时间以及长期的资金供给，银行类金融机构的逐利性使其投资意愿降低，加之经济落后地区政府财力有限，财政补助资金不足以弥补项目资金缺口，造成黄河流域金融发展相对落后的地区绿色金融发展更加缓慢。

（三）绿色金融与数字经济的合力不够

数字经济在转型过程中带来了经济增长新动能，同时也带来新的碳排放问题。随着“东数西算”工程的持续推进，沿黄城市在发展进程中必然会面对长、短期效益的抉择，尤其是经济欠发达地区。抓短期谋发展、加大力度推进数字基础设施建设危害本就脆弱的生态系统，看长期可持续却难以走出短期经济困境。面对发展矛盾，在政绩压力下政府管理容易形成顾此失彼的发展策略，西部地区高居不下的弃风弃光率就是有力的印证。若数字经济与绿色金融在资源配置方面协同发力，既通过即插即用解决了风、光发电储能导致的弃风弃光问题，也实现了地区数字经济发展的碳排放脱钩。

第三节　黄河流域数字经济与绿色金融发展的耦合效应

一、数字经济与绿色金融的协调状况

（一）耦合协调机制

作为未来经济与社会发展的重要形式，数字经济与绿色金融的多元场景融合将助力我国经济高质量发展，如图7-7所示。

由图7-7可知，数字经济和绿色金融之间存在密切的协调发展关系，数

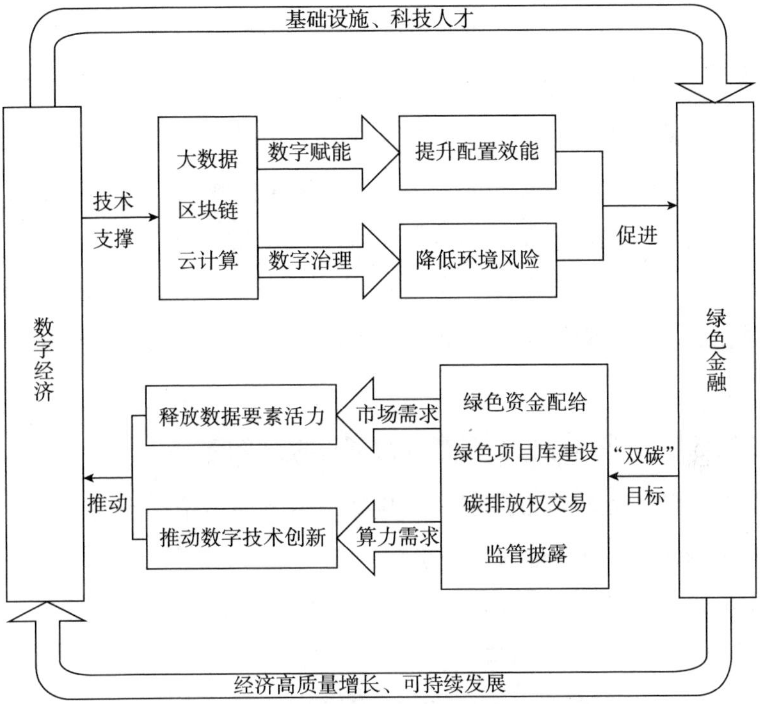

图 7-7　数字经济与绿色金融协调机制

字经济与绿色金融构成耦合系统，两者之间相互联系、相互影响。数字经济的发展是绿色金融体系建设的有力抓手，同时绿色金融践行的绿色低碳发展理念也是拓宽数字经济应用领域、促进数字经济健康发展的主要推手。

数字经济提升绿色金融效能。一方面，数字经济的发展为绿色金融注入了新的业务模式和合作方式，促进了绿色金融市场的创新和发展。在数字技术的加持下为创业者和新创企业精准提供新型的绿色金融产品和服务，如基于区块链的碳排放交易平台、智能能源管理系统等。另一方面，数字技术改进了绿色金融产品和服务的设计与决策过程。基于大数据分析和人工智能提供的环境数据和指标，建立了科学系统的评估和管理环境风险体系，在有效遏制“漂绿”风险的同时健全了信息披露和透明度机制，增强了绿色金融发展的稳定性与韧性。

绿色金融促进数字化转型有序发展。大力发展数字经济是面对产业结构升级与科技变革的战略选择，也是提升绿色发展效率的有效“工具”。但发展数字经济和新型基础设施建设，并不意味着绝对意义上的低碳。数字经济所依赖的是以运算速度、存储能力和智能化水平为基础的数字化技术，而受到“不可能三角”的制约，数字技术的安全性、速度和能耗不可能同时达到最优，但以高能耗为代价平衡前两者则背离了可持续发展理念。而绿色金融的协同一方面通过资源配置手段为数字经济发展供给“绿电”；另一方面，绿色金融领域的数字化需求则进一步赋能数字经济创新，真正实现数字经济新阶段的绿色发展。

（二）数字经济与绿色金融耦合协调度模型构建

为了表征黄河流域城市数字经济与绿色金融的作用关系，本书引入耦合协同模型来衡量两者的协调发展程度。

黄河流域城市数字经济与绿色金融的耦合形式如式（7-7）所示，其中，U_1、U_2 分别代表数字经济与绿色金融两个不同的子系统，耦合度 C 值介于 0 到 1 之间，且 C 值越接近 1，表明黄河流域城市数字经济与绿色金融两个子系统彼此影响作用越强；C 值越趋向于 0，表明黄河流域城市数字经济与绿色金融两个子系统相互作用越小。但耦合度只能用来判别两个子系统之间作用的强度，不能反映整体“功效”与协同效应。因此需进一步通过测度两系统间的耦合协调度来反映黄河流域城市数字经济与绿色金融的整体协同效应。

$$C=2\times[U_1U_2/(U_1+U_2)]^{\frac{1}{2}} \tag{7-7}$$

$$T=\alpha\times U_1+\beta\times U_2 \tag{7-8}$$

$$D=\sqrt{C\times T} \tag{7-9}$$

计算耦合协调度（D）之前要对黄河流域城市数字经济与绿色金融综合协调指数（T）进行测度，用来反映两个子系统之间的整体协同效应或贡献。式（7-8）中，α、β 分别表示两个子系统数字经济与绿色金融的待定权重系数，且 $\alpha+\beta=1$。两系统相互作用，因此结合相关研究，本书赋予 $\alpha=\beta=0.5$。式（7-9）中，D 表示数字经济与绿色金融的耦合协调度，用在 0 到 1 之间的数值体现两个子系统协调状况的好坏，表征黄河流域城市数字经济与绿色金融之间是在高水平上相互促进还是低水平上相互制约。

耦合协调度计算完成后，按照表 7-4 中的 5 种类型来区分耦合协调度。

表 7-4　耦合协调度评价等级

D	0<D≤0.2	0.2<D≤0.4	0.4<D≤0.6	0.6<D≤0.8	0.8<D≤1
类型	失调	濒临失调	勉强协调	中度协调	高度协调

根据上述方法得到 2012—2022 年黄河流域 60 个地级市数字经济与绿色金融的耦合协调度，并将 2012 年、2017 年与 2022 年的耦合度与耦合协调度直观地展示在图 7-8 中。

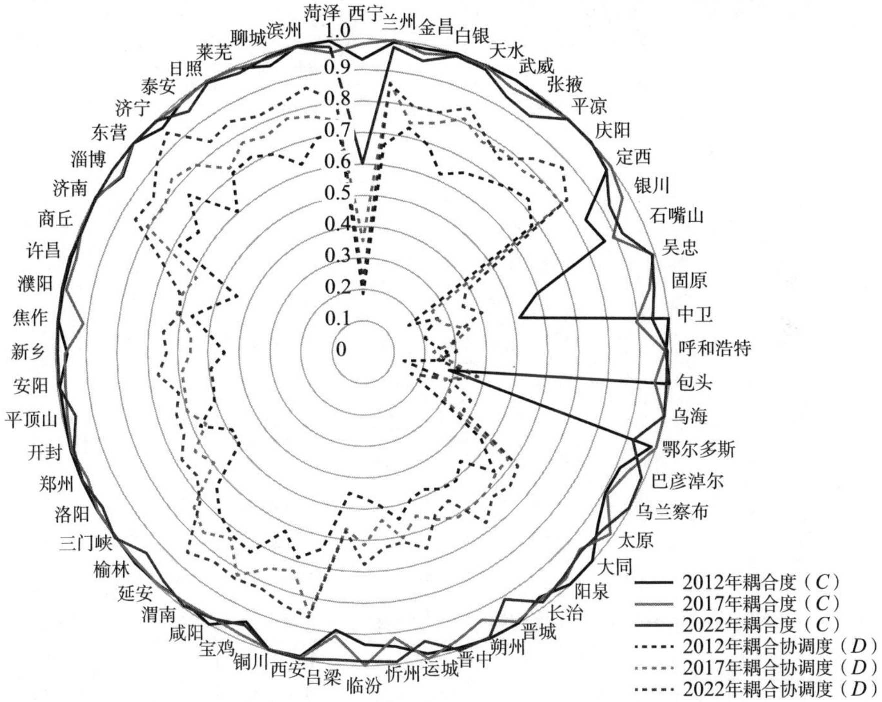

图 7-8　黄河流域城市数字经济与绿色金融耦合度与耦合协调度

数据来源：由笔者测算而得。

由图 7-8 可知，两系统耦合度普遍较高，耦合协调度均低于耦合度且存在明显差异。耦合度较高表明黄河流域城市数字经济与绿色金融之间存在很强的相互作用，但无法确定这种相互作用是正向的还是负向的。10 年间，两系统的耦合协调度呈现逐年上升的趋势，说明黄河流域城市数字经济与绿色金融发展越来越趋向于协同发展。但具体来看，各地市呈现明显的异质性，仅有上游流经甘肃省与下游流经山东省的各市处于高度协调状态；耦合协调度较低（$D\leqslant 0.4$）的城市集中在宁夏—内蒙古沿黄流域，表明该流域两个系统之间的良性耦合程度较低，也就是说两个系统处于低水平的相互制约状态，而不是高水平的相互促进状态。根据河道流经区的自然环境和水文情况，将黄河分为上游、中游、下游，各流域及流经城市的数字经济与绿色金融协同结果见表 7-5。

表 7-5　黄河流域城市数字经济与绿色金融耦合协调概况

流域	城市	2012 年		2017 年		2022 年	
上游	呼和浩特市	0.2721	濒临失调	0.2275	濒临失调	0.3024	濒临失调
	包头市	0.2595	濒临失调	0.2833	濒临失调	0.2431	濒临失调
	乌海市	0.1344	失调	0.3775	濒临失调	0.3793	濒临失调
	鄂尔多斯市	0.2830	濒临失调	0.2777	濒临失调	0.2941	濒临失调
	巴彦淖尔市	0.1695	失调	0.3077	濒临失调	0.3803	濒临失调
	乌兰察布市	0.2690	濒临失调	0.3031	濒临失调	0.3724	濒临失调
	兰州市	0.6642	中度协调	0.8623	高度协调	0.8589	高度协调
	金昌市	0.7304	中度协调	0.7458	中度协调	0.7991	中度协调
	白银市	0.6921	中度协调	0.7667	中度协调	0.8024	高度协调
	天水市	0.6205	中度协调	0.8131	高度协调	0.8500	高度协调
	武威市	0.6598	中度协调	0.7732	中度协调	0.7957	中度协调
	张掖市	0.6786	中度协调	0.7856	中度协调	0.7586	中度协调
	平凉市	0.7050	中度协调	0.7764	中度协调	0.8278	高度协调
	庆阳市	0.7260	中度协调	0.7978	中度协调	0.8742	高度协调
	定西市	0.6798	中度协调	0.8004	高度协调	0.8208	高度协调
	西宁市	0.1861	失调	0.3544	濒临失调	0.2235	濒临失调
	银川市	0.1702	失调	0.2599	濒临失调	0.3847	濒临失调
	石嘴山市	0.2647	濒临失调	0.2610	濒临失调	0.3537	濒临失调
	吴忠市	0.2192	濒临失调	0.2824	濒临失调	0.4057	勉强协调
	固原市	0.2061	濒临失调	0.3511	濒临失调	0.3185	濒临失调
	中卫市	0.2269	濒临失调	0.2991	濒临失调	0.2924	濒临失调

续表

流域	城市	2012 年		2017 年		2022 年	
中游	太原市	0.4694	勉强协调	0.5794	勉强协调	0.6193	中度协调
	大同市	0.5691	勉强协调	0.5780	勉强协调	0.6393	中度协调
	阳泉市	0.4679	勉强协调	0.5984	勉强协调	0.6227	中度协调
	长治市	0.5081	勉强协调	0.6035	中度协调	0.6743	中度协调
	晋城市	0.5045	勉强协调	0.6088	中度协调	0.5472	勉强协调
	朔州市	0.4794	勉强协调	0.5851	勉强协调	0.5685	勉强协调
	晋中市	0.4930	勉强协调	0.5489	勉强协调	0.6585	中度协调
	运城市	0.5447	勉强协调	0.6057	中度协调	0.6192	中度协调
	忻州市	0.4926	勉强协调	0.5390	勉强协调	0.6263	中度协调
	临汾市	0.4660	勉强协调	0.6154	中度协调	0.6771	中度协调
	吕梁市	0.4520	勉强协调	0.5649	勉强协调	0.5731	勉强协调
	西安市	0.6397	中度协调	0.8518	高度协调	0.8632	高度协调
	铜川市	0.6879	中度协调	0.7318	中度协调	0.8451	高度协调
	宝鸡市	0.6220	中度协调	0.7528	中度协调	0.8213	高度协调
	咸阳市	0.7337	中度协调	0.8191	高度协调	0.8317	高度协调
	渭南市	0.7206	中度协调	0.7315	中度协调	0.8221	高度协调
	延安市	0.6927	中度协调	0.7714	中度协调	0.8541	高度协调
	榆林市	0.6371	中度协调	0.7363	中度协调	0.7101	中度协调
	三门峡市	0.4950	勉强协调	0.5958	勉强协调	0.6639	中度协调
	洛阳市	0.4890	勉强协调	0.6276	勉强协调	0.6790	中度协调
下游	郑州市	0.5757	勉强协调	0.5549	勉强协调	0.6351	中度协调
	开封市	0.5037	勉强协调	0.5991	勉强协调	0.6356	中度协调
	平顶山市	0.4922	勉强协调	0.5890	勉强协调	0.6100	中度协调
	安阳市	0.4931	勉强协调	0.5897	勉强协调	0.6699	中度协调
	新乡市	0.4458	勉强协调	0.5578	勉强协调	0.6375	中度协调
	焦作市	0.4901	勉强协调	0.5580	勉强协调	0.6505	中度协调
	濮阳市	0.5647	勉强协调	0.6150	中度协调	0.6033	中度协调
	许昌市	0.4958	勉强协调	0.6126	中度协调	0.6227	中度协调
	商丘市	0.4432	勉强协调	0.5862	勉强协调	0.7108	中度协调
	济南市	0.6851	中度协调	0.8081	高度协调	0.8522	高度协调
	淄博市	0.6531	中度协调	0.7939	中度协调	0.8381	高度协调

续表

流域	城市	2012 年		2017 年		2022 年	
下游	东营市	0.7545	中度协调	0.8294	高度协调	0.8971	高度协调
	济宁市	0.6024	中度协调	0.8057	高度协调	0.9441	高度协调
	泰安市	0.7088	中度协调	0.7262	中度协调	0.8316	高度协调
	日照市	0.7189	中度协调	0.7724	中度协调	0.8502	高度协调
	莱芜市	0.6921	中度协调	0.7559	中度协调	0.8243	高度协调
	聊城市	0.6301	中度协调	0.7833	中度协调	0.8359	高度协调
	滨州市	0.6973	中度协调	0.7681	中度协调	0.8610	高度协调
	菏泽市	0.7089	中度协调	0.7414	中度协调	0.8039	高度协调

数据来源：由笔者测算而得。

由表 7-5 可知，在 10 年的发展进程中，仅黄河上游地区还存在部分城市未达到协调状态，中游地区城市基本实现中度协调，下游地区有超过 50%的城市已达到高度协调。由图 7-9 的耦合趋势可知，全流域正向高质量的高度协调状态奋进。

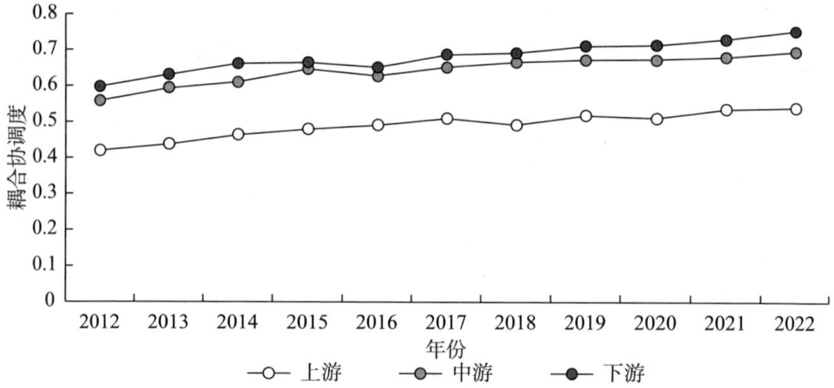

图 7-9　黄河流域上游、中游、下游数字经济与绿色金融耦合协调趋势

数据来源：由笔者测算而得。

二、数字经济与绿色金融发展的耦合效应

表 7-5 和图 7-9 的结果表明，黄河中下游城市数字经济与绿色金融发展耦合协调等级相差不大，相较而言，上游城市与其还存在不小差距，为了更加深

入地探索各地的发展类型，本书基于样本城市的数字经济指数与绿色金融发展指数进行分类，以便有针对性地为不同类型区域提出相应的建议，有利于后期制定不同的多元发展战略。鉴于两个独立系统之间的差异性，本书将各城市各年份数字经济指数与绿色金融发展指数分别进行标准化，记为 x'_{ij} 与 y'_{ij}，若 $x'_{ij}>y'_{ij}$，则将其划分为数字型优于绿色型，反之则将其划分为绿色型优于数字型。进一步地，令：

$$z_{ij}=x'_{ij}+y'_{ij} \tag{7-10}$$

若 z_{ij} 排名前十，则认为该地区为综合评价较高发展水平类型；若排名后十，则认为该地区为较低发展水平类型，其余地区属于中等发展水平，具体划分结果如表 7-6 所示。

表 7-6 沿黄城市数字经济与绿色金融耦合发展水平

发展类型	发展水平	2012 年	2017 年	2022 年
数字型优于绿色型	高水平	金昌、渭南、泰安、滨州、菏泽	天水、庆阳、济南、淄博、济宁、西安、咸阳	兰州、天水、济宁、延安、日照
	中等水平	兰州、天水、武威、张掖、定西、淄博、济宁、莱芜、聊城、洛阳、平顶山、安阳、新乡、焦作、濮阳、三门峡、商丘、太原、阳泉、长治、晋城、朔州、晋中、运城、忻州、临汾、吕梁、西安、铜川、宝鸡、咸阳、延安	金昌、白银、武威、张掖、平凉、泰安、莱芜、聊城、滨州、菏泽、郑州、平顶山、安阳、新乡、焦作、濮阳、许昌、三门峡、商丘、太原、大同、阳泉、长治、晋城、朔州、晋中、忻州、吕梁、铜川、宝鸡、渭南、延安、榆林	金昌、白银、武威、张掖、平凉、定西、银川、泰安、莱芜、聊城、菏泽、开封、洛阳、平顶山、安阳、新乡、商丘、太原、大同、阳泉、长治、晋城、朔州、运城、忻州、临汾、吕梁、宝鸡、咸阳、渭南、榆林
	低水平	呼和浩特、包头、鄂尔多斯、巴彦淖尔、西宁、银川、中卫	呼和浩特、乌兰察布、西宁、石嘴山、吴忠、中卫	鄂尔多斯、西宁、石嘴山、固原、中卫
绿色型优于数字型	高水平	平凉、庆阳、东营、日照、咸阳	兰州、定西、东营	庆阳、济南、东营、滨州、西安
	中等水平	白银、吴忠、固原、济南、郑州、开封、许昌、大同、榆林	乌海、固原、日照、开封、洛阳、运城、临汾	吴忠、淄博、郑州、焦作、濮阳、许昌、三门峡、朔州、晋中
	低水平	乌海、乌兰察布、石嘴山	包头、鄂尔多斯、巴彦淖尔、银川	呼和浩特、包头、乌海、巴彦淖尔、乌兰察布、铜川

数据来源：由笔者测算而得。

从具体划分结果来看，整体上黄河流域城市数字经济发展水平要优于绿色金融发展水平。一方面，由于数字经济与绿色金融的战略地位不同，数字经济事关经济增长动能，绿色金融事关经济可持续发展，从经济增长的角度来看，前者相对处于优先级。另一方面，当前绿色金融主要以绿色信贷为代表的差异化的信贷政策为主要抓手，而当前沿黄城市经济发展主要以传统工业产业为主，而惩罚性的信贷利率并不利于传统工业产业发展，甚至对地方经济形成的潜在掣肘之力导致沿黄城市绿色金融发展较数字经济而言相对滞后。

对图 7-10 进行分析可以发现，高水平发展类型城市在黄河全流域分布相对均匀，确保了上、中、下游各地区都有可借鉴推广的模板。但各城市不同的自然禀赋与发展基础决定了其数字经济与绿色金融在协同过程中的不协调。尤其反映在上游城市，随着国家“十四五”期间“东数西算”工程的逐步推进，上游城市绿色金融本应在可再生能源优势的加持下获得长足进步，但地区越来越高的弃风弃光率说明发展相对滞后的绿色金融不仅导致了资源配置低效，也造成了其数字经济与绿色金融的协同关系失当、发展差距逐渐拉大。除此之外，中游地区太原—西安—洛阳沿线集中的资源型城市在过去很长一段时间经济主要依靠化石能源，导致经济转型“尾大不掉”、绿色金融纵深发展空间受限，又恰逢数字经济发展新机遇地方政府容易厚此薄彼，忽略发掘绿色金融工具新机遇下的新潜能，造成二者联系匹配关系不强、未能形成互利共生的发展动能。对于下游城市，数字经济与绿色金融的发展差距逐步缩小，说明在数字基础设施建设与数字化产业逐步发展过程中，绿色金融作为支持数字经济发展的配套政策也得到了长足的进步与完善。

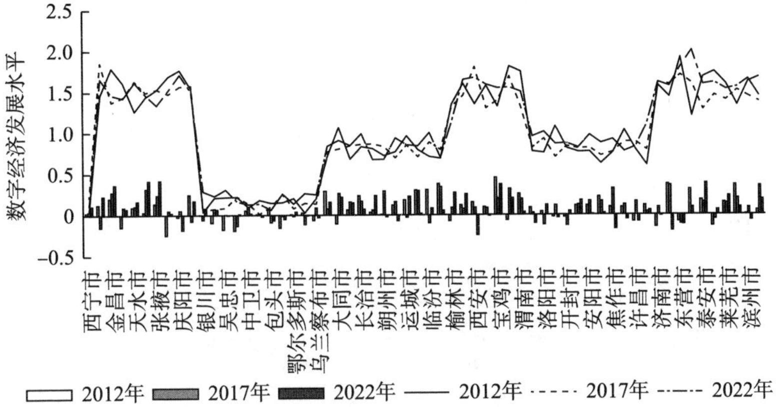

图 7-10　沿黄城市数字经济与绿色金融耦合发展差异

数据来源：由笔者测算而得。

第四节　黄河流域数字经济与绿色金融发展的空间演化

一、数字经济与绿色金融融合发展的空间差异性分析

前文分析了数字经济与绿色金融之间的协同作用，为了进一步研究数字经济与绿色金融之间的空间异质性，本书将通过基尼系数、核密度估计和马尔可夫链分析法对数字经济与绿色金融的耦合协调度进行更为深入的分析。这些分析将提供更加全面的视角，以揭示黄河流域在数字经济背景下实现绿色金融的高质量发展状况。

（一）数字经济与绿色金融耦合协调度差异来源

如表 7-7 所示，基尼系数整体数据反映了数字经济背景下 2012—2022 年黄河流域上、中、下游绿色金融高质量发展的整体趋势。黄河流域绿色金融高质量发展在考察期间呈现起伏波动趋势，但整体表现出逐步增强的协调发展趋势。

表 7-7　数字经济与绿色金融耦合协调度整体基尼系数

年份	组内	组间	超变密度
2012	0.051957 (27.8637)	0.073061 (39.1813)	0.061451 (32.9556)
2013	0.047355 (27.3355)	0.076016 (43.8768)	0.049865 (28.7845)
2014	0.048356 (27.4883)	0.073636 (41.8559)	0.053922 (30.6527)
2015	0.045656 (26.8035)	0.068329 (40.1141)	0.056352 (33.0824)
2016	0.046486 (28.1261)	0.058303 (35.2761)	0.060488 (36.5979)
2017	0.044894 (27.4595)	0.062962 (38.5113)	0.055635 (34.0293)
2018	0.046724 (27.6315)	0.069679 (41.2062)	0.052695 (31.1623)
2019	0.042816 (27.5735)	0.065894 (42.4355)	0.04657 (29.9911)
2020	0.044915 (27.3151)	0.069122 (42.0366)	0.050396 (30.6484)
2021	0.043638 (27.3571)	0.064136 (40.2072)	0.051741 (32.4357)
2022	0.044353 (27.5642)	0.070946 (44.0916)	0.045608 (28.3443)

数据来源：由笔者测算而得。

2012 年以来，随着国家对内陆尤其是中西部地区的重点扶持，黄河流域多个区域的发展开始体现出政策的积极影响。这些政策主要集中在推动区域内数字经济的发展和绿色金融的实践中，旨在通过创新金融产品和服务来支持环保和可持续发展项目。组内整体差异值作为评估区域内部数字经济和绿色金融协调发展的重要指标，反映了 2012—2022 年区域内部政策实施的一致性和效率。政府推动金融机构创新绿色金融产品，加强了区域内的经济活动与环保政策的协同，促进了环境友好型项目的资金支持。此外，政府在实施如水资源管理和污染控制等环保政策时，都强调了与经济发展政策的整合，以确保经济增长与生态保护的双重目标得以实现。这反映出黄河流域区域内部在经济、技术和环境政策方面达到了更高水平的整合与协调。组间整体差异值反映了黄河流域区域间的协调与合作水平，体现了不同城市群之间在金融政策实施和经济活动协调方面的变化与发展。组间核密度分析显示，黄河流域在区域间的经济活动与环境政策协调方面取得了显著进展。这种进展为流域内城市群的可持续发展奠定了坚实的基础，并为未来在更广泛的区域经济一体化和绿色发展方面开辟了广阔前景。超变密度指标反映了内部和地区间变化以外，影响整个区域协调发展的外部变量和趋势的因素。考察期内的超变密度值变化表明，黄河流域的数字经济和绿色金融发展在一定程度上受到宏观经济变化和外部政策环境的影响。

如表 7-8 所示，黄河上游地区组内差异在 2015 年达到最低点，此后逐渐恢复并在 2016 年和 2018 年表现较强。这一变化与政府在上游地区推行的一系列生态保护和经济发展措施密切相关。实施黄河上游重要水源保护项目和退耕还林等政策不仅有利于生态系统的恢复，还促进了当地绿色经济的发展。此外，上游地区在推动清洁能源和生态旅游方面也取得了进展，这些行业的增长进一步推动了该区域的数字经济和绿色金融发展。黄河中游地区组内差异在整个期间相对稳定，但在 2022 年显著提升。中游地区作为农业和工业较为发达的地区，一直是政府推动区域经济协调发展的重点。政府在这一时期加大了对中小企业的支持力度，特别是在绿色制造和循环经济领域，推动了智能制造和绿色技术的应用。随着数字化转型的深入，中游地区的金融服务也趋向于利用大数据和人工智能技术来提高金融服务效率，加强了绿色金融产品的创新和推广。这些措施不仅增强了区域内部的经济活动协调性，也提升了中游地区的环境管理能力。黄河下游地区组内差异值在 2012 年较高，在考察期内呈起伏波动趋势，并在期末趋于稳定。黄河下游地区以大型城市和工业中心为主，面临较大的环境压力。政府为此实施了严格的环保法规和绿色金融激励措施，鼓励企业采用低碳和节能技术。例如，推动绿色建筑和可再生能源项目的金融支持，以及通过绿色信贷和绿色债券来资助环保项目。综上所述，黄河上、中、下游不同的组内差异，表明在数字经济背景下，黄河流域绿色金融高质量发展呈现出协调发展的复杂性，也表明政府的区域协调发展策略及其对环境与经济的双重关注。

表 7-8 数字经济与绿色金融耦合协调度组内基尼系数

年份	黄河上游	黄河中游	黄河下游
2012	0. 097320224	0. 094213203	0. 298159843
2013	0. 085106555	0. 083474457	0. 281523899
2014	0. 094890963	0. 082122389	0. 276337708
2015	0. 069903927	0. 080400857	0. 285389537
2016	0. 093229309	0. 077850318	0. 258221093
2017	0. 080361262	0. 080460137	0. 257606136
2018	0. 090780136	0. 081694011	0. 267427523
2019	0. 083280965	0. 078247362	0. 237339869
2020	0. 089575876	0. 074686747	0. 255262973
2021	0. 083128966	0. 074696574	0. 247355635
2022	0. 081430389	0. 085264052	0. 248745359

数据来源：由笔者测算而得。

如表 7-9 所示，在考察期内，黄河流域上游—中游的组间差异在整体上呈现降低的趋势。这表明两个地区的经济发展趋于一致，从侧面说明政府在黄河流域实施的区域协调发展策略效果得以显现。在上游地区，政府投资于基础设施和生态保护项目加大，同时通过绿色金融和数字经济的推动，上游地区的产业结构得以优化，与中游地区的经济活动衔接得更加紧密。例如，上游地区在可再生能源和生态旅游的开发上取得了显著进展，而这些领域的发展为中游地区提供了新的合作机会和市场。黄河上游—下游的组间差异在考察期内差异较大，但整体上显示了缓慢的下降趋势。这表明尽管下游地区作为经济较为发达的区域，与上游地区的经济差距依然存在，但差距正在逐渐缩小。这种变化与国家对黄河流域全域协调发展政策的加强有关，尤其是在环保和水资源管理上的重大投资，促使上游地区的环境治理和水电项目得到提升，间接满足了下游地区的工业和农业需求。此外，随着数字技术的普及，上游地区的信息通信基础设施建设加快，有助于缩小与经济更为发达的下游地区的信息和交流差距。黄河中游—下游的组间差异变动较为稳定，但在整个时间段内也显示出略微的下降趋势。这反映出中游和下游地区在经济活动和资源配置上的协调逐渐增强。中游作为连接上游和下游的关键地区，其在工业和农业资源的调配上起到了桥梁作用。政府在这一期间加强了对中游地区的基础设施建设和技术创新支持，如推广智能制造和绿色技术应用，这些措施不仅提升了中游地区自身的生产效率，也优化了下游地区的供应链管理。通过对 3 个区域的组间差异分析，揭示了黄河流域在区域经济协调发展方面取得了一定的进展，国家的宏观调控和区域间的策略合作的作用凸显，在绿色金融和数字经济的驱动下，黄河流域上游、中游、下游地区的经济协调性和互补性得到了显著提升。

表 7-9　数字经济与绿色金融耦合协调度组间基尼系数

年份	黄河上游—中游	黄河上游—下游	黄河中游—下游
2012	0. 098099284	0. 257560026	0. 256960333
2013	0. 086516088	0. 245280893	0. 242341938
2014	0. 093531703	0. 245880852	0. 241028757
2015	0. 076364988	0. 244937313	0. 247425388
2016	0. 087924378	0. 225906512	0. 224996335
2017	0. 082726622	0. 227190587	0. 228813802
2018	0. 087269901	0. 236248855	0. 233812099
2019	0. 082213802	0. 215721368	0. 212969617
2020	0. 085866189	0. 230913306	0. 226788385
2021	0. 081444581	0. 223301642	0. 221424293
2022	0. 087723251	0. 222905155	0. 218876814

数据来源：由笔者测算而得。

（二）数字经济与绿色金融耦合协调度核密度分析

如图 7-11 所示，核密度值变化趋势反映出黄河流域 2012—2022 年经济和环境的发展动态，揭示了黄河流域数字经济背景下绿色金融高质量的发展过程。

核密度值在 2012—2016 年表现为逐年上升趋势，这一时期，中国政府实施了一系列促进绿色金融发展的政策，如绿色信贷和绿色债券的发行。这些

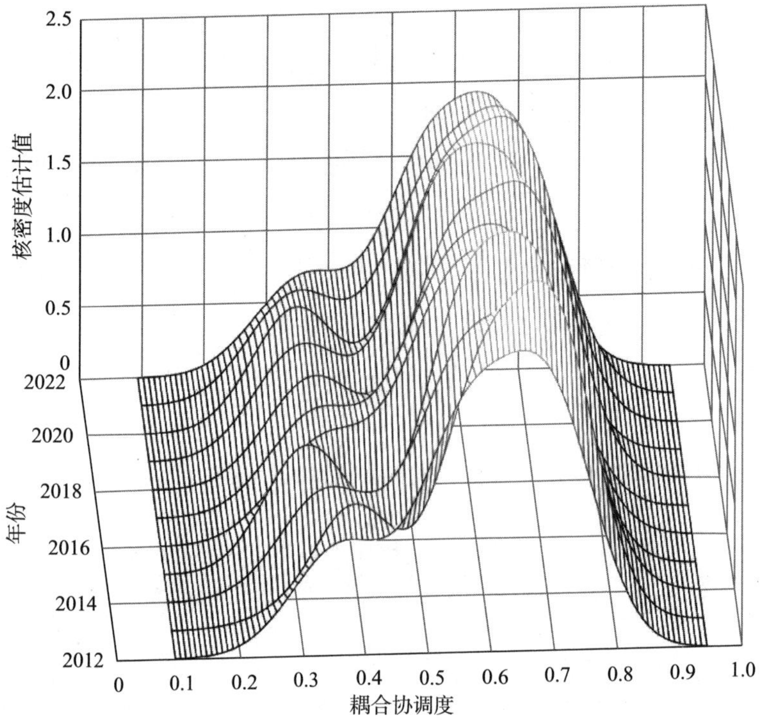

图 7-11　数字经济与绿色金融耦合协调度核密度趋势

数据来源：由笔者测算而得。

措施旨在资助清洁能源、节能减排和其他环保项目，同时，数字经济的兴起提供了大数据和云计算的应用等创新技术支持，如大数据和云计算的应用使金融服务的创新和绿色项目的评估更加高效。核密度值在 2017 年达到峰值后开始下降，表明这一时期绿色金融的整合度和效率有所提高。政府在这一阶段进一步加强了对绿色金融市场的监管，发布了支持绿色金融的政策指导和标准，如《绿色金融指导意见》等。同时，数字化转型在金融服务中的应用更加广泛，促进了金融产品创新和服务的普及。此外，区域内大力推广的绿色金融项目，如光伏和风能投资，开始展现经济效益和环境效益的双重收益。政府推动数字经济发展的策略显著加强，以支持新冠疫情期间的经济运行和绿色项目的远程管理。核密度的趋势表明，黄河流域在绿色金融和数字经济的推动下，面对快速变化的经济环境与内部发展需求，展现出较强的动态调整能力。未来应继续优化绿色金融的市场结构，完善相关法律法规，推动技术创新，以确保黄河流域能够在推动经济增长的同时，实现环境保护和社会责任的可持续目标。

二、数字经济与绿色金融发展的空间演化

表 7-10 显示了在数字经济背景下黄河流域绿色金融高质量发展的马尔可夫链的传统无滞后和空间滞后模型中，状态转移概率有明显的差异，这些差异不仅揭示了状态的稳定性和波动性，也反映了空间因素对状态变化的影响。

表 7-10　数字经济与绿色金融耦合协调度马尔可夫链转移矩阵

模型	空间滞后类型	t/(t+1)	Ⅰ	Ⅱ	Ⅲ	Ⅳ	观测值
传统	无滞后	Ⅰ	0. 8235	0. 1699	0. 0065	0. 0000	153
		Ⅱ	0. 0577	0. 7115	0. 2244	0. 0064	156
		Ⅲ	0. 0000	0. 1391	0. 4901	0. 3709	151
		Ⅳ	0. 0000	0. 0000	0. 2286	0. 7714	140
空间	Ⅰ	Ⅰ	0. 9231	0. 0769	0. 0000	0. 0000	104
		Ⅱ	0. 1000	0. 7500	0. 1500	0. 0000	20
		Ⅲ	0. 0000	0. 4286	0. 4286	0. 1429	7
		Ⅳ	0. 0000	0. 0000	0. 0000	0. 0000	0
	Ⅱ	Ⅰ	0. 4375	0. 5313	0. 0313	0. 0000	32
		Ⅱ	0. 0625	0. 7813	0. 1458	0. 0104	96
		Ⅲ	0. 0000	0. 3438	0. 4688	0. 1875	32
		Ⅳ	0. 0000	0. 0000	0. 5385	0. 4615	13
	Ⅲ	Ⅰ	0. 8571	0. 1429	0. 0000	0. 0000	7
		Ⅱ	0. 0256	0. 5385	0. 4359	0. 0000	39
		Ⅲ	0. 0000	0. 0824	0. 5647	0. 3529	85
		Ⅳ	0. 0000	0. 0000	0. 2609	0. 7391	46
	Ⅳ	Ⅰ	1. 0000	0. 0000	0. 0000	0. 0000	10
		Ⅱ	0. 0000	0. 0000	1. 0000	0. 0000	1
		Ⅲ	0. 0000	0. 0000	0. 2963	0. 7037	27
		Ⅳ	0. 0000	0. 0000	0. 1605	0. 8395	81

数据来源：由笔者测算而得。

由表7-10可知，在传统无滞后模型中，状态Ⅰ表现出极高的稳定性状态，概率为82.35%，状态Ⅰ转移到状态Ⅱ的概率为16.99%，向状态Ⅲ和状态Ⅳ转变的概率极低。这说明状态Ⅰ在没有空间滞后的情况下非常稳定。状态Ⅱ保持自身状态的概率为71.15%，但也有22.44%的概率转移到状态Ⅲ，显示出中等的稳定性。这表明从一个经济或环境状态向另一个过渡状态的变化较为频繁。状态Ⅲ和状态Ⅳ显示向更高状态转变的倾向，特别是状态Ⅲ有37.09%的概率转变为状态Ⅳ，而状态Ⅳ有77.14%的概率保持不变。这反映出一旦达到较高状态，系统倾向保持原状或进一步提升。在空间类型Ⅰ中，状态Ⅰ具有92.31%的极高保持率，这表明在空间上互相连接紧密的区域中，现有的状态具有很高的稳定性。这与区域间强大的经济联系或者共享的环境政策有关，一系列连续的城市或地区因为共同的政策导向、经济发展战略或环境保护措施显示出高度的同步性和稳定性。在空间类型Ⅱ中，状态Ⅰ到状态Ⅱ的转变概率增加，表明当空间连接的紧密性减弱时，系统状态的不确定性增加，这表明区域间经济活动的差异或环境标准的不一致性。空间类型Ⅲ中，状态Ⅲ存在向更高状态Ⅳ转变的概率，为35.29%，这表明其发展存在较高的不确定性和潜在的外部影响。空间类型Ⅳ中，状态Ⅳ的保持率较高，为83.95%，表明区域经济发展达到稳定状态。

第五节　研究结论与政策建议

一、研究结论

上述研究表明，总体上，黄河流域数字经济与绿色金融协调发展水平在研究期内逐步上升并趋于稳定发展的态势，表明黄河流域绿色金融和数字经济融合发展在面对快速变化的经济环境、内部发展需求中的适应能力逐步提升并趋于稳定，但个别城市的协调发展水平仍然相对较低。从地区差异的角度来看，上游地区的数字经济与绿色金融协同发展差异较大，中游地区次之，下游地区的差异最小，整体呈现出极化现象。这可能归于以下原因：第一，地区城市经济发展水平、产业结构的不同间接导致数字经济和绿色金融发展的不平衡；第二，单一政策的执行落实和配套政策的完善仍存在一定程度的滞后性，加之区域间城市发展建设的沟通壁垒也在一定程度上限制了数字经济与绿色金融耦合协调发展；第三，城市资源禀赋的差异导致其在数字经济和绿色金融方面的基础设施和资源分配方面的差异，也造就了沿黄城市数字经济与绿色金融协同发展的显著差异。

二、政策建议

第一，数据作为当前新质生产力的核心要素，数字经济和绿色金融的协同发展需要有效的数据共享。以政府牵头，促进数字产业和金融机构之间的合作与对话并建立数据共享机制，通过消除行业壁垒加深数字产业与金融机构之间的数据交流，以支持环境评估、风险管理和决策制定。同时，制定统一的绿色标准和指南，提升金融机构对数字产业项目环境风险的评估和认证，盘活市场投资活力。

第二，创新作为发展的内生动力，要坚定不移地推动绿色金融产品创新，支持数字产业可持续发展。首先，政府提供财政和税收方面的激励措施，降低绿色金融产品的成本和风险，提高金融机构参与绿色金融领域的积极性和创新性。其次，加强对金融机构的引导和支持，鼓励其加大对绿色数字产业项目的投资和融资力度。最后，还需吸纳并培养既懂数字产业又懂绿色金融的复合型人才满足市场发展需求，以人才资源推动数字经济与绿色金融创新融合。

第三，充分发挥试点建设的辐射效应，打造适应地区发展的可复制模板。通过在上、中、下游各地区建立数字经济和绿色金融示范区，加强城市群内部及不同城市群之间的合作与交流能够促进经验共享和资源互补，从而推动绿色金融的创新与发展。不同地区可以相互借鉴、共同进步，避免重复建设和资源浪费。同时，加强区域间合作有助于促进经济活动和环境政策的协调。这些举措将有助于推动数字经济和绿色金融的协同发展，为构建可持续发展的现代化经济体系提供有力支撑。

第八章　数字经济融合下黄河流域普惠金融高质量发展

在我国经济转向高质量发展的新阶段，数字经济作为推动经济转型升级的重要引擎，已逐渐成为实现普惠金融高质量发展的关键动力。数字经济以数字化的知识和信息为核心，通过技术创新和现代信息网络，推动传统金融服务的数字化、智能化转型，为普惠金融的发展注入了新的活力。通过对数字经济融合下黄河流域普惠金融高质量发展的实证研究，本书得出以下结论：首先，数字经济显著促进了普惠金融的发展。数字技术的应用不仅扩大了金融服务的受众范围，使更多的中小微企业和个人能够获得金融服务，还有效降低了金融服务的成本，提高了服务效率。其次，数字经济对普惠金融的作用程度受产业结构水平高低的约束。在产业结构水平较高的地区，数字经济对普惠金融的推动作用更为明显。这表明，区域经济发展水平和产业结构优化对于发挥数字经济优势、提升普惠金融质量具有重要影响。研究数字经济在黄河流域普惠金融中的应用，有助于提升黄河流域的经济活力和发展质量。数字经济作为新质生产力促进普惠金融发展，为经济高质量发展奠定了坚实基础。

第一节　引言

一、数字经济、普惠金融的概念界定

（一）数字经济的概念界定

“数字经济”的概念比较有代表性的定义就是 G20（2016）和中国信息通

信研究院（2020）的两个定义。G20 的定义为，数字经济是“一系列经济活动”，是一种“行为”，是从提升效率和优化经济结构的行为的角度下的定义。中国信息通信研究院的定义为，数字经济是“新经济形态”，是一种“状态”，是通过数字化转型重构经济发展与治理模式达成的一种公平与效率更加统一的形态。中国信息通信研究院构造了数字经济的“四化框架”，把“数字产业化”和“产业数字化”归为“生产力”的范畴，数字产业化包括基础电信、电子信息制造、软件及服务、互联网等产业；产业数字化即传统产业应用数字技术所带来的产出增加和效率提升部分，包括但不限于工业互联网、智能制造、车联网、平台经济等融合性产业新模式、新业态，产业数字化的贡献包含数字技术在农业、工业、服务业中的边际贡献。

目前，许多机构、学者将数字经济定义为以数字化信息为关键资源，以互联网平台为主要信息载体，以数字技术创新驱动为牵引，以一系列新模式和新业态为表现形式的经济活动。从狭义上讲，数字经济是指社会经济活动中涉及的数字产品、数字服务和数字交易等。以数字基础设施、数字化平台和数字产品生产商为重要主体，基于信息技术创新，将数字化的信息和知识转化为新型生产要素，培育出新的商业模式和创新模式。通过大数据、云计算、物联网、人工智能等新兴技术充分释放数据的应用价值，为经济发展提供重要推动力。从广义上讲，数字经济能够促进数字技术与传统经济和实体经济相融合，以数据要素为核心，结合数据资源优势对传统经济模式进行改造升级。极大地改变了传统的生产、流通、交易和分配方式，提升资源配置效率，在降低生产成本的同时有效提升了经济效益，拓宽了生产可能性边界。

（二）普惠金融的概念界定

普惠金融是指以改善社会贫困群体的金融服务为目标，通过改变金融机构的政策和行为来实现的金融服务。它的宗旨是通过提供低成本、低风险、低门槛的金融服务，帮助贫困群体获得更多的金融服务，从而提高他们的生活水平。

国际上，2005 年联合国开发计划署（UNDP）提出了“普惠金融”这一概念，旨在帮助贫困人口获得更多的金融服务。UNDP 在普惠金融概念的实施中，提出了一系列政策建议，包括政府支持、社会企业发展、社会融资、金融创新等，旨在推动金融机构提供更多的金融服务，以满足贫困群体的金融需求。

在国内，普惠金融的概念也受到了越来越多的重视。中国政府在推动普惠金融发展方面采取了一系列政策措施，包括创新金融服务模式、完善金融服务体系、扩大金融服务覆盖面、改善贫困群体的金融服务等，以期更好地满足贫困群体的金融需求。

从宏观角度来看，虽然国内外不同的机构和学术专家对普惠金融的定义有所不同，但他们普遍认为普惠金融的核心意义是：它应该服务于社会的各个层面和不同的群体。普惠金融旨在确保所有人，尤其是那些传统金融服务未能覆盖的弱势群体，如农民、小微企业和中低收入人群，都能公平地获得金融服务。普惠金融不仅是金融的一种实践方式，它还致力于通过优化金融服务来更好地解决经济和社会发展中的问题，并进一步推动高质量的进步。现阶段，我国的普惠金融主要服务对象涵盖了老年群体、经济困难者、残障人士、城市中的低收入人口、农业劳动者以及小型和微型企业等特定人群。

二、普惠金融高质量发展的内涵和作用

（一）普惠金融高质量发展的内涵

党的十八大以来，党中央、国务院高度重视发展普惠金融。2013 年，党的十八届三中全会正式提出“发展普惠金融”，2015 年国务院印发《推进普惠金融发展规划（2016—2020 年）》（以下简称《规划》），10 年来，普惠金融发展取得了长足进步，普惠金融的理念逐渐深入人心。多层次普惠金融供给格局逐步确立，普惠金融产品服务持续优化，服务普惠金融的信用信息体系不断完善，支撑普惠金融发展的政策制度更加健全，在服务国家战略、地方发展和人民群众生产生活等方面发挥了重要作用。当前，我国已经迈上全面建设社会主义现代化国家新征程，对普惠金融工作提出了更高的要求，有必要进一步在新形势下推进普惠金融高质量发展。

普惠金融高质量发展是指通过优化金融体系和产品服务，扩大金融服务

的覆盖面和可得性，提升金融服务的质量和效益，以满足社会各阶层和群体的金融需求。普惠金融高质量发展主要包含以下几个方面：

1. 完善普惠金融服务体系

建立多层次、多元化的金融机构体系，包括银行、保险、证券、信托等各类金融机构，提供全方位的金融服务。同时，鼓励金融机构通过创新产品和服务模式，提高服务效率和质量。

2. 优化普惠金融产品结构

针对不同客户群体的需求，开发个性化的金融产品和服务，满足其多样化的金融需求。

3. 扩大普惠金融覆盖面

通过优化金融服务网络和渠道，将金融服务延伸到基层和偏远地区，提高金融服务的可得性和便利性。同时，加强对弱势群体的关注和扶持，消除金融服务的地域和群体差异。

4. 提升普惠金融服务质量

加强金融机构内部管理和风险控制，提高服务人员的专业素质和职业道德水平，确保金融服务安全、合规和高效。同时，加强金融消费者权益保护，提高金融知识的普及率和认知度。

5. 促进普惠金融与实体经济融合发展

普惠金融的发展应与实体经济相融合，支持小微企业、个体工商户等实体经济的发展，推动经济转型升级和高质量发展。同时，加强金融科技创新，提高金融服务实体经济的效率和效益。

（二）普惠金融高质量发展的作用

1. 普惠金融高质量发展是经济社会高质量发展的必然要求

党领导的金融事业起于人民、兴于人民，发展成果由人民共享。普惠金融专注于经济社会发展的重点领域和薄弱环节，在扩大就业、拉动消费、改善民生、活跃经济方面发挥着重要作用，与经济社会整体的发展息息相关。推动普惠金融高质量发展，有利于拓宽小微市场主体融资渠道、打通经济循环堵点、提升产业链供应链完整性、实现经济循环流转和产业关联畅通，是新发展阶段经济高质量发展的必然要求。

2. 普惠金融高质量发展是实现中国式现代化的重要手段

共同富裕是社会主义的本质要求，是中国式现代化的重要特征。小微企业和个体工商户是创业致富的重要群体，是提升居民收入水平的中坚力量。普惠金融重点服务小微市场主体，支持其干事创业、发展生产，能够有效扩大内需，畅通供给渠道，是促进全体人民共同富裕的重要手段，在中国式现代化建设全局中发挥着重要作用。成本可负担、商业可持续的普惠金融发展模式也是现代金融体系的关键一环。

3. 普惠金融高质量发展是金融供给侧结构性改革的现实需要

《国务院关于推进普惠金融高质量发展的实施意见》指出，普惠金融发展仍面临诸多问题和挑战，与全面建设社会主义现代化国家的目标要求还存在较大差距。当前，虽然普惠金融领域信贷总体规模不断扩大，但普惠金融服务仍面临供需的结构性失衡，普惠金融在有效满足人民群众金融需求、更好服务国家战略和重点领域方面还有待加强。要以时不我待的紧迫感、使命感，持续推动改革创新，坚持目标导向和问题导向，着力提升普惠金融供给的适应性和竞争力。

三、研究目的与意义

（一）研究目的

对数字经济融合下黄河流域普惠金融高质量发展的路径研究旨在通过深入分析和实证研究，探索在数字经济快速发展的背景下，如何实现黄河流域普惠金融的高质量发展，从而为该地区的经济和社会发展提供支持和保障。

首先，黄河流域是中国的重要经济区域，通过研究如何在数字经济的背景下推动普惠金融的高质量发展，旨在为黄河流域的经济增长提供新的动力和支撑，帮助缩小其区域内的经济发展差距，以促进社会的整体和谐与稳定。

其次，探索在数字经济环境下黄河流域普惠金融高质量发展的路径，以期进一步推动金融创新，提高金融服务的可及性和可负担性，提高服务效率和质量，增强金融包容性，从而更好地满足不同群体的金融需求，使更多的人群能够享受到金融服务，特别是对农村地区和低收入群体的影响。

最后，通过对黄河流域普惠金融高质量发展路径的研究，为政府和监管机构提供科学的决策参考，帮助其制定更加有效的政策和措施，以促进黄河流域普惠金融的健康发展。

（二）研究意义

研究数字经济融合下黄河流域普惠金融高质量发展路径，不仅对于理论研究具有重要意义，而且对于指导实际政策制定、推动区域经济社会发展具有深远的现实影响。

1. 理论意义

通过对数字经济融合下黄河流域普惠金融高质量发展路径的研究，不仅可以为普惠金融的理论体系建设奠定实证基础，还可以为区域经济发展理论提供新的视角和思路。这有助于理解和解释数字经济如何影响区域经济的结构和模式，以及如何通过金融手段促进区域内部的协调发展。黄河流域具有丰富的自然资源和独特的地理位置，但经济发展水平与东部沿海地区相比仍存在差距，数字经济的融入有望改变这一现状。基于此，本书的研究还可能揭示数字技术在改善金融服务可达性和可负担性方面的作用，从而为缩小地区发展差距、提升普惠金融服务效率提供策略指导。

2. 现实意义

本书的研究有助于解决黄河流域内部发展不协调的问题，通过对普惠金融高质量发展路径的研究，可以提高金融服务的普及率和可及性，特别是对农村地区和低收入群体的影响。黄河流域涉及多省区的合作，研究有助于构建跨流域、跨省域的金融合作机制，打破行政壁垒，实现金融资源的优化配置。通过研究，可以提出针对性的策略，缩小区域发展差距，促进区域间的均衡发展。除此之外，数字经济的发展为黄河流域的产业升级提供了新的动力，本书的研究可以帮助识别如何通过数字技术改造传统产业，促进产业结构的优化和升级，从而进一步推动普惠金融高质量发展。

四、文献综述

（一）数字经济的研究

关于量化数字经济的指标，学术界没有统一的定论，其中钞小静等（2023）以固定电话年末用户、移动电话年末用户、域名数、IPv4 协议下的 IP 地址持有量占总地址持有量的比重、有电子商务交易活动的企业数等来衡量数字经济。梁会君（2022）以数字贸易与产业集群协同发展水平来量化数字经济。汪文雅（2022）把数字基础设施建设水平与数字金融指数作为数字经济的指标。王庆喜等（2020）考虑到参与经济活动的不同主体，对数字应用场景进行拓宽，用数字化产业、数字应用以及数字普惠金融来进行数字经济测度。郑嘉琳和徐文华（2020）从信息产业、电信业务、电子商务和企业数字化 4 个维度，选择信息传输计算机服务和软件业全社会固定资产投资、软件业务收入等 10 个指标来测度数字经济水平。杨慧梅和江璐（2021）从电信业务总量、软件业务收入、电子商务销售额、互联网域名、互联网接入端口、移动电话普及率、数字金融覆盖广度、数字金融数字化程度、数字金融使用深度等工业、农业、服务业三个行业九个方面来衡量数字经济。

（二）普惠金融高质量发展的研究

自普惠金融提出以来，关于普惠金融发展测度的研究日渐丰富，学者们一般基于宏观数据或者微观数据构建普惠金融指标体系，采用主观赋权法和客观赋权法对普惠金融发展和使用程度进行测度。然而，由于宏观指数往往不能反映微观个体之间的金融资源分配差异，因而近年来有多位学者开始重视微观层面普惠金融使用程度的研究，采用微观调查数据，基于家庭、社区、区域层面对普惠金融使用程度进行了测度。在家庭层面，尹志超等（2019）利用微观调查数据，从普惠金融的需求层面和供给层面分别选取使用性、满意度、渗透性和便利性等指标，构建了家庭普惠金融指标体系，并经过反复测试与比较后，最终选用平均欧几里得距离法计算指数。尹志超和张栋浩（2020）从是否拥有银行账户、是否获得了或者获得过正规信贷、是否购买商业保险、对数字金融服务的使用程度和是否持有信用卡 5 个维度构建指标体系，并利用因子分析法进行测度。在社区层面，尹志超等（2023）利用 2015 年、2017 年和 2019 年中国家庭金融调查数据，从存款、贷款、商业保险、信用卡和数字金融服务五个方面基于社区层面测度了普惠金融指数。在区域层面，张晓玫等（2020）基于中国家庭金融调查数据，选取了 11 个普惠金融指标，将地级市设定为大区域并根据城乡再进一步划分为两个小区域，通过因子分析法测度区域普惠金融指数。

（三）数字经济对普惠金融高质量发展的影响研究

马雯和田莉文（2024）认为，普惠是数字经济最典型的特征之一，当前各种各样的信息基础设施、日益丰富的金融服务平台，都为数字经济进一步发展奠定了良好基础，并呈现了“全员参与，共建共享”的新格局。王兴龙（2022）通过实证检验了数字经济与普惠金融发展之间的关系，得出数字经济对普惠金融发展具有显著的正向促进作用的结论。且在分维度研究中发现，数字经济在普惠金融覆盖广度和使用深度两个维度推动普惠金融正向发展。同时基于空间计量结果发现，数字经济对普惠金融发展的正向促进作用存在空间溢出效应。徐乾益和马颖莉（2024）通过实证研究发现数字经济正向促进了制造业的高质量发展；在数字经济对制造业高质量发展的推动下，普惠金融起到了关键的中介作用；在不同的经济发展水平下，数字经济对制造业高质量发展的促进作用存在差异性，这种差异性在经济落后的地区体现得更加明显；数字经济对制造业高质量发展具有空间溢出效应，不仅对本地区具有促进作用，对邻近地区的制造业高质量发展也具有促进作用。傅秋子和黄益平（2018）指出，随着数字经济的快速发展，普惠金融依托先进的信息技术创新性地颠覆了传统金融商业模式，经济社会发展所需的金融资源成本变得更加低廉、金融服务方式更加便捷、金融服务范围更加广泛、金融服务效率更加高效。

（四）文献评述

随着数字技术的飞速发展，其在金融服务领域的应用已成为推动普惠金融高质量发展的关键因素。众多学者对此进行了广泛研究，并指出数字经济能够通过多种渠道提升金融服务的普及度和便捷性。现有关于数字经济对普惠金融高质量发展的影响研究主要体现在两个方面。一方面，数字经济通过技术手段降低了金融服务提供者的成本，使小额贷款和微型保险等金融产品能够覆盖更广泛的低收入人群，极大地提高了边远地区和低收入群体的金融服务接入率。同时，大数据和人工智能的应用改善了风险管理和信贷评审过程，有助于金融机构更精准地评估借款人的信用状况，降低违约风险。另一方面，也有研究指出，数字经济在促进普惠金融发展的同时，可能带来数字鸿沟和金融安全等新问题。老年人口和非互联网用户可能被排除在外，不同地区和收入阶层间的差距可能因此而扩大。综上所述，数字经济在推动普惠金融高质量发展方面具有显著优势，但也需要解决由此产生的新挑战，确保金融服务的普及度和公平性。因此，本书进一步探讨黄河流域数字经济如何促进普惠金融高质量发展，在平衡数字技术的发展与金融普惠性提升的基础上提出相关政策建议，以实现黄河流域经济社会的全面发展。

第二节　数字经济对普惠金融的影响理论分析

数字经济通过扩大金融服务的受众范围，降低了金融服务的成本，还提高了金融服务的效率，并促进了金融产品与服务的创新和金融风险管理的加强，促进普惠金融的发展。首先，数字经济通过提供在线金融服务和金融科技创新，扩大了金融服务的受众范围（李海舰、李真真，2023）。即使在偏远地区，只要有互联网接入，人们就能够获得金融服务，这有助于提高金融包容性，让更多人能够享受到金融服务的便利。其次，数字化技术的应用可以降低金融服务的运营成本，包括建立和维护实体分支机构所需的费用、人力成本等（代婉瑞、宋良荣，2024）。这些成本的降低可以转化为更低的利率和更低的费用，从而使金融服务对于普通民众更加可负担。数字经济的发展促进了金融服务的自动化和智能化，例如，通过人工智能、大数据分析和区块链技术等使金融服务更加高效。这不仅提高了金融机构的运营效率，也使得客户能够更快速、更便捷地获得所需的金融服务。数字经济催生了各种新型金融产品和服务，如数字货币、智能合约等。这些创新不仅满足了传统金融体系无法覆盖的需求，也提供了更加灵活和个性化的金融解决方案，有助于满足不同群体的金融需求，包括那些被传统金融体系忽视的人群。最后，数字经济的发展也为普惠金融提供了更加精准和实时的数据来源，有助于金融机构更好地评估客户的信用风险和偏好，从而更好地管理风险，提供更加合适的金融产品和服务。基于以上分析提出假说7。

假说7：数字经济促进普惠金融的发展。

数字经济对普惠金融发展的影响具有非均衡性。首先，不同地区的产业基础和数字基础设施差异显著，导致数字经济的发展水平不均衡。在经济发达地区，尤其是规模较大的城市，劳动力素质较高，技术和资本储备丰富，数字基础设施建设完善，因而数字经济的发展较为迅速。这些地区能够更早地、更多地利用数字技术来拓展金融服务的受众范围，降低金融服务的成本，提高服务效率，并创新金融产品和服务（曹梦渊、李豫新，2024）。因此，这些地区的普惠金融发展也较为领先。其次，黄河流域各省区的资源禀赋、经济基础和宏观发展战略存在显著差异，这进一步加剧了数字经济对普惠金融发展的非均衡性。基于以上分析提出假说8。

假说8：数字经济对普惠金融发展的影响具有非均衡性。

在产业结构水平较低时，由于信息基础设施不够完善，数字技术的应用和普及受到限制，从而使数字经济对普惠金融的促进作用相对较弱。在这种情形下，金融机构在应用数字技术时面临较高的边际成本，导致其对普惠金融的覆盖能力有限。然而，随着产业结构水平的提升（第三产业比重增大），服务业和知识经济的比重增加，信息基础设施和数字技术的应用环境得到显著改善（马海良等，2024）。这为数字经济在金融领域的应用提供了更有利的条件。高水平的产业结构不仅提升了金融服务的数字化程度，还增加了市场对数字化金融服务的需求，从而放大了数字经济对普惠金融的正向作用。基于以上分析提出假说9。

假说 9：数字经济对普惠金融的作用程度会受到产业结构水平的约束。

第三节　黄河流域数字经济与普惠金融现状与挑战

一、黄河流域数字经济发展现状与挑战

在数字经济快速发展已成为国民经济增长的新动能背景下，黄河流域数字经济平稳发展，融合型数字经济快速发展，以互联网和数字经济为引擎，发挥信息化和数字经济驱动引领作用，推动黄河流域金融高质量发展。

（一）黄河流域数字经济现状分析

根据水利部黄河水利委员会发布的黄河流域行政区划，黄河流经青海、四川、宁夏、甘肃、内蒙古、陕西、山西、河南、山东 9 省区，共涉及 69 个地区（州、盟、市）。但由于四川境内 96.6%的水源属于长江流域，仅有 3.4%的水源属于黄河流域，因此本书不将四川纳入黄河流域进行研究，选取 2012—2022 年黄河流域 8 省区的每百人互联网用户数、计算机服务和软件从业人员占比、人均电信业务总量以及每百人移动电话用户数分析黄河流域数字经济发展现状与挑战。

1. 每百人互联网用户数

本书用 2012—2022 年 8 省区互联网用户数除以各省区总人数得出每百人互联网用户数，由此探究黄河流域 8 省区的互联网普及率发展现状，以分析黄河流域的数字经济发展现状。具体情况如图 8-1 所示。

由图 8-1 可知，陕西、甘肃与山东的每百人互联网用户数是最高的，每百人接近 36 人使用互联网，而且处于上升趋势，上升幅度最大，从 2012 年的 27 人左右提升到 2022 年的 36 人左右，说明这 3 个省份的互联网普及率在黄河流域处于高水平。内蒙古、青海与宁夏的每百人互联网用户数最低，上升趋势不明显，但也从 2012 年的 6 人左右提升到 2022 年的 12 人左右，在此期间有上升也有下降，其中宁夏提升的幅度最大，说明宁夏互联网的发展有

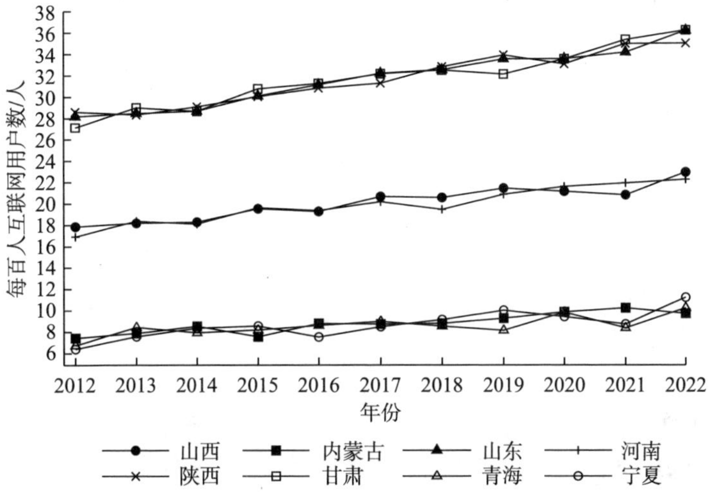

图 8-1　2012—2022 年黄河流域 8 省区每百人互联网用户数发展趋势

数据来源：2012—2022 年《中国城市统计年鉴》。

很大的提高。山西和河南的每百人互联网用户数在黄河流域处于中等水平，2012—2022 年的每百人互联网用户数为 17～22 人，说明山西和河南的互联网普及率是满足人们生活所需要的。

2. 计算机服务和软件从业人员占比

本书用计算机服务和软件从业人员占各省总人口的比重来表示各省区数字经济的人才，以此剖析黄河流域八大省区数字经济人才的发展现状，如图 8-2 所示。

由图 8-2 可知，陕西、甘肃与山东的计算机服务和软件从业人员占比最高，内蒙古、青海与宁夏占比最低，山西和河南的占比处于中等水平，说明每个省区经济发展水平带动的数字经济从业人数也存在差异，而且每个省区对于数字经济人才政策的不同也对人才是否留在当地发展有着重要影响。

3. 人均电信业务总量

本书用 2012—2022 年黄河流域 8 省区电信业务总量除以各省区总人口表示每个省区数字经济中电信业务的发展现状，如图 8-3 所示。

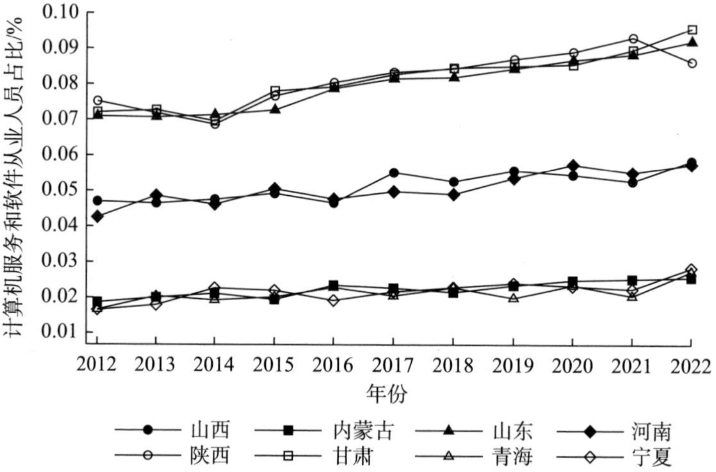

图 8-2　2012—2022 年黄河流域 8 省区计算机服务和软件从业人员占比

数据来源：2012—2022 年《中国城市统计年鉴》。

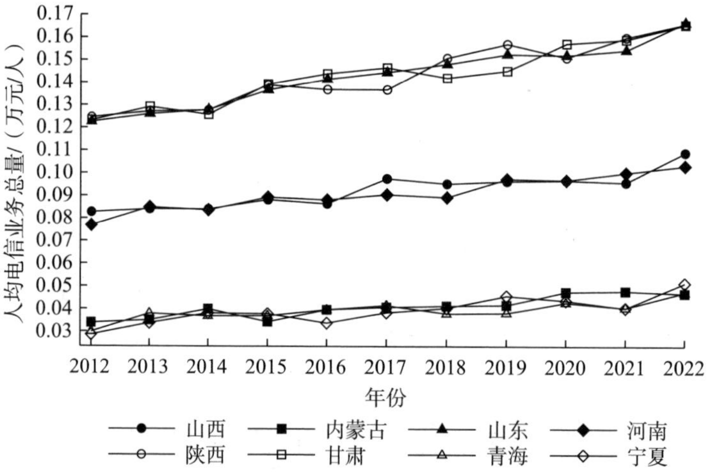

图 8-3　2012—2022 年黄河流域 8 省区人均电信业务总量

数据来源：2012—2022 年《中国城市统计年鉴》。

由图 8-3 可知，2012—2022 年黄河流域八大省区人均电信业务总量整体呈上升趋势。其中，陕西、甘肃与山东的上升幅度最大，从 2012 年的 0. 12 左右提高到 2022 年的 0. 16 左右，山西和河南从 2012 年的 0. 07 左右提升到 2022 年的 0.11 左右，内蒙古、青海和宁夏的上升幅度最小，从 2012 年的 0.03 左右上升到 2022 年的 0.05 左右。这说明黄河流域各省区的经济发展程度与地理位置对人均电信业务总量有很大的影响，陕西作为黄河流域的一线城市，经济发展程度较高，人们对电信业务的需求量较大，人均业务总量同样较大；宁夏、青海等省区处于黄河流域的上游，地理环境较恶劣且经济发展程度相对较低，人们对电信业务的需求较低，人均电信业务总量较小。

4. 每百人移动电话用户数

本书用 2012—2022 年黄河流域八大省区移动电话用户数除以总人口数表示每个省区数字经济的发展现状，如图 8-4 所示。

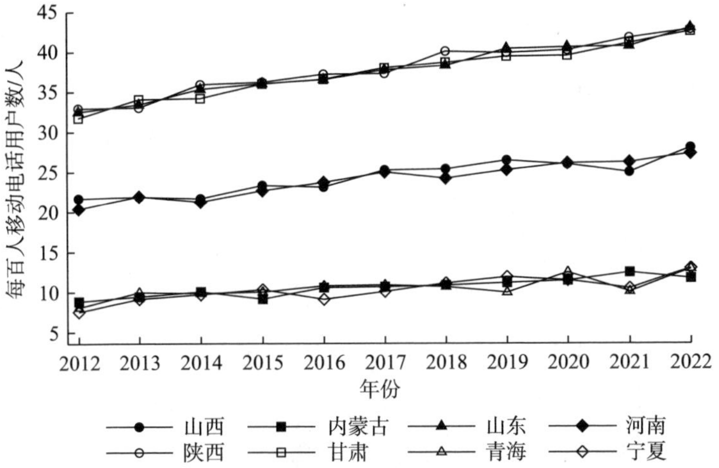

图 8-4 2012—2022 年黄河流域八大省区每百人移动电话用户数

数据来源：2012—2022 年《中国城市统计年鉴》。

由图 8-4 可知，2012—2022 年黄河流域八大省区每百人移动电话用户数总体呈上升趋势。其中，陕西、甘肃以及山东的每百人移动电话用户数为 30~40 人，山西和河南为 20~28 人，内蒙古、青海与宁夏为 7~15 人，说明黄河流域八大省区移动电话普及率是逐年提高的。综合以上分析可知，2012—2022 年黄河流域数字经济的相关指标数据都处于上升趋势，数字经济基础设施、人才以及普及率都在提升。

（二）黄河流域数字经济遇到的挑战

1. 数字经济发展不均衡

黄河流域各地市数字经济存在发展不均衡问题，其中上游地区最为突出。部分地区传统行业产能相对落后，发展步伐停滞不前，数字经济发展水平处于下游。虽然部分省份转型意愿强烈，青海、甘肃等省份于2015年先后出台发展云计算、大数据等相关产业规划，但是由于前期研发投入与创新型数字人才严重不足，规划构想难以落地，单纯依靠市场化机制和自身能力难以实现高质量发展。

2. 数字经济基础设施不充足

数字基础设施建设是数字经济发展的前提，是黄河流域实现高质量发展的重要保障。随着国家“宽带中国”等战略工作的部署实施，各省（区、市）数字基础设施得到快速发展。但由于各省（区、市）数字基础设施建设存在较大差距，且黄河流域各省区数字基础设施发展较东部地区明显落后，尤其是西部偏远地区4G、5G网络的覆盖率较低，数字核心技术支撑不足，现代化数字技术赋能传统产业发展效能低下。

3. 数字经济人才不足

数字人才是数字经济发展的支撑与底座，与东部沿海发达省份相比，黄河流域各省区专业数字人才不足的问题已经影响产业数字化转型进程。在企业数字化转型过程中，熟悉数字经济的人才匮乏，能够承担数字经济和实体经济深度融合工作的高层次人才更少。且数字经济相关人才来源渠道较窄，目前黄河流域各省区数字经济市场主体的管理团队专业技术水平难以满足数字经济发展的需求，数字经济高层次人才短缺问题较为突出。

二、黄河流域普惠金融发展现状与挑战

普惠金融的发展逐渐成为推动我国社会经济进步的重要力量，黄河流域作为我国重要的经济发展区域，其普惠金融的发展对全国具有重要影响。本书将从普惠金融的渗透性、普惠金融的可得性以及普惠金融的效用性三个方面结合黄河流域的实际情况剖析黄河流域普惠金融发展现状与挑战。

（一）黄河流域普惠金融发展现状

1. 普惠金融的渗透性

普惠金融的基础是在供给层面上尽可能地为更多的城乡居民提供更加便捷高效的金融服务，本书用每百平方千米金融机构数、每万人拥有金融机构数来表示 2012—2022 年黄河流域 8 省区普惠金融渗透性的发展现状，如图 8-5 所示。

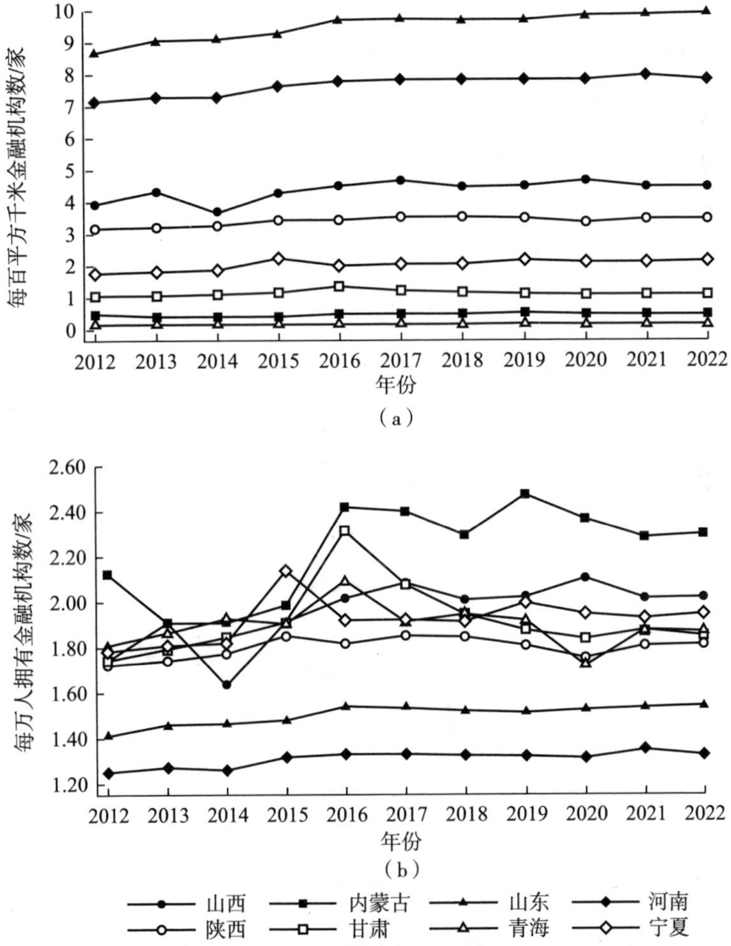

图 8-5　2012—2022 年黄河流域 8 省区普惠金融的渗透性

数据来源：2012—2022 年《中国城市统计年鉴》。

由图 8-5（a）可知，在 2012—2022 年黄河流域 8 省区每百平方千米金融机构数中，山东的数值最大，从 2012 年的 9 家左右提升到 2022 年的 10 家左右，同时也有超过 10 家的趋势；河南的数值为第二大，在 7~8 家波动，有超出 8 家的趋势；陕西与山西的数值大小接近，均在 3~4 家波动；内蒙古、青海、甘肃与宁夏的数值均小于 2 家，说明这几个省区的金融机构数较少，金融机构提供普惠金融服务的渗透性较低。

由图 8-5（b）可知，在 2012—2022 年黄河流域八大省区每万人拥有金融机构数中，山东和河南的数值在 1.4 家和 1.3 家左右，内蒙古的数值整体最高，大部分在 2.4 家左右，其余省区主要集中在 1.8~2.1 家，说明数值的大小与省区的总人口有很大关系，河南与山东是黄河流域中人口最多的省份。

2. 普惠金融的可得性

普惠金融应该尽力让更多人更容易得到金融产品以满足其金融需求。可得性是从人们对金融产品的参与度出发，反映地区经济主体与金融机构所提供的产品和服务的可得程度以衡量地区普惠金融发展水平。本书将从人均存款余额、人均贷款余额表示 2012—2022 年黄河流域 8 省区普惠金融可得性的发展现状，如图 8-6 所示。

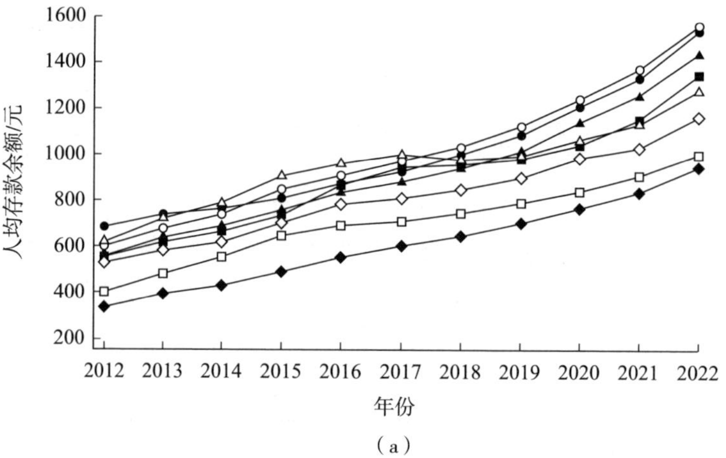

（a）

图 8-6　2012—2022 年黄河流域 8 省区普惠金融的可得性

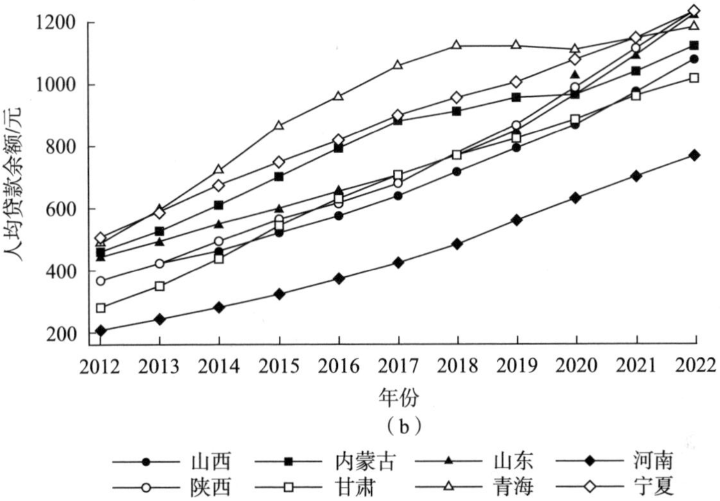

图 8-6　2012—2022 年黄河流域 8 省区普惠金融的可得性（续）

数据来源：2012—2022 年《中国城市统计年鉴》。

由图 8-6 可知 2012—2022 年黄河流域 8 省区普惠金融可得性的变化趋势，（a）、（b）两图整体都处于上升趋势，上下波动较小，说明黄河流域各省区经济发展处于上升趋势，人们获得普惠金融的机会逐年稳步提高。其中，河南的人均贷款余额与人均存款余额都处于最低水平，且人均贷款余额远低于其他省区，说明河南人民对普惠金融的可获得性最低，金融机构应增设机构网点，提高普惠金融的可得性。

3. 普惠金融的效用性

普惠金融必须做到让更多人更加有效地享受金融服务，满足金融需求，因此普惠金融的发展还需要通过金融服务使用的效用程度加以衡量，此为普惠金融的核心所在。本书采用存款余额/GDP、贷款余额/GDP 来表示 2012—2022 年黄河流域 8 省区普惠金融效用性的发展现状，如图 8-7 所示。

由图 8-7 可知 2012—2022 年黄河流域 8 省区普惠金融效用性的变化趋势，（a）、（b）两图整体处于上升阶段，但有些时间段波动较大，说明当时该省份经济发展与银行业的发展存在相当大的差异。其中，从贷款余额/GDP

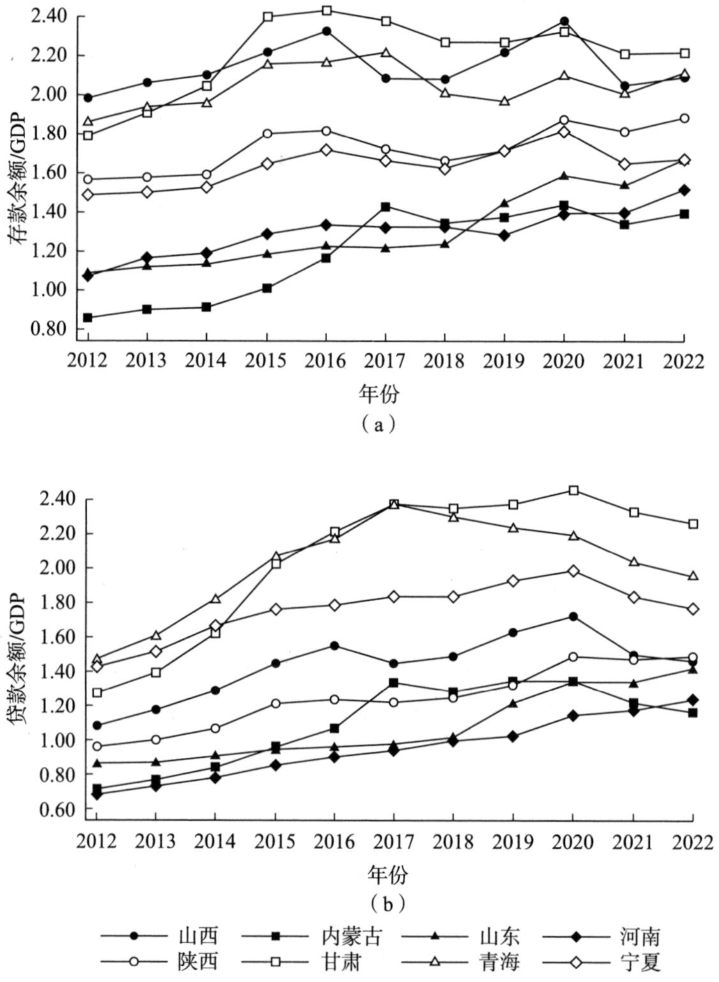

图 8-7　2012—2022 年黄河流域 8 省区普惠金融的效用性

数据来源：《中国城市统计年鉴》。

来看，河南在黄河流域 8 省区中的比值最低，呈上升趋势；青海与甘肃的比值在黄河流域中是较高的，2017 年两省的比值重合并达到最大值 2.4 左右，说明 2017 年青海与甘肃人民对贷款的需求量达到最大，但之后青海的比值出现大幅下降。总体来看，多数省区在 2020 年比值呈现下降的趋势，说明新冠疫情对黄河流域各省区经济发展有很大的影响，而且人们对经济缺乏信心。

从存款余额/GDP 来看，大部分省区的上升幅度较小，也有部分省区的比值是下降的，从侧面说明 2012—2022 年黄河流域各省区人民存款量受经济发展的影响较大。

（二）黄河流域普惠金融遇到的挑战

1. 普惠金融基础设施欠缺

黄河流域各省区存在经济落后地区，交通不便，网络建设不足，对不同用户群体的征信体系建立不完善，金融机构会根据实际情况减少网点的设立，人们获取普惠金融服务受阻，这在很大程度上不利于普惠金融在黄河流域各省区的发展。

2. 普惠金融知识宣传较少

黄河流域上游地处西北地区，交通闭塞，教育落后，尤其是农村地区信息技术非常落后，金融机构对于农村地区村民的金融知识教育活动较少，村民对于普惠金融产品存在误区，农民对于银行的概念只限于存贷业务，缺乏对金融产品的了解，这无疑极大地阻碍了普惠金融的发展。

3. 普惠金融产品单一

落后地区不论从金融服务还是从产品来看，均相对单一，仅涉及小额贷款、存取款等金融服务，但现在人们的金融需求是多样的。金融机构应加强与普惠金融需求方的沟通交流，了解他们所需的产品与服务，根据需求设计相对应的普惠金融产品和服务。

三、黄河流域数字经济在普惠金融中的应用现状与挑战

数字普惠金融实现了科技与金融的结合，能够让黄河流域贫困地区获得更多的金融资源，提升金融服务的可获得性，借助互联网等数字技术拓宽金融覆盖面，提升金融服务效率。本书采用北京大学数字金融研究中心与蚂蚁集团合作发布的数字普惠金融指数，分析黄河流域数字经济在普惠金融中的应用现状与挑战。图 8-8 为 2012—2022 年黄河流域 8 省区数字普惠金融指数的发展现状。

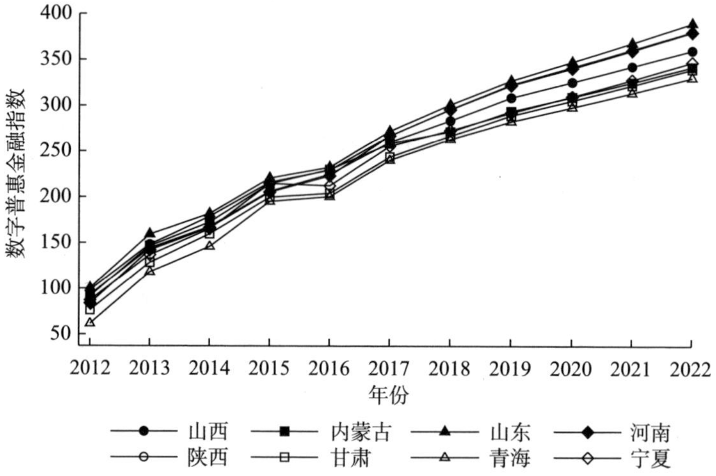

图 8-8　2012—2022 年黄河流域 8 省区数字普惠金融指数

数据来源：普惠金融指数。

（一）黄河流域数字经济在普惠金融中的应用现状

由图 8-8 可知，从整体来看，2012—2022 年黄河流域 8 省区数字普惠金融指数呈现稳步上升趋势，增长幅度较大，从 2012 年的 100 以下增长到 2022 年的 300 以上，其中青海数字普惠金融指数最低，山东数字普惠金融指数最高，说明 2012—2022 年黄河流域 8 省区数字普惠金融发展因地理和经济原因存在差异；2015 年上升幅度较小，说明 2015 年 G20 峰会“普惠金融”概念的正式提出对黄河流域各省区数字普惠金融发展有新的认识，各部门对于数字普惠金融的规划需要根据实际情况进行，并且执行效果也会存在滞后性；2015 年以后，黄河流域各省区数字普惠金融指数增长较为稳定，说明黄河流域各省区为数字普惠金融发展提供了更好的政策与技术支持。

（二）黄河流域数字经济在普惠金融中的挑战

1. 数字普惠金融地区差异较大

黄河流域横跨我国东西大部分区域，地理区位差异明显，经济发展水平差异较大，导致各省区数字普惠金融发展水平差异较大，黄河流域数字普惠金融呈现出发展不平衡、不充分的现象，数字金融人才流失和产业链关键环节缺乏。

2. 数字普惠金融存在数字鸿沟

黄河流域上中游地区数字普惠金融的服务机构及平台较少，不同人士对金融服务的需求是不一样的，一些教育程度偏低的农村地区人群，以及一些低收入的人群，他们如果缺乏足够的数字技术和技能，容易在数字技术金融应用上产生数字鸿沟，导致他们在金融服务中获取收益的能力降低，甚至产生一些恐惧。

3. 数字普惠金融监管体系欠缺

数字技术在普惠金融中应用，会涉及大量用户的个人信息、商户信息及市场信息。特别是随着算法与人工智能技术的快速发展，多样化的数据算法会带来更为复杂的数据安全管理要求，因此金融机构需要加强风险管理和安全保障措施，保障数据的安全性和防止个人隐私泄露。

第四节　数字经济对普惠金融的影响实证分析

一、数字经济综合测度指标体系的构建

数字经济综合测度指标体系的构建参考赵涛等（2020）的方法，采用互联网普及率、互联网相关从业人员情况、互联网相关产出情况和移动电话普及率四个方面的指标。以上 4 个指标对应的实际内容是每百人中互联网用户数、计算机服务和软件业从业人员占城镇单位从业人员的比重、人均电信业务总量和每百人中移动电话用户数。以上指标的原始数据均可从《中国城市统计年鉴》中获得。

本书对上述指标进行标准化处理，采用熵权法确定各指标的权重系数，测算得到数字经济发展水平。熵权法是一种定量赋权方法，在使用过程中依据指标数据的离散程度，利用信息熵计算出指标的熵权，修正后能够得到更为客观的指标权重。数字经济发展水平评价指标体系如表 8-1 所示。

表 8-1　数字经济发展水平评价指标体系

一级指标	二级指标	指标性质	权重
互联网普及率	每百人中互联网用户数	+	0. 2475443
互联网相关从业人员情况	计算机服务和软件业从业人员占城镇单位从业人员的比重	+	0. 2580602
互联网相关产出情况	人均电信业务总量	+	0. 2508250
移动电话普及率	每百人中移动电话用户数	+	0. 2435710

数据来源：由笔者测算而得。

二、普惠金融综合测度指标体系的构建

普惠金融综合测度指标体系的构建参考林春和谭学通（2021）的方法。从普惠金融渗透性、普惠金融可得性以及普惠金融效用性 3 个维度选取 6 个子指标构建普惠金融指标体系。

本书对上述指标进行标准化处理，采用熵权法确定各指标的权重系数，测算得到普惠金融发展水平。普惠金融发展水平评价指标体系如表 8-2 所示。

表 8-2　普惠金融发展水平评价指标体系

一级指标	二级指标	指标性质	权重
普惠金融渗透性	每百平方千米金融机构数	+	0. 2081950
	每万人拥有金融机构数	+	0. 0858893
普惠金融可得性	人均存款余额	+	0. 1763990
	人均贷款余额	+	0. 2683935
普惠金融效用性	存款余额/GDP	+	0. 0828622
	贷款余额/GDP	+	0. 1782612

数据来源：由笔者测算而得。

三、黄河流域普惠金融的时空特征

（一）黄河流域普惠金融的时序演变特征

图 8-9 报告了 2012—2022 年黄河流域 59 个地级市普惠金融水平的均值与变异系数。

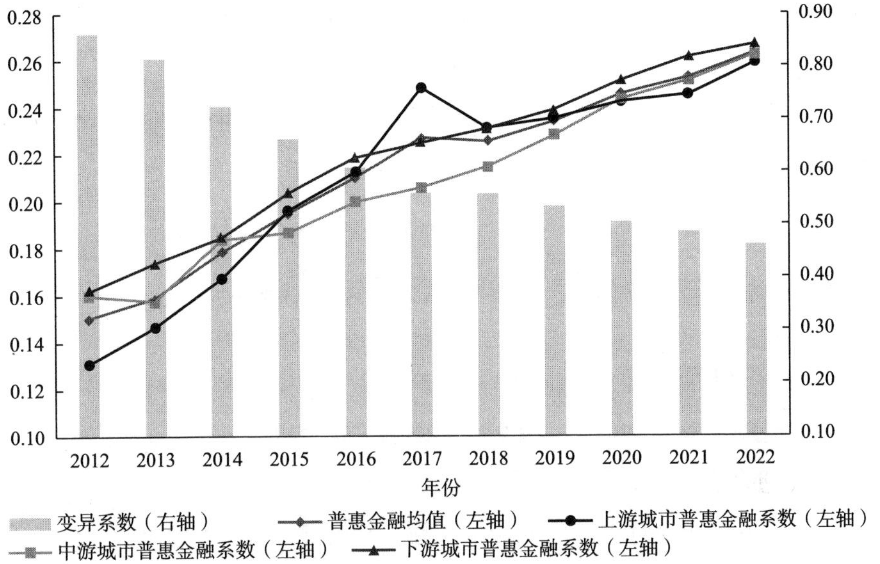

图 8-9　2012—2022 年黄河流域普惠金融变化趋势

数据来源：由笔者整理而得。

由图 8-9 可知，研究期内，普惠金融均值由 2012 年的 0.15 增长至 2022 年的 0.26，年均增长 6.78%，表现为增长态势；变异系数由 2012 年的 0.86 降至 2022 年的 0.46，年均降低 4.21%。11 年间，黄河下游地级市普惠金融水平始终高于黄河流域平均水平，其均值为 0.2198；与之相反，黄河上游地级市普惠金融水平始终低于黄河流域平均水平，其均值为 0.2104。变化范围为 0.1599~0.2624，呈现稳定增长态势。黄河中游地级市普惠金融水平处于波动状态，其均值为 0.2085，从 2012 年的 0.1599 到 2017 年的 0.2479，再到 2018 年的 0.2255，以及 2022 年的 0.2624，普惠金融水平经历了先上升再下降随后稳定增长态势，时序演变呈现倒“U”形变化特征。

（二）黄河流域普惠金融的空间分布特征

借助 Arc GIS 技术平台将 2012 年和 2022 年黄河流域地级市普惠金融水平进行空间可视化分析。研究期内，黄河流域地级市普惠金融水平总体表现为“下游强、上中游弱”的分布格局。普惠金融水平主要从黄河下游至黄河上游地级市递减。2012—2022 年，黄河下游的普惠金融水平均值为 0.2198，显著高于黄河流域平均水平（0.2126）。其中，越靠近黄河下游的地级市，其普惠金融水平越高。2012年，黄河上中游普惠金融水平低于下游水平，分别为0.1312、0.1599；黄河上游普惠金融水平相对较低。至2022年，黄河上游、中游、下游各地级市表现为显著增长局面，其普惠金融水平增速分别为5.45%、4.37%、2.06%，其中黄河上游普惠金融水平虽在总量上较低，但增速最快。

四、数字经济对普惠金融影响的效应分析

（一）模型设定

为检验数字经济发展对普惠金融的影响，建立以下基准回归模型：

$$Y_{i,t}=\alpha_0+\alpha X'_{i,t}+\delta C'_i+u_i+\varepsilon_{i,t} \tag{8-1}$$

式中，被解释变量 $Y_{i,t}$ 表示普惠金融，核心解释变量 $X'_{i,t}$ 表示数字经济，C'_i 为控制变量集，u_i 表示城市固定效应，$\varepsilon_{i,t}$ 表示随机扰动项，所涉及计量模型中的变量如表8-3所示。

表8-3　变量及含义

变量类型	变量名称	变量符号	变量说明
被解释变量	普惠金融	*IFI*	普惠金融综合测度指数
核心解释变量	数字经济	*DIG*	数字经济综合测度指数
门槛变量	产业结构	*IS*	第三产业产值/第二产业产值
控制变量	城镇化水平	*UR*	城镇人口所占比例（%）
	人力资本水平	*HC*	普通中学在校人数/总人数
	政府财政	*GB*	公共财政支出/GDP
	固定资产投资	*FAI*	固定资产投资/GDP

数据来源：《黄河流域综合规划》《中国城市统计年鉴》等。

（二）变量说明

1. 被解释变量

被解释变量为普惠金融（*IFI*），根据前文构建的普惠金融评价体系，以普惠金融渗透性、普惠金融可得性以及普惠金融效用性3个维度的综合测度指数来表示。

2. 核心解释变量

核心解释变量为数字经济（*DIG*），根据前文构建的数字经济评价体系，以互联网普及率、互联网相关从业人员情况、互联网相关产出情况和移动电话普及率四个方面的综合测度指数来表示。

3. 控制变量

本书选用城镇化水平、人力资本水平、政府财政、固定资产投资作为控制变量指标。

（三）数据来源

综合考虑政府规划、沿黄省市行政区划的完整性以及经济社会发展与黄河流域的关联性等，本书选取了黄河流域干流及主要支流核心区所在的59个地级市作为研究对象，并参考《黄河流域综合规划（2012—2030年）》的划分方法，将这59个地级市分为上游、中游、下游3个主要区域，黄河流域区域划分如表8-4所示。

表8-4　黄河流域区域划分

区域划分	城市
黄河上游	呼和浩特、包头、乌海、鄂尔多斯、巴彦淖尔、乌兰察布、兰州、金昌、白银、天水、武威、张掖、定西、平凉、庆阳、西宁、银川、石嘴山、吴忠、固原、中卫
黄河中游	太原、大同、阳泉、长治、晋城、朔州、晋中、运城、忻州、临汾、吕梁、西安、铜川、宝鸡、咸阳、渭南、延安、榆林、洛阳、三门峡
黄河下游	郑州、开封、平顶山、安阳、新乡、焦作、濮阳、许昌、商丘、济南、淄博、东营、济宁、泰安、日照、莱芜、聊城、滨州

数据来源：《黄河流域综合规划（2012—2030年）》《中国城市统计年鉴》等。

本章的数据区间为2012—2022年。各指标数据主要来源于各市国民经济与社会发展统计公报、《中国环境统计年鉴》、各市统计局、《中国城市统计年鉴》及各地区统计年鉴公布的相关数据；部分缺失数据采用插值法填充。

五、实证结果分析

（一）描述性统计

变量的描述性统计如表8-5所示。

表 8-5　变量的描述性统计

变量	N	平均值	标准差	最小值	最大值
IFI	649	0.2126	0.1293	0.0396	0.7286
DIG	649	0.4503	0.2385	0.0027	0.9574
IS	649	1.0169	0.5665	0.2816	3.2846
UR	649	0.5706	0.1433	0.2791	0.9463
HC	649	0.0557	0.0113	0.0275	0.0847
GB	649	0.2270	0.1420	0.0771	0.8456
FAI	649	0.8287	0.3716	0.0872	2.0256

数据来源：由笔者测算而得。

由表 8-5 可知，对于普惠金融（*IFI*），其最大值为 0.7286，最小值为 0.0396，这表明数据的范围相对较大。标准差为 0.1293，意味着数据的分布相对分散，但平均水平较低。最大值约为最小值的 18 倍，凸显了数据中存在着相当大的差异性。在数字经济（*DIG*）方面，其最大值为 0.9574，最小值为 0.0027，显示了数据的范围非常广泛。标准差为 0.2385，比 *IFI* 的标准差稍高，说明数据更为分散，且平均水平较高。这表明在样本中，数字化指数的波动性比金融普惠指数更大。产业结构（*IS*）的范围从 0.2816 到 3.2846，这是所有变量中最广泛的范围之一。标准差为 0.5665，表明数据的分布相对分散，而平均值为 1.0169，显示了整体投资支出水平较高，但数据在样本中的变化较大。城镇化水平（*UR*）的范围从 0.2791 到 0.9463，这是相对较小的范围。标准差为 0.1433，表明数据的变异程度相对较小，但平均水平相对较高。人力资本水平（*HC*）的范围从 0.0275 到 0.0847，是所有变量中范围最窄的。标准差为 0.0113，表明数据的变异程度相对较小，而平均水平较低。政府财政（*GB*）的范围从 0.0771 到 0.8456，标准差为 0.1420，显示数据的变异程度适中。平均值为 0.2270，表明整体政府预算水平较为稳定，但仍存在一定波动。固定资产投资（*FAI*）的范围从 0.0872 到 2.0256，是所有变量中范围最大的一个。标准差为 0.3716，表明数据的分布相对分散，且平均水平较高，表明在样本中，固定资产投资的变动范围较大。

（二）回归结果分析

基准回归结果如表 8-6 所示。

表 8-6　基准回归结果

变量	(1)	(2)
DIG	0. 327*** (0. 027)	0. 317*** (0. 027)
_cons	0. 065*** (0. 012)	0. 111*** (0. 024)
控制变量	No	Yes
Year	No	No
City	Yes	Yes
N	649	649
R^2	0. 268	0. 296

注：*** 表示统计值在 1%的水平上显著；括号中是城市层面的聚类标准误。

数据来源：由笔者测算而得。

由表 8-6 可知，列（1）和列（2）分别是未加入控制变量和加入控制变量的回归结果，未加入控制变量时，数字经济对普惠金融的影响显著为正，系数是 0. 327，数字经济的系数在 1%的水平上显著，说明数字经济能显著正向提高黄河流域城市普惠金融水平。加入控制变量后，数字经济对普惠金融的影响依然为正，影响系数是 0. 317，数字经济的系数在 1%的水平上显著，说明数字经济对黄河流域城市普惠金融发展具有显著的促进作用。数字经济通过提供在线金融服务和金融科技创新，显著扩大了金融服务的受众范围。这种广泛的覆盖有助于提高金融包容性，让更多人享受到金融服务的便利，特别是那些传统金融体系难以触及的群体，数字化技术的应用还可以显著降低金融服务的运营成本，促进金融服务的自动化和智能化，促进普惠金融的发展。验证了假说 7。

（三）异质性分析

1. 城市地理区位异质性分析

黄河流域横跨我国东、中、西部，各地区在地理环境、基础设施建设、金融覆盖面等方面存在较大差异。考察数字经济对黄河流域普惠金融发展影响的区域异质性，借鉴师博等（2023）的研究把黄河流域分为上游、中游、下游3个区域，分别按基准模型即式（8-1）进行回归，回归结果见表8-7。

表8-7 城市地理区位异质性回归结果

变量	黄河上游	黄河中游	黄河下游
	(1)	(2)	(3)
DIG	0.343*** (0.062)	0.229*** (0.020)	0.225*** (0.052)
_cons	0.097** (0.041)	0.203*** (0.034)	-0.03 (0.034)
控制变量	Yes	Yes	Yes
Year	No	No	No
City	Yes	Yes	Yes
N	231	220	198
R^2	0.401	0.348	0.387

注：***、** 分别表示统计值在1%、5%的水平上显著；括号中是城市层面的聚类标准误。
数据来源：由笔者测算而得。

数字经济对黄河流域上游地区、中游地区和下游地区普惠金融水平具有显著的正向影响。从作用强度来看，对上游地区的提升作用强于中下游地区。究其原因，上游地区经济发展相对滞后，对普惠金融的需求更为迫切。数字经济的引入为上游地区提供了新的经济增长点和发展机会，通过普惠金融的提升，可以更好地满足当地居民和企业的金融服务需求，促进经济发展和社会进步。上游地区传统金融服务覆盖面较窄，数字经济的介入有效弥补了这一不足。通过移动支付、互联网银行和在线金融服务等手段，数字经济能够在更大范围内提供便捷、高效的金融服务，使上游地区的普惠金融水平得以快速提升。验证了假说8。

2. 城市等级异质性分析

中心城市作为黄河流域的经济增长极，会加快数字经济赋能普惠金融发展的进程，将省会城市定义为中心城市，其他城市定义为外围城市，回归结果见表 8-8。

表 8-8　城市等级异质性回归结果

变量	中心城市	外围城市
	(1)	(2)
DIG	0.553** (0.164)	0.283*** (0.020)
_cons	0.457* (0.213)	0.069*** (0.024)
控制变量	Yes	Yes
Year	No	No
City	Yes	Yes
N	88	561
R^2	0.346	0.334

注：***、**、* 分别表示统计值在 1%、5%、10%的水平上显著；括号中是城市层面的聚类标准误。
数据来源：由笔者测算而得。

表 8-8 的回归结果显示，数字经济对中心城市和外围城市的普惠金融水平具有显著的正向影响。从作用强度来看，数字经济对中心城市普惠金融水平的提升作用强于外围城市。究其原因，首先，中心城市往往能够获得更多的政策支持和资源分配，包括政府的优惠政策、专项资金和项目支持等。这些政策和资源的倾斜有助于中心城市更好地开展数字金融服务，提升普惠金融水平。其次，中心城市人口密集，市场需求大，金融服务的潜在客户群体广泛。数字经济在这样的环境中更容易扩大金融服务的受众范围，提供多样化和个性化的金融产品，满足不同群体的需求，从而显著提升普惠金融水平。最后，中心城市聚集了大量的金融机构和高素质的金融从业人员，这些机构和人员具备较强的服务能力和创新能力。在数字经济的推动下，中心城市的金融机构能够更快速地推出创新性的金融产品和服务，扩大普惠金融的覆盖面并提升服务质量。

（四）门槛模型

为了进一步研究数字经济对普惠金融的影响，本书建立门槛模型，将产业结构高级化作为门槛变量，引入示性函数，进行门槛回归检验，如式（8-2）所示：

$$Y_{i,t}=\alpha_0+\alpha_1 X'_{i,t} I(H_{i,t}\leqslant\gamma_1)+\alpha_2 X'_{i,t} I(\gamma_2\leqslant H_{i,t}\leqslant\gamma_1)+\cdots+\alpha_n X'_{i,t} I(\gamma_n\leqslant H_{i,t})+\delta C'_i+\varepsilon_{i,t} \quad (8-2)$$

式中，i 表示地区，t 表示时间，被解释变量 $Y_{i,t}$ 表示普惠金融，核心解释变量 $X'_{i,t}$ 表示数字经济。I（·）表示示性函数，$H_{i,t}$ 为门槛变量，表示产业结构，当门槛变量满足门槛条件时，$I=1$；否则，$I=0$。γ_n 表示第 n 个门槛值，C'_i 为控制变量集，$\varepsilon_{i,t}$ 表示随机扰动项。

门槛效应自抽样检验结果如表 8-9 所示。根据检验结果可以看出数字经济对普惠金融的单门槛通过显著性检验，得出存在产业结构高级化单门槛效应的结论，门槛值为 1.4544。

表 8-9　门槛效应自抽样检验结果

	门槛值	*P* 值
Th-1	1.4544	0.006

数据来源：由笔者测算而得。

门槛回归的具体结果如表 8-10 所示。

表 8-10　门槛回归结果

变量	
DIG_1（*IS*≤1.4544）	0.059** （0.024）
DIG_2（*IS*>1.4544）	0.141*** （0.024）
_cons	-0.141*** （0.018）
控制变量	Yes
N	649
R^2	0.514

注：***、** 分别表示统计值在 1%、5%的水平上显著；括号中是城市层面的聚类标准误。
数据来源：由笔者测算而得。

在门槛回归模型中，门槛作用显著，当产业结构高级化程度小于等于1.4544时，数字经济对普惠金融有正向显著影响；当产业结构高级化程度大于1.4544时，数字经济对普惠金融仍有正向显著影响，但程度增强。从门槛回归模型可看出，数字经济对普惠金融的影响存在一个拐点（1.4544），当产业结构高级化程度越来越高时，数字经济对普惠金融的影响在拐点前后发生较大变化。

在产业结构水平较低时（第三产业的产值相对于第二产业的产值比重较低），由于信息基础设施不够完善，企业和个人的数字化程度较低，导致数字技术在普惠金融中的应用受到限制，难以充分发挥其潜力。产业结构水平的提高意味着服务业和知识经济在整个经济中的比重更大。在这种情况下，数字经济能够更有效地促进普惠金融的发展。具体来说，高产业结构水平提供了更好的信息基础设施、更多的数字化服务和更高的金融需求，这些都为数字技术在金融领域的应用创造了有利条件。验证了假说9。

第五节　数字经济促进黄河流域普惠金融高质量发展的结论与对策建议

通过对数字经济融合下黄河流域普惠金融高质量发展进行实证研究，得出以下结论：首先，数字经济可以促进普惠金融发展。其次，数字经济对普惠金融的作用程度会受到产业结构水平的约束。产业结构水平较高时，数字经济对普惠金融的影响更大。

数字经济通过扩大金融服务的受众范围，降低金融服务的成本，提高金融服务的效率，并促进金融产品与服务的创新，加强金融风险管理，助力普惠金融的发展。基于此，本书从构建黄河流域普惠金融数字化服务平台、创新黄河流域普惠金融产品与服务、完善黄河流域普惠金融政策支持体系、加强黄河流域普惠金融风险管理与监督四个方面对数字经济融合下黄河流域普惠金融高质量发展提出建议。

一、构建黄河流域普惠金融数字化服务平台

构建黄河流域普惠金融数字化服务平台需要从强化顶层设计和创建协调机制两个方面入手。需要金融机构、政府部门、科技公司以及其他相关方的共同努力才能实现。

（一）强化顶层设计

构建黄河流域普惠金融数字化服务平台首先就是要确保平台的建设和运营符合国家政策导向，形成统一的规划和标准。平台的建设应以国家和地方的政策法规为基础，顺应国家关于普惠金融和数字经济的发展战略，确保平台服务内容、运营模式与国家政策高度一致。在此基础上，要制定全面的发展规划，涵盖平台的目标定位、服务范围、技术架构、运营机制等方面，建立统一的服务标准和技术标准，以保障平台运行的高效性和安全性，确保平台建设的连续性和稳定性。同时，随着政策环境、市场需求和技术发展的变化，要定期评估和更新平台的发展策略，以保持平台的活力和竞争力。在强化顶层设计的过程中，必须充分考虑监管要求，确保平台在收集处理个人和企业信息时能够遵守相关的法律法规。

（二）创建协调机制

建立黄河流域内的金融合作机制，促进区域内金融机构之间的信息共享和服务协同。政府相关部门要充分发挥引导和协调作用，打破金融机构之间的壁垒，营造一个互利共赢的合作环境。制定黄河流域金融合作的总体方针和策略，明确各金融机构在合作网络中的角色和职责。要制定一套服务协同的标准和规范，确保不同机构能够在产品和服务上实现无缝对接。此外，需要建立一个安全、高效的金融信息共享平台，利用大数据、云计算等技术手段，实现金融信息的快速流通和准确传递。通过对接不同金融机构的数据库系统，提高风险管理能力，同时为信贷决策提供更为全面的数据支持。鼓励金融机构在合作的基础上进行业务创新，开发适应黄河流域特点的金融产品和服务。对金融合作机制的效果进行持续监测和评估，及时调整和完善合作

策略和措施，确保机制始终能够适应环境变化，有效促进区域内金融合作的深入发展。

二、创新黄河流域普惠金融产品与服务

深入调研本地需求并运用科技手段提升服务效率是创新黄河流域普惠金融产品与服务的两大关键步骤。通过深入了解当地市场需求并结合现代科技手段，金融机构可以为黄河流域的居民和企业提供更加贴合实际需求、高效率、安全的金融服务，推动区域经济均衡发展和社会进步。

（一）深入调研本地需求

根据流域特有的社会经济环境和居民需求来设计个性化、差异化的金融产品和服务。首先对黄河流域的地理特点、经济发展水平、文化背景以及居民的金融需求进行详尽的调研和分析。了解不同区域、不同人群对金融产品的偏好和需求。基于研究结果，设计符合当地居民和企业需求的金融产品。例如，为农户提供与农业生产周期相匹配的贷款产品，为企业提供绿色信贷支持生态环保项目，为年轻人提供便捷的数字支付和小额借贷服务等。除了产品本身，还应针对不同客户群体提供定制化的服务，运用大数据、人工智能、区块链等科技手段提升金融服务的质量和效率。开发符合可持续发展目标的金融产品，支持和促进环境保护、社会责任和经济可持续性。这不仅能提升金融机构的公众形象，也能满足消费者对绿色金融产品的需求。与此同时，建立有效的用户反馈机制，持续收集用户体验信息，及时调整和优化服务内容。

（二）运用科技手段提升服务效率

利用大数据、云计算等先进技术，提高服务效率和风险管理能力，确保平台的安全稳定运行。首先，收集和分析用户数据，以便更好地理解客户需求、预测市场趋势，并提供个性化服务。利用大数据分析技术对用户行为进行深入洞察，从而设计更符合用户需求的金融产品和服务。其次，利用区块链技术提高交易的透明度和安全性，部署先进的网络安全解决方案，保护平

台免受网络攻击和数据泄露的风险，同时要建立有效的灾难恢复和应急响应机制，确保在发生意外情况时能够迅速恢复正常运作，保障金融服务的连续性。最后，要保持技术系统的持续集成和升级，以适应不断变化的市场和技术环境，除了技术投入，还需要培养和引进专业的技术人员，为平台的稳定和创新提供人力支持。

三、完善黄河流域普惠金融政策支持体系

完善黄河流域普惠金融政策支持体系需要从建立多层次政策框架和强化政策实施机制两个方面入手。制定符合实际需要的政策并确保其得到有效执行，可以推动黄河流域普惠金融的发展，进而促进区域经济的繁荣和社会的进步。

（一）建立多层次政策框架

完善黄河流域普惠金融政策支持体系是推动区域经济发展和提升金融服务效率的关键。完善黄河流域的普惠金融政策支持体系，首先需要从国家层面出台一系列鼓励和支持普惠金融发展的政策。这些政策应当涉及金融机构设立、运营、风险控制以及创新等方面，为金融机构在黄河流域提供更广泛的服务创造良好的政策环境。同时，地方政府应结合本地实际情况，制定具体的实施细则和扶持措施，形成中央与地方相互配合、相互促进的政策格局。此外，还应当加强政策的协调性和连贯性，确保各项政策措施能够有效衔接，形成一个多层次、全方位的政策框架。

（二）强化政策实施机制

政策的制定只是第一步，如何确保政策得到有效执行是完善政策支持体系的关键一环。首先，需要建立一套严格的监管机制，确保金融机构真正将普惠金融政策落到实处。包括对金融机构的服务质量、服务范围、风险管理等方面进行监督检查，确保政策要求得到满足。其次，应当建立政策效果评估机制，定期对政策执行情况进行评估，及时了解政策执行的效果和存在的问题。通过评估结果，可以对政策进行调整和优化，使其更加符合实际需要。

最后，还应当建立一个反馈机制，鼓励金融机构、企业和个人对政策执行情况提出意见和建议，以便政策制定者能够及时了解政策执行的情况，并根据反馈信息进行必要的调整。

四、加强黄河流域普惠金融风险管理与监管

加强黄河流域普惠金融风险管理与监管需要从建立风险评估机制和完善监管框架两个方面入手。通过这两个方面的努力，可以有效地防范和控制金融风险，保护消费者权益，促进黄河流域普惠金融服务健康发展。

（一）建立风险评估机制

首先，需要建立一个全面的风险评估机制，对黄河流域的普惠金融服务进行定期的风险评估。这个机制应该包括对金融机构的内部风险控制能力、产品和服务的风险特性、市场环境的变化等多个方面的评估。通过这个机制，可以及时发现和识别潜在的风险，为后续的风险防范和控制提供依据。同时，这个风险评估机制还应该与国家和地方的金融监管部门紧密合作，确保评估结果的准确性和权威性。此外，还应该鼓励金融机构自我评估和管理风险，提高其自身的风险管理能力。

（二）完善监管框架

为了加强黄河流域普惠金融的风险管理与监管，还需要完善相关的监管框架。这个框架应该包括对金融机构的设立、运营、退出等各个环节的监管规定，确保金融机构在整个生命周期内都能够遵守相关的法律法规和监管要求。同时，这个监管框架还应该包括对金融产品和服务的监管规定，确保其符合安全、公平、透明的原则。此外，还应该加强对金融市场的监测和分析，及时发现市场异常情况并采取必要的措施进行干预。在这个过程中，监管机构应该与金融机构保持良好的沟通和合作，共同维护金融市场的稳定和发展。

第九章　数字经济推动下黄河流域金融信用体系建设

第一节　引言

一、研究背景

金融信用体系建设是防控金融风险的基础性制度安排，完善的社会信用体系是供需有效衔接的重要保障，是资源优化配置的坚实基础，是良好营商环境的重要组成部分。党的二十大报告提出，构建全国统一大市场，深化要素市场化改革，建设高标准市场体系，强调要完善社会信用这一市场经济基础制度。加快推进社会信用立法是健全统一的社会信用制度的核心内容，有力支撑资源配置优化和良好营商环境构建，在数字经济技术发展的背景下，对促进国民经济循环高效畅通、促进金融高质量发展具有重要意义。2022 年 4 月，中共中央办公厅、国务院办公厅联合印发《关于推进社会信用体系建设高质量发展促进形成新发展格局的意见》，标志着社会信用体系建设进入规范化和高质量发展的新阶段。2022 年，“十四五”黄河流域发展规划指出，要加快构建数字孪生黄河，提升黄河流域数字化、网络化和重点领域智能化水平。

随着大数据、云计算、人工智能等技术日渐成熟，日常生活中“数字”的身影出现得越来越频繁。党的十九大报告首次将“数字经济”作为关键词提出，“十四五”规划指出要主动借力数字化优势，为实体经济引入数据要素，促进两种经济形式的深层次结合，提高整体效率，这对于经济发展质量的提升有重要作用。《中华人民共和国经济和社会发展第十四个五年规划和2035年远景目标纲要》也对数字经济作出发展规划与展望。2020年，数字经济规模创新高，增长速度是同期GDP增速的3.2倍［《中国数字经济发展白皮书（2020年）》］，在国际经济因新冠疫情而形势不乐观的背景下，成为国内稳定民生、保障经济的有力支撑。2020年，黄河流域数字经济规模增速，除了四川省、山西省和山东省超过10%，其他6个省区均为5%~10%。黄河流域金融高质量发展离不开数字经济与金融信用体系的助力，应抓住新契机，通过发展数字经济，促进金融信用体系建设发展，带动产业结构转型，增强黄河流域数字化产业的辐射作用，促进数字经济和传统经济的融合发展，实现黄河流域产业绿色化、数字化和智能化发展，从而推动黄河流域金融高质量发展的实现。

二、金融信用体系的概念与内涵

（一）金融信用体系的概念及内涵

金融信用体系是一个涵盖信用评估、信用监测、信用管理和信用激励等多个方面的综合体系，其可以界定为通过运用互联网技术和数据分析手段，建立平台为金融机构提供互通的透明化信用信息，并对失信行为建立监管和惩罚机制，以此提升金融领域的信用水平和风险控制能力的综合体系，其核心目标是维护金融市场的稳定性、透明性和高效性。由此本书从以下几个方面全面阐释金融信用体系的概念及内涵。

1. 提供透明化的信用信息

在金融市场中，信息不对称往往导致交易双方难以形成有效的信任和合作。金融信用体系通过收集、整理和分析各类信用信息，如个人或企业的信用记录、财务状况、履约历史等，利用先进的信用评分模型和算法，对整理后的信用信息进行分析，生成信用评分或信用等级，金融信用体系将分析后的信用信息以报告、评分或等级的形式传递给金融机构、企业、个人等市场参与者，为金融机构和其他市场参与者提供决策参考。信用评估机构则基于这些信息，对各类主体进行信用评级，帮助投资者识别风险、作出理性的投资决策和信贷决策，提高市场效率，从而降低信息不对称带来的风险，透明化的信用信息有助于减少市场中的信息不对称，促进市场公平竞争。

2. 对失信行为建立监管和惩罚机制

金融信用体系通过全国信用信息共享平台等公共信息数据库，实时监测个人和企业的信用行为，发现潜在的失信行为。与人民银行、银保监会、证监会等金融监管机构共享失信信息，形成联合监管态势，确保信息的准确性和完整性。对于违反信用承诺、不履行债务或存在其他失信行为的市场主体，该体系会采取相应的措施，如限制其融资能力、降低其信用评级，甚至追究其法律责任，以维护金融市场的公平和秩序。通过信用评级和信用奖惩机制，金融信用体系能够引导市场参与者遵守契约精神，履行信用承诺，从而保障金融交易顺利进行。同时，该体系还能够及时发现和防范潜在的金融风险，确保金融市场的稳定性和安全性。

3. 强调信用信息的共享和互通

通过建立统一的信用信息平台，实现不同部门、不同机构之间的信用信息互联互通，显著地打破了原先的“信息孤岛”现象，避免了因各自为政而导致的重复建设问题。建立全国信用信息共享平台，通过推广基于信息共享和大数据开发利用的“信易贷”模式，深化“银税互动”“银商合作”机制建设，使各类信用信息得以高效流通与共享，提高金融服务效率，确保信息的准确性和一致性，从而为金融市场的参与者提供更为全面、真实的市场环境，营造良好的信用环境，促进市场公平竞争和健康发展。

（二）金融信用体系参与主体

金融信用体系的参与主体包括政府部门、工商企业、信用信息平台。这些主体在金融市场上发挥着不同的作用，共同维护着金融市场的稳定运行和健康发展，为金融信用体系的建设提供了有力支持。

1. 政府部门

作为金融监管和政策制定的核心部门，政府部门是金融信用体系建设和监管的核心力量。中央银行、金融监管机构以及工商、税务等其他政府部门通过制定相关法律法规和政策，为金融市场的稳定运行和金融信用的健康发展提供制度保障。同时，政府部门建设的信用信息平台，如公共信用信息服务平台等，为金融机构提供权威的信用信息查询服务，提高金融市场的透明度和效率。另外，政府部门对违反金融法律法规、破坏金融信用体系的行为进行严厉打击和惩罚，通过严格的执法和惩罚机制，政府部门维护金融市场的公平竞争秩序，保护消费者权益，促进金融市场健康发展。

2. 工商企业

作为金融市场的资金需求方和供给方，工商企业在金融信用体系中占据重要地位。工商企业通过向金融机构申请贷款、发行债券等方式筹集资金，良好的信用状况有助于企业更容易地获得金融机构的贷款支持，降低融资成本，并提升企业的市场竞争力。同时，健全的信用体系可以降低银行等金融机构对中小微企业融资的门槛，通过信用信息的互联互通和共享，金融机构可以更准确地评估企业的经营状况和信用状况，降低信贷风险。这有助于中小微企业更容易地获得融资支持，推动其快速发展。另外，工商管理等政府部门通过监督企业行为，建立企业诚信档案，对信誉较高的企业进行奖励，对信誉较低的企业进行惩罚。这种监管和奖惩机制有助于推动企业建立良好的信用体系，提高整个社会的信用水平。

3. 信用信息平台

作为金融市场中信用信息的集中、整合、共享和服务的平台，信用信息平台在金融信用体系中发挥着至关重要的作用。以大数据和数据技术为基础，各地建设了各类区域性和部门性信用信息平台，通过收集、整理、分析和发布各类信用信息，为金融机构、企业、个人等提供全面、准确、及时的信用信息服务。这些平台不仅有助于降低信用风险，提高金融市场的透明度和效率，还为政府部门、金融机构和企业之间的合作提供了有力支持。通过信用信息平台的建设和运用，金融市场的信用体系得以进一步完善和优化，为金融市场的健康发展提供了有力保障。

（三）作用机制

信用体系主要是通过减少信息不对称促进信贷市场发展、促进普惠金融精准投放、防范金融风险促进市场稳定运行等方面对金融市场进行调节，促进金融市场高质量健康发展。

1. 通过减少信息不对称促进信贷市场发展

信贷市场的一个显著特征是银行和借款人之间存在严重的信息不对称。由此带来的逆向选择和道德风险阻碍了信贷市场的发展，使资金无法得到有效配置。金融信用体系的作用主要在于通过收集和共享经济活动主体的信用信息，降低信贷市场的信息不对称，削弱逆向选择和道德风险的影响，从而提高贷款的质量和提高金融市场资金配置与运用效率，使信贷市场中的各方能够更清晰地了解借款人的信用状况、还款能力和还款意愿，降低了因信息不对称带来的信贷风险。

2. 促进普惠金融精准投放

对于小微企业、农民、城镇低收入人群、贫困人群和残疾人、老年人等特殊群体，还需要更加具体、精准的普惠金融手段为其提供有效支持。这些主体往往难以达到传统金融服务的门槛，更缺乏抵押融资的基础，需要信用融资支持，但又缺少传统金融信用信息的积累，因此，结合替代数据开展的大数据征信信用平台，则成为提供精准普惠金融服务的重要依托。运用大数据、人工智能、区块链等新技术，积累与整合用户金融数据和非金融数据，通过多样化数据分析和模型设置进行风险评估，并且根据评估分数预测用户的信用情况、还款能力、欺诈风险等，从而实现资金的精准投放，起到普惠的作用，促进金融市场健康发展。

3. 防范金融风险促进市场稳定运行

在用户数据激增和竞争对手林立的行业环境下，现代金融行业面临的风险主要来自可能引起坏债积压的信用风险和新旧金融业碰撞所引发的市场风险。数字经济支持下的金融信用体系，为各经营者提供理性明智的风险应对之策，推动不同经营者共享其所掌握的客户数据，有助于商业银行或金融公司在后续交易中更为全面地刻画客户形象，同时助推业内各方协同交融，共同实现互惠共赢，防范金融风险的发生，促进金融市场稳定运行。

三、金融信用体系建设对金融高质量发展的作用与意义

金融信用体系的建设可以使金融机构在利用数字经济的大数据技术贷款时更加准确地评估申请者的信用状况，从而降低贷款风险，加快贷款审批速度，提高金融服务的效率和质量。截至 2023 年末，全国已建成省级地方征信平台 31 家，合计联通数据源单位 2657 家，收录当地企业 1.44 亿户，接入金融机构 4741 家，进一步提升对实体经济的服务质效。截至 2023 年 9 月底，一体化平台网络已通过信息共享累计支撑金融机构发放贷款 20.8 万亿元，其中信用贷款 4.8 万亿元，融资规模实现新突破。同时，通过信用信息平台信息的共享和透明化，金融机构可以利用大数据、人工智能、区块链等新技术更加灵活地设计金融产品，满足不同客户的需求，推动金融行业的创新，多省市出台多种创新产品，例如，陕西省“秦信融”平台扩展多种“信易+”应用场景，山东省威海市出台涵盖“信易贷”“信易游”“信易购”“信易医”等领域的 66 项诚信激励措施。另外，政府部门和金融监管机构利用金融信用体系，对金融机构进行监管和执法，通过及时、准确地记录和分析信用信息，金融机构可以及时发现潜在的风险点，发现金融市场中的风险隐患，采取相应的风险管理措施，为金融机构提供风险预警服务，保障金融系统的稳定性和安全性。

综上所述，金融信用体系的建设可以打击失信行为，维护正常的金融秩序和社会经济秩序。通过营造一个诚信的金融环境，促进金融市场健康发展。同时，通过提高金融服务的透明度和公正性，消费者可以更加清晰地了解金融产品的风险和收益，作出更加明智的投资决策。另外，金融信用体系的建设可以推动政府更好地履行经济调节、市场监管、社会管理和公共服务的职能，加强信用信息的监督和管理，政府可以更加有效地维护市场秩序，促进经济发展和社会稳定。

国家对黄河流域的水土保持、洪水隐患、饮水问题、生态安全、脱贫攻

坚等工作高度重视。过去依靠当地资源进行粗放式发展的模式不仅严重阻碍了流域内的金融健康发展，也加剧了生态的不稳定性。实现黄河流域金融高质量发展这一国家战略，金融信用体系可以数字经济数据为核心驱动，以5G、云计算、大数据、人工智能等为代表，为黄河流域金融高质量发展注入新的发展动力，激发黄河流域的金融信用体系活力与效率，大大提高黄河流域内生产、消费、分配、交换等金融活动的效率，对于促进区域协调发展，实现人民高质量生活具有一定现实意义。

第二节　黄河流域金融信用体系建设现状

黄河流域各省区城市之间除了地域相邻之外，信用建设联系也很紧密，只有通过加强信用体系建设，实现黄河流域信用政策同步化、数据共享一体化，才能真正高效配置金融资源，实现黄河流域信用建设共赢。近年来，信用一体化建设活力倍增、信用赋能成果倍增，促进区域信用协同已经成为共识。黄河流域联盟正在全力推动社会进步和信用体系发展。

一、黄河流域金融信用体系建设的发展历程

（一）我国金融信用体系建设相关制度建设演变

图 9-1 通过梳理我国 2000 年以来有关信用体系建设的进程，直观展现我国信用体系建设的发展脉络。

1999 年 10 月，中国社会科学院世界经济与政治研究所启动了“建立国家信用管理体系”课题，标志着我国对信用管理体系建设开始给予更多的关注和重视。信用管理体系是一个国家为了保障市场经济健康运行、维护公平交易、防范信用风险而建立的一系列法律、制度、技术等方面的综合体系。它包括个人信用、企业信用、政府信用等多个方面，涵盖了信用信息的采集、加工、存储、查询、披露、使用以及信用奖惩等各个环节。在我国，随着市场经济的深入发展和全球化趋势的加强，信用问题的重要性日益凸显。因此，建立国家信

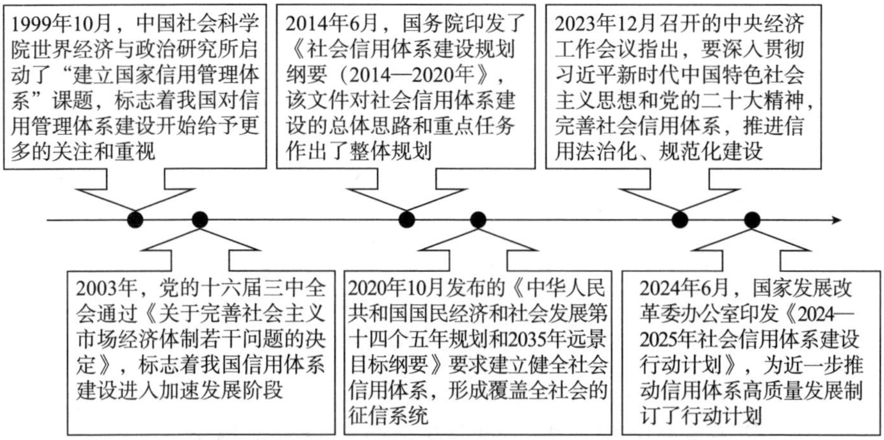

图 9-1　近年来我国信用体系制度的演变进程

用管理体系不仅有助于防范和化解金融风险，维护金融稳定，还有助于促进市场公平竞争，保护消费者权益，提高经济效率。

早在 2003 年我国就启动了以“奖励守信、惩罚失信”为核心的社会信用体系建设。首先，社会信用体系建设是规范市场经济秩序的治本之策。现代市场经济是信用经济，建立健全社会信用体系是整顿和规范市场经济秩序、改善市场信用环境、降低交易成本、防范经济风险的重要举措。社会信用体系的核心作用在于记录社会主体信用状况，揭示信用优劣，警示信用风险，并整合社会力量褒扬诚信，惩戒失信，这有助于保障授信人和受信人之间遵循一定规则进行交易，从而确保经济运行的公平和效率。其次，社会信用体系建设是完善社会主义市场经济体制的迫切要求。我国处于深化经济体制改革和完善社会主义市场经济体制的攻坚期，建立健全社会信用体系有助于减少政府对经济的行政干预，推动市场主体更好地发挥自身作用。最后，社会信用体系建设是促进资源优化配置、扩大内需、推动产业结构优化升级的重要前提，对于加快转变发展方式、实现科学发展具有重要的战略意义。从全球化的视角来看，社会信用体系建设是适应全球化发展趋势的必然要求。在互联网时代，各方需要更加便捷地进行合作与交流，而健全的社会信用体系可以提供有力的信用保障，促进国际合作与发展。

为进一步推进社会信用体系建设，根据党的十八大提出的“加强政务诚信、商务诚信、社会诚信和司法公信建设”，党的十八届三中全会提出的“建立健全社会征信体系，褒扬诚信，惩戒失信”，《中共中央 国务院关于加强和创新社会管理的意见》提出的“建立健全社会诚信制度”，以及《中华人民共和国国民经济和社会发展第十二个五年规划纲要》提出的“加快社会信用体系建设”的总体要求，2014 年 6 月，国务院印发了《社会信用体系建设规划纲要（2014—2020 年）》，该文件对社会信用体系建设的总体思路和重点任务作出了整体规划，旨在提高整个社会的诚信水平，对金融信用体系建设也提出了要完善金融业统一征信平台建设的要求。主要包括完善金融信用信息基础数据库和推动金融业统一征信平台建设。要继续推进金融信用信息基础数据库建设，提升数据质量，完善系统功能，加强系统安全运行管理，进一步扩大信用报告的覆盖范围，提升系统对外服务水平。同时也要继续推动银行、证券、保险、外汇等金融管理部门之间信用信息系统的链接，推动金融业统一征信平台建设，推进金融监管部门信用信息的交换与共享。

2020 年 10 月发布的《中华人民共和国国民经济和社会发展第十四个五年规划和 2035 年远景目标纲要》明确提出对信用体系建设的要求，旨在建立健全社会信用体系，推动形成覆盖全社会的征信系统，为经济社会发展提供有力支撑。首先，要求加强信用信息归集、共享、公开和应用，确保信用信息的准确性和完整性，包括建立公共信用信息和金融信息的共享整合机制，促进政府部门、金融机构、市场主体之间的信息互通和共享。同时，加强信用信息安全管理，保障信用主体合法权益。其次，要求完善失信主体信用修复机制，推动失信惩戒措施的有效实施。通过制定公共信用信息目录和失信惩戒措施清单，明确失信行为的认定标准和惩戒措施，加大对失信行为的惩戒力度，提高失信成本，促进市场主体诚信经营。此外，还强调要培育具有国际竞争力的企业征信机构和信用评级机构，加强征信监管，推动信用服务市场健康发展。这将有助于提升我国信用服务行业的整体水平，满足市场多元化的信用需求。最后，在数字经济和数字化发展方面，要求建立健全数字经济领域信用体系，加强数字政府建设中的信用管理。通过打造数字经济新优势、加快数字社会建设步伐、提高数字政府建设水平等措施，推动数字经济与信用体系深度融合，促进经济社会数字化转型。

2023年12月召开的中央经济工作会议指出，要深入贯彻习近平新时代中国特色社会主义思想和党的二十大精神，完善社会信用体系，推进信用法治化、规范化建设，以信用为基础，优化资源配置，激发市场活力，增强企业内生动力，畅通市场交易机制，形成高效规范、公平竞争的统一市场。其中加快信用立法进程是指要加快推进《社会信用建设法》等法律法规的制定和完善，将社会信用体系建设纳入法治化轨道，为信用体系建设提供坚实的法律保障。要建立健全以信用为基础的新型监管机制，推进信用分类监管、失信惩戒等制度，提高监管的精准性和有效性。同时要加强信用信息归集、共享和公开，推动政府部门、金融机构、市场主体之间的信息互通和共享，打破“信息孤岛”，提高信息利用效率。要针对家政服务、科研诚信等重点领域，深化信用体系建设，加强行业自律，提升行业诚信水平。要加强信用文化宣传和教育，提高全社会的诚信意识和信用水平，营造诚实守信的社会氛围。

2024年6月发布的《2024—2025年社会信用体系建设行动计划》（以下简称《行动计划》）旨在深入贯彻落实党中央、国务院关于推进社会信用体系建设的决策部署，进一步推动社会信用体系建设的高质量发展。《行动计划》以提升信用建设法治化、规范化水平为核心目标，包括加快推动出台《社会信用建设法》，推动省级信用立法全覆盖，并定期更新全国公共信用信息基础目录和失信惩戒措施基础清单。同时，要推动已有设立依据的领域出台严重失信主体名单管理办法，强化名单信息共享，提高名单的权威性和威慑力。此外，规范信用信息查询使用的权限和程序，依法保护信用主体合法权益。《行动计划》注重强化社会信用体系统筹规划，坚持问题导向，计划出台《关于健全中国特色社会信用体系的意见》，进一步明确社会信用体系的内涵、目标、任务和制度框架，这将有助于为社会信用体系建设提供清晰的方向和指导。在推进信用基础设施建设方面，《行动计划》提出要优化信用信息平台功能，强化全国信用信息共享平台信用信息归集共享“总枢纽”功能，形成覆盖全部信用主体、所有信用信息类别、全国所有区域的信用信息网络；要加快全国信用信息共享平台三期建设，进一步优化信用数据治理和数据管理体系，全面提升信用信息质量，形成高质量信用数据资源库；要持续升级“信用中国”网站功能，发挥集中公示各类信用信息的“主渠道”作用，提升信用报告查询使用体验。《行动计划》还强调加快地方融资信用服务平台整合。原则上，一个省份只保留一个省级平台，市级、县级设立的平台不超过一个，整合后的平台将具有唯一名称、唯一运营主体，并全部纳入全国一体化平台网络实行清单式管理，这将有助于提升地方融资信用服务平台的效率和规范性。最后，《行动计划》鼓励地方探索依托“信用分”拓展守信激励场景应用，推动在医疗、托育、养老、家政、旅游、购物、出行等重点领域实施“信用+”工程，这将有助于在全社会范围内营造守信光荣、失信可耻的氛围，推动社会信用体系建设的全面发展。

（二）黄河流域金融信用体系建设情况

黄河流域作为中华民族的发源地，其生态保护与高质量发展具有极其重要的战略意义。金融信用体系的建设，是支撑黄河流域可持续发展的重要基石。通过构建完善的金融信用体系，可以有效引导金融资源流向生态环保、绿色发展等产业，促进黄河流域的生态保护与经济发展“双赢”。

黄河流域金融信用体系的国家战略支持在推动该地区生态保护和高质量发展方面起到了至关重要的作用。这一战略支持体现在多个方面，不仅为黄河流域金融信用体系的建设提供了明确的政策指引，而且通过具体的金融政策和措施，为黄河流域的生态保护、产业升级和区域协调发展注入了强大的动力。首先，我国明确提出了构建绿色金融体系的重要性，并通过制定一系列政策文件，如《关于构建绿色金融体系的指导意见》等，为黄河流域金融信用体系的建设提供了宏观指导。这些政策文件明确了绿色金融的定义、目标、原则和任务，为金融机构在黄河流域开展绿色金融业务提供了明确的方向和路径。其次，针对黄河流域的特殊情况和需求，我国特别强调了金融支持黄河流域生态保护和高质量发展的重要性。例如，在《关于促进黄河流域生态保护和高质量发展的意见》中，明确提出了要加强财政、税收、金融等方面的政策支持，引导金融机构加大对黄河流域的信贷支持力度，支持黄河流域生态保护和高质量发展的重大工程、重点项目。

具体实施主要体现在以下几个方面：一是建立健全绿色信贷政策体系，引导金融机构加大对黄河流域生态保护和高质量发展领域的信贷投放，优化信贷结构，提高信贷效率；二是发展多元化的绿色债券市场，鼓励符合条件的企业和地方政府发行绿色债券，用于资助黄河流域生态保护和高质量发展项目；三是探索建立绿色投资基金机制，引导社会资本参与黄河流域生态保护和高质量发展项目投资；四是创新绿色保险产品和服务，推动保险业金融机构为黄河流域生态保护和高质量发展提供风险管理和保障服务。

此外，国家还支持黄河流域各省区加强区域协作与一体化建设。2024 年 4 月 17 日，黄河流域 9 省区信用联盟在泰安正式成立。该联盟由山西、内蒙古、山东、河南、四川、陕西、甘肃、青海、宁夏 9 省区的信用建设牵头单位共同发起，旨在加快推进黄河流域的社会信用体系建设，为黄河流域的生态保护和高质量发展提供重要支撑。信用联盟的成立是一座重要的里程碑，标志着黄河流域各省区在信用体系建设方面的合作进入了一个新的阶段。信用联盟将围绕五大领域展开深度合作，包括推动信用信息互联互通、信用标准互认共用、诚信品牌共建共享、信用工作协同联动以及高质量发展。这些领域的合作将有助于打破区域壁垒，实现信用信息的共享和互通，推动黄河流域的信用体系建设向更高水平迈进。这些活动有助于提升黄河流域的信用水平，增强公众对信用体系建设的认同感和信任度。除了省级层面的合作，黄河流域的省会城市也在积极推动信用建设的高质量发展。例如，济南牵头发起，郑州、西安、兰州、西宁、银川、呼和浩特、太原等黄河流域省会城市共同签署战略合作协议，成立黄河流域城市信用联盟。该联盟以信用信息的互认、共享、共用为基础，推动黄河流域社会信用体系建设联动高效发展。

二、黄河流域各省区金融信用平台运行现状

黄河流域9省区金融信用平台在近年来得到了快速发展和广泛应用，为黄河流域的生态保护和高质量发展提供了有力的金融支持。这些金融信用平台通过整合各类金融资源，促进了金融机构与政府、企业之间的信息共享和互联互通，有效提升了金融服务的质量和效率。从运行现状来看，黄河流域9省区金融信用平台已经取得了显著成效。首先，平台的建设和运营得到了政府的高度重视和大力支持，相关部门纷纷出台政策措施，推动金融信用体系不断完善。其次，金融机构积极参与金融信用平台的建设和应用，通过平台提供更加便捷、高效的金融服务，满足了黄河流域生态保护和高质量发展的资金需求。

从全国范围来看，国家发展和改革委员会同国家金融监督管理总局等部门深入推进“信易贷”工作，发布全国融资信用服务平台，指导地方统筹建设融资信用服务平台，推动全国平台与地方平台深度联通，形成全国一体化平台网络，持续扩大信用信息共享范围，强化与银行等金融机构的务实合作，有效扩大中小微民营企业融资的覆盖面提升融资可得性和便利度。截至2023年末，金融机构通过全国一体化融资信用服务平台网络累计发放贷款23.4万亿元，其中信用贷款5.3万亿元。从黄河流域运行情况来看，各省区均从不同角度成立了相关职能平台，并对实体经济发展起到了一定的支撑作用，从数据披露情况来看，本书查询到的各省区围绕解决中小企业融资难问题所搭建平台相关融资数据如表9-1所示。

表9-1　黄河流域9省区搭建信用平台解决融资难问题数据

省份	平台名称	截止日期	信贷规模	服务主体	参与机构数量
山东	中小微企业融资综合信用服务平台	2023年末	普惠型小微企业贷款余额29.06万亿元	832个脱贫县、160个国家乡村振兴重点帮扶县	

续表

省份	平台名称	截止日期	信贷规模	服务主体	参与机构数量
四川	省“信易贷”平台、“民企首贷通”融资对接平台	2023年末	中小微企业贷款1.51万亿元，其中信用贷款3630亿元	中小微企业	企业近90万家
陕西	全国信用信息共享平台（陕西）、“秦信融”平台	2023年末	撮合交易521亿元	中小微企业	企业超25万家，金融机构849家
山西	“信通三晋”省级地方征信平台	2023年末	获得授信6652.7亿元，实现融资2043.64亿元。其中，信用贷款648.24亿元，中小微企业贷款1010.23亿元	中小微企业	经营主体8263户
甘肃	“甘肃信易贷”平台	2023年末	企业在平台发布融资需求2710亿元，获得授信807亿元，放款479亿元	中小微企业	企业超52万家，21家省级银行的886家分支机构和营业部、中国人民保险、20家担保机构、15家小贷公司
河南	中小微企业融资综合信用服务平台	2020年末	为企业放款超过1100亿元	中小微企业	企业超过18万家，金融机构28家
宁夏	中小微企业综合信用融资服务平台	2024年5月	民营企业贷款129.33亿元	中小微企业、民营企业	企业15.9万家，金融机构33家
内蒙古	中小企业融资综合信用服务平台	2024年5月	实际发放信用贷款超500亿元，其中纯信用贷款近260亿元	中小微企业、民营企业	企业超52万家
青海	“青信融”平台	2023年末	平台累计促成融资1.2万笔，金额达到143亿元	中小微企业	小微企业5.37万家，金融机构52家

具体而言：

（一）山东省运行情况

山东省发展改革委开发建设了中小微企业融资综合信用服务平台山东省

级节点。发挥信用数据价值为企业“精准画像”，大力推进“信易贷”工作，持续提升中小微企业金融服务质效，让数据变信用，信用变金银。截至2023年末，普惠型小微企业贷款余额29.06万亿元，同比增长23.27%，较各项贷款增速高13.13个百分点。普惠型涉农贷款余额12.59万亿元，同比增长20.34%，较各项贷款增速高10.2个百分点。832个脱贫县各项贷款余额12.3万亿元，同比增长14.7%；160个国家乡村振兴重点帮扶县各项贷款余额1.9万亿元，同比增长15.85%。

（二）四川省运行情况

四川省积极发挥信用信息对中小微企业融资的支撑作用，截至2023年末，四川省“信易贷”平台注册企业总数近90万家，累计发放中小微企业贷款1.51万亿元，其中信用贷款3630亿元，占比24.10%。成都市圆满承办“全面提升‘信易贷’服务质效推进普惠金融高质量发展”全国现场会。四川省在会上作典型经验交流发言，相关工作经验在全国宣传推广。同时，四川省提出聚焦首贷客户开展服务质效提升行动，建立“民企首贷通”融资对接平台及二维码，通过“线上平台+线下走访”联动形式拓宽民营市场主体贷款覆盖面。截至2023年末，“民企首贷通”平台已链接158家金融机构、19868家网点。市场主体通过扫描“民企首贷通”二维码，填写融资需求信息，供码银行将在2个工作日内快速响应。

（三）陕西省运行情况

陕西省的全国信用信息共享平台（陕西）、“秦信融”等平台作用日益凸显，截至2023年末，全国信用信息共享平台（陕西）与46家省级部门和全省12个市（区）平台实现数据共享，归集信用信息10.28亿条，为社会治理、市场准入、行政审批、日常监管、招投标等多个领域提供信用支撑。“秦信融”平台全量归集33类公共信用信息、21类企业经营信息逾亿条，注册企业超25万家，入驻金融机构849家，撮合交易521亿元，有力解决了中小微企业融资难题。

（四）山西省运行情况

山西省地方金融管理局、中国人民银行山西省分行充分发挥“双牵头”作用，统筹组织山西省省级地方征信平台建设工作领导小组和相关部门，持续推进“信通三晋”省级地方征信平台的建设和应用。“信通三晋”省级地方征信平台依托互联网、云计算、区块链、大数据技术，通过多渠道归集整合企业基础信息、司法诉讼、纳税、经营、风险、融资六大类涉企信用信息等，对企业进行信用评分评级和“多维度画像”，实现了金融机构产品与企业融资需求的快速匹配。截至 2023 年末，“信通三晋”省级地方征信平台已提供信用报告查询和接口数据调用服务 55. 31 万次，累计促成 8263 户经营主体获得授信 6652. 7 亿元，实现融资 2043. 64 亿元。其中，信用贷款 648. 24 亿元，中小微企业贷款 1010. 23 亿元，有效发挥了征信助企促融的大数据赋能作用。

（五）甘肃省运行情况

甘肃省在 2020 年 11 月正式上线运行了“甘肃信易贷”平台，“甘肃信易贷”依托甘肃省省级社会信用信息平台建设，由“一库两平台”三大主体部分构成。“一库”为企业全息数据库，主要包括工商、税务、社保、公积金、司法及水电气等领域的信用信息。“两平台”为智能融资交易子平台、大数据信用管理子平台，主要通过全流程信用支持，为银企供需搭建对接通道，提供各类金融服务和信用服务。2023 年以来，甘肃省不断完善社会信用建设政策体系，积极推进社会信用体系建设在相关领域创新实践，全省社会信用体系建设取得积极进展。截至 2023 年末，累计注册认证企业超过 52 万家，21 家省级银行的 886 家分支机构和营业部、中国人民保险、20 家担保机构、15 家小贷公司入驻平台，发布金融产品 546 款；企业在平台发布融资需求 2710 亿元，获得授信 807 亿元，放款 479 亿元，其中首贷户占比 29. 37%。“甘肃信易贷”平台在全国排名中进入前八，实现了“全国领先、西部一流”的建设目标。

（六）河南省运行情况

河南省在“十三五”期间（2016—2020 年）强化对市场主体的金融支

持，建立全省一体化“信易贷”平台服务体系，推动行业和部门应用信用信息开展“税易贷”“政采贷”“科技贷”“信豫融”和政务数据金融服务创新等，打通金融和实体经济通道。深入开展“861”金融暖春行动和实施小微企业金融服务“百千万”行动计划，“十三五”期间累计降低实体经济成本4154亿元。河南省中小微企业融资综合信用服务平台注册企业突破10万家，累计发放贷款1230亿元。搭建全国首个省级金融服务共享平台，进驻28家金融机构，上线160款信贷产品，注册企业超过18万家，为企业放款超过1100亿元，有力激发了民营经济发展活力。

（七）宁夏回族自治区运行情况

宁夏回族自治区聚焦产业链供应链不畅的民营企业发展诉求，运用“全国纳税人供应链查询”系统为民营企业拓宽供需对接渠道，帮助264家民营企业实现购销对接，成交额13905.15万元。探索创新“税诉通”诉求闭环管理响应机制，归集各类渠道收集的民营企业税费诉求9020个，深化“税银互动”，利用纳税信用引导在宁金融机构开发面向诚信纳税的民营中小微企业金融服务产品20余款，为2.3万家民营企业贷款129.33亿元。宁夏回族自治区积极推广“信易贷”等服务模式，并建立中小微企业综合信用融资服务平台并上线试运营。截至2024年5月，平台注册企业15.9万家、入驻金融机构33家，上线推出“政采贷”“宁科贷”“银税贷”等金融产品400余款，实现中小微企业融资需求能力逐步提升。

（八）内蒙古自治区运行情况

内蒙古自治区在2022年6月印发《加强信用信息共享应用促进中小微企业融资工作方案》，进一步助力中小微企业、民营企业解决融资问题。2023年1月1日，全国中小企业融资综合信用服务平台内蒙古自治区节点正式上线运行，截至2024年5月，自治区节点已联通辖区内5个自治区级、3个盟市级融资信用服务平台，注册企业（含个体工商户、新型农业经营主体）超52万家，发布金融产品超2200款，登记有融资需求的项目数量近21万个。全区通过自治区节点已实际发放信用贷款超500亿元，其中纯信用贷款近260

亿元。

（九）青海省运行情况

青海省地域广阔，县域经济主体相对分散，金融服务半径大。为了提升农村牧区金融服务效能，依托科技手段推进数字金融普惠，青海省着手建设信用平台，以优化金融服务，支持小微企业和农村牧区的发展。“青信融”平台作为青海省小微企业信用融资服务中心平台，以“科技支撑、数据驱动、生态赋能”为框架，构建了信息归集、融资增信、政策支持、融资对接、融资评价“五位一体”的综合服务功能。截至 2023 年末，平台已注册小微企业 5. 37 万家，入驻金融机构 52 家，发布金融产品 478 款。平台累计促成融资 1. 2 万笔，金额达到 143 亿元。其中，信用贷款占比 29. 6%，高于全省普惠小微信用贷款的平均水平。此外，“青信融”平台在碳减排数据应用方面也取得了积极进展，金融机构已通过参考平台碳减排数据为企业授信 3 笔，金额达 6300 万元，并实行优惠利率激励措施，降低企业融资成本。同时，平台还积极推广“科创贷”等金融产品，支持科技型企业获得融资 174. 5 亿元，推动科技创新与金融服务的深度融合。

综上所述，黄河流域各省区在平台建设运行过程中，在以下几个方面发挥了重要作用。一是通过平台整合了各类金融资源，包括银行、证券、保险等金融机构的信贷资金、投资资金等，为黄河流域的生态保护项目、基础设施建设等提供了充足的资金支持。二是平台促进了金融机构与政府、企业之间的信息共享和互联互通，实现了金融服务的精准对接和高效执行。三是平台推动了绿色金融的发展和创新，通过引入绿色信贷、绿色债券等金融产品，引导更多资金流向绿色产业和生态环保领域。

三、黄河流域金融信用体系建设的成效分析

（一）黄河流域金融信用体系建设成效

我们采用信用中国网站中的地级市信用指数来衡量信用体系建设成效。

地级市信用指数是一个衡量中国各地级市信用环境的量化指标，该指数

由国家信息中心商务所发布，旨在反映当地企业在商业活动中所面临的信用环境和商业氛围的情况。地级市信用指数包含了一系列经济指标，具体包括企业开办、资本市场、财政金融、信用体系、人力资源等。指标综合反映当地商业环境的整体信用状况。

地级市信用指数受多种因素影响，包括当地经济发展水平、政府政策、法律法规、市场环境等。不同地级市之间的信用指数可以进行比较和排名，从而了解各城市在商业信用环境方面的优势和劣势。表 9-2 为全国各地级市综合信用指数前 50 名中黄河流域各地级市的数据。①

表 9-2　全国各地级市综合信用指数前 50 名中黄河流域各地级市排名

排名	城市名称	综合指数	省份
1	烟台市	90.80	山东
5	漯河市	89.66	河南
7	潍坊市	89.62	山东
9	威海市	89.55	山东
10	嘉峪关市	89.52	甘肃
11	淄博市	89.49	山东
13	南阳市	89.45	河南
15	日照市	89.37	山东
19	临沂市	89.29	山东
26	聊城市	89.07	山东
30	枣庄市	89.00	山东
31	张掖市	88.95	甘肃
33	滨州市	88.93	山东
41	泰安市	88.67	山东
43	庆阳市	88.64	甘肃
48	包头市	88.51	内蒙古

① 信用中国网站对外公布了全国各地级市综合信用指数排名前 50 的城市。

续表

排名	城市名称	综合指数	省份
49	菏泽市	88.49	山东
50	焦作市	88.48	河南

数据来源：信用中国网站。

由表9-2可知，在信用指数排名中，有18个地市隶属黄河流域9省区，占比36%。其中，包含山东11个地级市，占比22%；河南3个地级市，占比6%；甘肃3个地级市，占比6%；内蒙古1个地级市，占比2%。由此可见，从全国范围来看，黄河流域9省区在全国地级市前50名中能占据36%的比重，说明黄河流域信用体系建设效果显著，各省区积极响应国家关于黄河流域生态保护和高质量发展的重大国家战略部署，将社会信用体系建设作为重要任务；从黄河流域来看，局域协调机制不完善，区域和行业间存在壁垒，各省区信用体系建设也有明显差距，山东、河南、甘肃、内蒙古4省区均在地级市信用指数排名前列，其中以山东省为主，表示山东省在信用体系建设方面起到模范带头作用。

山东省金融信用体系建设在法规支持、信用信息覆盖与共享、创新融资服务、深化金融领域信用体系建设、优化营商环境以及深化信用监管和应用等方面表现出明显的优点，这些优点为山东省金融市场的稳定和发展奠定了坚实基础，也为其他地区的金融信用体系建设提供了有益借鉴。山东省和其余黄河流域各省区结成的信用联盟有助于促进黄河流域各省区信用发展形成合力，共同促进各省区信用不断完善发展。

（二）黄河流域信用服务平台建设问题分析

由上文可知，信用体系建设在黄河流域不同省区呈现不同效果，原因既包括地域性的差异，也涉及经济发展、政策制定、社会文化和法律环境等多个层面。

1. 经济发展水平影响金融信用体系建设

从黄河流域的整体经济结构来看，流域各省区以能源为主，特别是化石能源占比较大，这种资源密集型、污染密集型和劳动密集型相对集中的经济结构，使黄河流域的经济发展水平在一定程度上制约了金融信用体系的建设。具体来说，由于黄河流域的进出口总额占全国的比重为 10.3%，相当于长江流域的23.7%，比 GDP 占全国的比重低 11.7 个百分点，实际利用外资占全国的比重为 9.3%，显示出黄河流域在对外开放和吸引外资方面的相对不足。这种较低的开放水平和外资利用规模，意味着黄河流域在引进国外资金、技术和先进管理方法方面的能力有限，从而影响了金融信用体系建设的速度和深度。经济发展水平也影响着金融信用体系建设的具体内容和方向。例如，在绿色金融方面，随着“双碳”目标的提出，绿色金融在经济社会低碳发展中的重要性日益凸显。然而，由于黄河流域经济发展水平相对较低，绿色金融在该流域的推广和应用面临诸多挑战，如绿色金融产品的创新不足、绿色信贷规模相对较小等。这在一定程度上限制了绿色金融对黄河流域经济高质量发展的推动作用。

对于黄河流域 9 省区来说，经济发展水平的差异是影响信用体系建设效果的重要因素。经济较为发达的地区，如山东省，其市场活跃度较高，企业和个人对信用的需求也更为迫切。在这样的环境下，政府和企业更有动力去推动信用体系的建设和完善。相反，经济欠发达的地区，如青海、宁夏、内蒙古等省区，由于市场活动相对较少，对信用的需求不那么强烈，信用体系建设的动力也就相对不足。

2. 政策制定和执行力度影响金融信用体系建设

在政策制定方面，国家层面已经出台了多项政策措施，如《关于构建绿色金融体系的指导意见》《关于促进黄河流域生态保护和高质量发展的意见》等，这些政策文件为黄河流域金融信用体系建设提供了明确的指导方向。特别是针对黄河流域的生态保护和高质量发展，政策文件提出了建立健全绿色信贷政策体系、发展多元化的绿色债券市场、探索建立绿色投资基金机制等具体措施，旨在引导和激励金融机构和市场主体支持黄河流域绿色发展。

然而，政策制定只是第一步，更关键的是执行力度。以山东省为例，该省在金融领域密集出台了多项政策措施，特别是针对金融支持黄河流域生态保护和高质量发展印发了专门的指导意见。这些政策不仅增加了金融供给、扩大了融资总量，还加强了政企金合作、提升了融资精度，并发展了直接融资以改善融资结构。山东省的实践经验表明，只有政策得到切实执行，才能推动金融信用体系建设的有效进行。

3. 社会文化和法律环境影响金融信用体系建设

黄河流域9省区历来重视诚信文化的传承和普及，这种文化环境为金融信用体系的建设营造了良好的社会氛围。随着社会信用体系建设的推进，诚信文化在黄河流域得到了更广泛的传播和普及，进一步增强了人们的信用意识，为金融信用体系的建设奠定了坚实的基础。近年来，黄河流域在加强金融信用体系建设的过程中，不断完善相关法律法规，为金融信用体系的建设提供了有力的法律保障。例如，《济南市社会信用管理办法》等制度的出台，为黄河流域的社会信用体系建设提供了制度保障，有利于规范市场主体的行为，维护市场秩序。诚信文化深入人心的地域，企业和个人普遍重视信用，这为信用体系的建设提供了良好的社会氛围。同时，这些地区在法律环境方面也相对完善，能够为信用体系的建设提供有力的法律保障。相反，在一些诚信文化薄弱、法律环境不完善的地区，信用体系建设的难度会更大，效果也会受到影响。

4. 基础设施建设投入影响金融信用体系建设

随着黄河流域信息基础设施建设的不断完善，如互联网、大数据、云计算等技术的广泛应用，金融信息的流通和共享变得更加高效和便捷。这有助于金融机构更准确地评估市场主体的信用状况，降低信用风险，提高金融服务的质量和效率。通过建设信用信息平台，整合政府、金融机构、企业等各方信用信息，实现信用信息的互联互通和共享。这有助于金融机构更全面地了解市场主体的信用状况，为金融信用体系建设提供有力支持。从具体的数字和信息来看，黄河流域不同省区在信用服务机构数量、从业人员规模、信息公开程度、信用监督与惩戒力度等方面存在差异。例如，山东省备案的信用服务机构数量较多，从业人员规模较大，这有利于信用信息的采集和应用；而其余省区则可能在这些方面存在不足。

综上所述，信用体系建设在黄河流域不同省区呈现的效果存在差异。这些差异主要体现在制度建设与推进速度、数据共享与应用、诚信品牌建设与宣传以及信用监管与奖惩机制等方面。黄河流域各省区在推进信用体系建设过程中应根据自身实际情况和特点制定相应策略和措施，以推动黄河流域社会信用体系建设向更高水平迈进。

第三节　黄河流域金融信用体系 2024 年建设目标及展望

完善的信用体系是金融持续健康发展的基石。当前，经济高质量发展对金融服务提出了更高要求，尤其需要高质量信用体系予以支持。黄河流域各省区有关部门和地方政府应加快落实部署要求，推进融资信用服务平台优化整合，加强信用信息归集共享和数据开发利用，推动便民惠企金融政策直达中小微企业等经营主体。以信用信息增强金融服务实体经济质效，为提升国民经济体系整体效能、推动形成新发展格局提供有力支撑。围绕黄河流域各省区经济发展和金融信用体系相互促进的目标、结合各省区实际情况，黄河流域各省区纷纷出台了政策进一步推进金融信用体系建设发展。从整体情况来看，都是围绕金融更好地服务实体经济方面做了切实可行的规划和建设，各省区规划情况可以总结如下。

一、山东省 2024 年金融信用体系建设

山东省印发了《社会信用体系建设 2024 年工作要点》，该文件提出要大力推进“信易贷”。加大金融机构所需的信用信息归集力度，深化与金融机构的信用信息共享，依托省公共信用信息平台，深入挖掘信用信息价值，更好地发挥数据集聚效应，实现为企业“精准画像”，促进企业融资，真正让数据变信用、信用变真金。召开“信易贷”工作现场会，大力推广“信易贷”模式。要促进数字化信用金融发展。推动省内各级融资信用服务平台规范管理，优化服务，完善中小企业信贷风险补偿资金机制，努力提高信用贷款占比。组织省内融资信用服务平台试点开展与金融机构联合建模，不断提升服务质效。要持续深化“银税互动”。健全纳税信用全过程跟踪分析提醒机制，持续

挖掘纳税信用可预警指标，完善纳税信用提示提醒内容，丰富推送渠道，方便纳税人掌握自身纳税信用情况，及时纠正失信行为，提高纳税信用级别。强化纳税信用评价结果增值应用，聚焦中小微企业融资难题，加大与金融机构的合作力度，鼓励和引导合作银行丰富“银税互动”金融产品，规范“银税互动”数据共享机制，推动“银税互动”提质增效，为中小微企业赋能解困。要完善征信体系建设。推动省综合金融服务平台暨省征信平台进一步提升建设运营水平。强化备案征信机构监督管理，营造征信市场良性发展环境。加强信用评级行业监测分析，促进辖区债券评级业务规范健康发展。持续完善征信查询圈网点布局，加大对线上服务方式的宣传，不断提高征信对外服务便利化水平。继续做好破产重整企业的信用重建工作，优化区域营商环境。深入推进农村信用体系建设，拓展涉农信用信息在金融领域的共享和应用。

二、陕西省 2024 年金融信用体系建设

陕西省印发的《2024 年社会信用体系建设工作要点》提到，将充分发挥社会信用功能，通过探索建立西安都市圈、关中平原城市群等跨区域信用合作机制，拓展重点领域跨域事项办理、中小企业融资信用服务等场景，开展区域信用法规制度建设、重大问题研究和创新探索，促进区域协调发展；通过创新产业招商守信激励机制，严格落实信用信息查询规定，建立健全政府合同履约跟踪管理机制、失信责任追究制度，助推“三个年”活动深化开展；通过持续加强信用信息归集共享应用，全面提升“信易贷”服务质效，拓展以守信激励为手段、以惠民便企为出发点和落脚点的“信易+”应用场景，助推新质生产力发展。在完善信用监管机制方面，陕西省将积极推广信用承诺制，推动行业领域分级分类监管，提升信用修复比例。在拓展信用应用场景方面，陕西省将整合省级政府融资信用服务平台，更新信用信息归集共享应用清单，进一步完善“秦信融”平台功能，力争到 2024 年末，平台注册企业突破 40 万家，累计撮合交易不低于 800 亿元。同时，陕西省将加强信用基础设施建设，整合完善全省信用信息一体化综合服务平台，完善“信用中国（陕西）”门户网站和“信用陕西”公众号服务功能，制定全省数据标准和归集共

享办法，持续推进省级信用平台与司法、大数据等行业领域业务平台自动化互联共享，建立跨部门监管合作长效机制，推动小额贷款公司、融资性担保公司、融资性租赁公司、保理公司等小微机构接入金融信用信息基础数据库，制定发布陕西省公共信用信息数据项规范，更新公共信用信息目录。

三、四川省 2024 年金融信用体系建设

《四川省社会信用体系建设 2024 年工作要点》提出，2024 年社会信用体系建设工作将按照“政府推动、社会共建、制度先行、以用促建”的工作思路，统筹推进政务诚信、商务诚信、社会诚信和司法公信建设，推动全省社会信用体系建设高质量发展，为服务促进形成新发展格局提供有力支撑。在金融信用体系建设方面，四川省全面推进“信易贷”工作，推动融资信用服务平台整合和统一管理，优化完善平台功能；加强涉企信用信息归集，以需求为导向建立统一的数据标准和技术规范；拓展“平台+担保”“平台+政策”“平台+风控”功能应用；鼓励有条件的平台设立惠企政策专区建立政、银、企、担多方合作机制，推动实现惠企政策、融资担保线上办理，鼓励平台与金融机构深入合作，深度挖掘信用数据价值，创新信用融资产品和服务，鼓励有条件的部门（单位）、市（州）出台“信易贷”支持政策，设立专项风险缓释基金合理分担信用风险。

四、山西省 2024 年金融信用体系建设

山西省为切实发挥社会信用体系对供需有效衔接、资源优化配置、优化营商环境、促进国民经济循环高效畅通的支撑作用，制定印发《社会信用体系建设 2024 年工作要点》，规划在 2024 年致力于强化信用信息赋能，提升金融服务实体经济效益，完善全省融资信用服务平台功能，构建完善全省融资信用一体化服务网络，推动各级融资信用服务平台和金融机构服务功能融合，持续加强特定领域信用信息共享应用，强化信用融资服务宣传推广。优化信用修复服务，探索实行信用修复、信用异议与行政处罚“三书同达”，加快推进企业上市合法合规信息核查“一件事”，支持本地信用服务机构发展，提升

信用服务市场效能。并且要全面提升城市信用监测排名，加强对各设区市、县级市信用工作的指导和监测，开展试点示范建设，积极创建全国信用体系建设示范区；加强京津冀晋信用合作共建，促进四地社会信用体系建设联动发展；推动信用研究和实验室建设。

五、甘肃省 2024 年金融信用体系建设

甘肃省社会信用体系建设领导小组会议于 2023 年 11 月 30 日在兰州召开。会议提出，甘肃省接下来的信用建设规划：首先，在信息归集共享方面，进一步完善信用信息共享功能，加快畅通数据共享渠道，及时调整充实甘肃省级信用平台数据资源目录，动态更新数据资源，不断提升数据质量，扩大共享覆盖面，提高服务可用性。其次，要服务中小微企业，加快“信易贷”平台推广应用。继续发挥平台对接桥梁作用，重点做好“由多平台建设向统一平台转变”“由信息收集向信息深加工转变”“由信息撮合向关联融合转变”三个转变，着力提升融资信用服务平台的数据处理能力，鼓励平台和金融机构深化合作，优化信贷产品研发、信用评估和风险管理，做到数据通、模型通、系统通，实现信用数据的集聚效应，提升金融资源的配置效率，着力破解中小微企业融资难题。甘肃省着力推动政务诚信建设，提高行政效率和公信力，已在“信用中国（甘肃）”网站设立政府失信违约投诉专栏，将充分发挥投诉专栏以及国务院“互联网督查”等平台的作用，对政府部门的违约失信投诉开展常态化归集、长效化治理工作。同时，结合国家和甘肃省开展的清理拖欠企业账款专项行动和化债工作，督促指导多方筹措资金清偿企业账款，优先偿还中小企业的账款，切实减轻企业资金压力，促进经济回升向好，助推整体社会信用体系建设，创造更好的发展环境。

六、河南省 2024 年金融信用体系建设

河南省发展改革委印发的《信用环境系统性改革方案》提出，力争信用基础设施建设走在全国前列，省信用信息共享平台全面优化，建成具有感知、分析、决策能力的全省统一信用智慧中枢，各行业部门信用数据平台系统实

现互联互通，信用监测预警、挖掘分析、智能决策等智慧化服务能力大幅跃升，行业、地方智慧化应用协同更加高效。力争到 2025 年，全省信用数据归集共享数量超过 150 亿条，保持全国前列，公共信用信息归集覆盖率提高到 98%以上，实现应归尽归，支撑信用服务实体经济、市场监管和社会治理发挥更大效力。力争信用经济发展走在全国前列，信用数据应用场景范围深化拓展，数据要素市场化配置方式更加完善。“信易贷”平台服务体系更加健全，中小微企业信用贷款便利性、可得性显著增强。信用服务产业链基本形成，信用服务供给能力大幅提升。到 2025 年，信用贷款余额超过 2 万亿元、同比增速高于贷款余额增速，服务实体经济更有质效。“信易+”覆盖领域、行业、部门数量进入全国第一方阵，市场主体和群众守信获得感明显增强。

七、宁夏回族自治区 2024 年金融信用体系建设

宁夏回族自治区于 2024 年 1 月 1 日起开始施行《宁夏回族自治区社会信用条例》。该条例围绕社会信用体系建设、信用信息管理、守信激励与失信惩戒、信用主体权益保护、信用服务行业规范与发展等方面作出规范。该条例将作为自治区 2024 年的行动指南，指导宁夏进一步发展自身金融信用体系建设。宁夏金融系统将致力于服务实体经济发展，通过实施一系列稳增长、促发展的重大举措，支持地方经济高质量发展。包括加大对重点领域和薄弱环节的金融支持力度，确保信贷投放实现质的有效提升和量的合理增长。

八、内蒙古自治区 2024 年金融信用体系建设

内蒙古自治区 2024 年的金融信用体系建设主要围绕构建诚信社会、优化营商环境这一核心，采取了一系列措施和策略。具体而言，该目标旨在通过加强金融信用信息基础设施建设，提升金融服务实体经济的能力，深化金融信用监管，并推进诚信文化建设，以确保金融安全稳定，促进经济社会健康发展。首先，内蒙古自治区将进一步完善金融信用信息基础设施，包括加强金融信用信息系统建设，确保信息数据的安全性、准确性和及时性，并推动

“双公示”“5类行政管理信息”归集工作的持续开展，以全面、准确地反映市场主体的信用状况。其次，内蒙古自治区将提升金融服务实体经济的能力，通过落实“1+4”工作方案，全面做好任务清单，并鼓励金融机构创新金融产品和服务，支持中小企业和民营企业发展。同时，优化金融服务流程，提高金融服务效率，降低企业融资成本，以更好地满足市场需求。此外，内蒙古自治区还将深化金融信用监管，做好自治区信用监测系统填报工作，加强信用监管、信用应用及工作保障。同时，建立健全金融风险预警和处置机制，确保金融安全稳定。最后，内蒙古自治区将推进诚信文化建设，通过加强金融知识普及和宣传，提高公众金融素养和信用意识，为金融信用体系建设提供坚实的社会基础。

九、青海省2024年金融信用体系建设

青海省的“信用县”创建作为深化推进地方信用体系建设的重要内容，是改善地方信用环境的有效载体和手段，也是破解农牧民担保难、融资难问题，全力助推乡村振兴的重要举措。对支持小微企业和农村经济主体融资发展、促进玉树州经济持续、稳定、健康发展具有重要意义。通过“信用县”的创建，各地按照“政府主导、多方参与、统一标准、重点突破、整体推进、多方受益”的原则，积极协助涉农金融机构管理，不断完善贷款授信管理，有效解决不同层次农牧民资金需求，不断提升农村金融服务能力和水平，着力推动信用体系建设工作助力乡村振兴取得新成效。截至2023年底，称多、杂多、曲麻莱3县评定信用户30476户、信用村82个、信用乡镇17个。下一步，要深入贯彻落实党的二十大部署要求，推进农村信用体系建设，精准识别各类农村经济主体信用状况，做好新型农业经营主体信用评价等工作，以信用建设和信用评价结果运用促进农牧业产业发展，为农村经济高质量发展奠定信用基础，为乡村振兴注入新活力，力争2025年实现“信用县”全覆盖。

第四节　研究结论与政策建议

一、黄河流域信用体系建设发展结论

数字经济的快速发展为金融信用体系的构建提供了新的工具和平台，因此其在黄河流域金融信用体系建设中发挥了重要作用，促进了金融产品和服务的创新，扩大了金融服务的覆盖面，提升了金融服务效率，推动了金融高质量发展。

（一）数字产业化对信用体系的影响

金融科技通过自动化和算法优化，提高了信用评价的效率和准确性，数字化手段使信用评价不再局限于传统的财务指标，还可以包括行为数据、社交网络信息等，从而提供更加全面的信用评估。数字化也提高了信用信息的可获取性，金融机构可以快速处理大量数据，更准确地评估借款人的信用状况，从而作出更明智的信贷决策。

（二）产业数字化对信用体系的影响

企业数字化转型推动了业务模式和金融产品的创新。例如，数字货币、在线支付等新型金融产品和服务，都是产业数字化的产物。

数字化转型也催生了新的生产力，如智能制造、电子商务等，这些新生产力的发展需要信用体系的支持，以确保资金的合理流动和风险控制。数字金融、数字政务和数字政府等领域的发展越来越依赖健全的信用体系，信用体系为这些领域提供了必要的信任基础，促进了资源的有效配置和风险管理。

（三）区域经济协同发展对信用体系的影响

完善的信用体系有助于促进黄河流域各地区之间的经济协同发展，通过信用共享和风险共担，可以促进资源的优化配置，加强区域间的经济联系。信用体系的健全也可以带动区域内的投资和消费，促进经济增长，信用良好的企业和个人更容易获得资金支持，从而推动经济发展。健全的信用体系还

有助于实现区域经济的溢出效应，一个地区的经济发展可以通过信用体系的连接带动周边地区的经济发展，形成区域经济的联动效应。

二、黄河流域信用体系建设的建议

黄河流域作为我国重要的生态和经济区域，其金融信用体系的建设对于促进区域经济的可持续发展具有重要意义，而数字经济作为现代经济发展的重要推动力，对黄河流域金融信用体系的建设以及金融高质量发展具有显著影响。然而，目前区域发展不平衡、信息安全与隐私保护、金融风险管理以及政策和法规跟进等挑战依然存在。基于此，需要加强区域协同，完善政策和法规，强化风险管理，并推动金融科技创新和应用，以实现黄河流域金融信用体系的进一步完善和金融高质量发展。

（一）加强区域协同合作，促进黄河流域经济均衡发展

1. 建立区域协同机制

一是成立区域协调委员会，由黄河流域各省级政府、金融监管机构和重要金融机构代表组成，定期召开会议，讨论和解决区域发展中的问题，协调区域内的信用政策和金融监管，确保政策的一致性和连贯性，制定统一的法律法规，为信用体系的建设和运行提供法律保障。二是制定区域发展规划，统一的黄河流域经济发展规划有利于明确各地区的功能定位和发展方向，避免资源浪费和重复建设。同时在区域发展规划中，特别强调数字金融的创新，发展与区域特色相匹配的线上金融服务，以扩大金融服务的覆盖面，提升金融服务效率，确保金融服务能够更好地满足区域发展的需求，以促进区域内信用体系的统一和协调。

2. 促进资源共享

一是建立信息共享平台，整合黄河流域的金融、经济、社会等数据，为决策提供支持，确保数据的准确性和时效性。利用大数据和人工智能技术，开发决策支持系统，帮助政府和金融机构进行数据分析和决策，作为各参与方交换和共享信用数据的中心节点，为决策提供可靠的信息支持，实现各地区、各部门之间的信用信息互联互通，提高信用信息的透明度和可获取性。

二是制定统一的信用信息标准，确保不同来源的信用数据能够兼容和整合，便于信用评级和风险管理，鼓励信用评级机构参与信用信息标准的制定，确保标准的实用性和有效性。

3. 加强信用评级制度的落实和风险管理机制的完善

一是利用大数据技术收集和分析金融市场的海量数据，包括交易数据、价格波动、交易量等，结合人工智能技术，如机器学习和深度学习算法，对市场行为进行模式识别和预测分析，提升金融信用体系的透明度和稳定性。二是利用数字技术，如大数据、区块链和人工智能，建立和完善黄河流域的金融信用信息共享平台，与金融机构、行业协会等合作，形成风险预警的联动机制，共同维护金融市场的稳定运行。

（二）完善政策和法规，保障金融信用体系健康发展

1. 加强顶层设计

根据数字经济的特点，完善金融政策法规，确保其与数字经济的发展相适应。同时，明确金融机构在提供金融服务、保护客户信息、防范金融风险等方面的权利和义务，加强对金融机构的合规培训和指导，提高其对法规的理解和遵守程度，确保在业务开展过程中严格遵守相关法规。并加大金融法规的执行力度，确保所有金融机构都能在法律框架内运作，对违规行为进行严厉处罚，维护金融市场秩序。

2. 建立金融信用体系评价机制

为了确保金融信用体系的有效运行，需要建立一套科学的评价机制，定期对金融信用体系的运行效果进行评估。包括对金融机构的信用评级、信用信息的准确性、信用服务的满意度等方面进行综合评价，以促进金融信用体系的持续改进。以强化金融信用体系在资源配置中的作用，利用金融信用体系促进产业升级，支持黄河流域内战略性新兴产业和高技术产业的发展。

3. 金融信用体系与风险防控协同

结合数字经济特点，建立健全金融风险监测预警系统，及时发现和处置潜在风险。加强金融监管科技的应用，提升金融监管效率和精准度。同时，通过

信用体系激励和约束机制，促进企业和个人提高信用意识，通过风险防控的协同金融信用体系建设，增强金融机构对环境、社会和治理风险的管理能力。

（三）推动金融科技创新和应用，提升金融服务质量和效率

1. 发展黄河流域数字金融

通过政府和金融机构的联合推广活动，提高公众对移动支付的认知度和接受度。或与商家合作提供优惠和奖励，激励消费者使用移动支付方式进行交易，以鼓励移动支付的普及，提高支付效率，降低交易成本。发展在线金融服务，如推动银行、保险公司等金融机构提供在线服务，方便用户随时随地办理业务，并且利用大数据，收集和分析金融数据，通过数据挖掘技术，识别潜在的风险和机会，提高风险管理的准确性，优化金融产品的设计和服务流程，同时在金融交易、资产登记等领域应用区块链技术，提高交易的透明度和安全性。

2. 培养金融科技人才

政府应出台相关政策，支持金融科技教育和人才培养，完善金融科技领域的法律法规，为人才培养和行业发展提供法律保障。并加强教育培训，与高校合作，开设金融科技相关课程，培养专业人才。建立人才激励机制，通过提供优厚待遇、职业发展机会等，吸引和留住金融科技人才。同时，通过媒体、教育机构等渠道，普及金融知识，提高公众的金融素养，教育公众识别金融风险，提高自我保护能力。

3. 信用评级体系的全面优化与提升

制定支持信用评级体系发展的政策，包括税收优惠、资金补贴等激励措施，并加强监管框架，确保信用评级活动的合规性和透明度。探索和集成新兴技术，如区块链、云计算和人工智能，以增强评级系统的透明度和安全性。构建集成了大数据分析、人工智能等先进技术的信用评级技术平台，投资开发先进的信用评级工具和软件，以提高评级的准确性和效率。同时，对现有信用评级工作流程进行梳理和优化，提高工作效率，为信用评级技术研发提供充足的资金支持，鼓励创新。

第十章　数字普惠金融背景下黄河流域共同富裕的推进路径

共同富裕是中国式现代化的重要体现，也是中国特色社会主义的本质要求，推动黄河流域数字普惠金融发展是实现共同富裕的重要途径。从现有研究来看，学者们对于数字普惠金融的研究，研究方向多倾向于促进经济增长、缩小收入差距、实现减贫增收、提升社会保障水平以及促进居民消费等，对黄河流域数字普惠金融与共同富裕之间的关系研究较少。基于此，本章将经典的可行能力理论与党的二十大整体战略布局相结合，从“功能”和“能力”两个层面，经济发展、科教提升、社会治理、福祉增进和环境改善 5 个维度测度黄河流域共同富裕水平，通过两步系统 GMM 模型验证黄河流域数字普惠金融对共同富裕的影响，从而探究数字普惠金融背景下黄河流域共同富裕的推进路径研究。

第一节　数字普惠金融与共同富裕的研究进展

一、数字普惠金融的内涵与测算

（一）数字普惠金融的内涵

最初人们更多提出的是“普惠金融”的概念，普惠金融使人们能够更加便利地接触到金融服务。传统金融机构更多地表现出“嫌贫爱富”，具有门槛高、成本高的特点，使得金融服务难以惠及各个阶级。对于企业而言，相较于中小企业，国有企业能够接触到更多的金融服务，而中小企业往往需要更多的资金扶持，但却因为传统金融门槛高，难以获得资金扶持，使得中小企业难以得到更好的发展。由此，普惠金融的概念应运而生，普惠金融克服了传统金融门槛高、成本高的缺点，以低成本、低门槛的特点出现在大众的视野，在普惠金融中并未表现出传统金融“嫌贫爱富”的特点，能够体现出“普惠”的特点。普惠金融更多的是面向小微企业、低收入群体等，提供更为广泛、便捷、实惠的金融服务，拓展了金融服务的覆盖广度和使用深度，使金融服务惠及面更广，且能渗透到不同的阶层，使这些企业及人群能够更加切实地感受到金融服务带来的红利。虽然普惠金融能够克服传统金融机构的缺点，但仍旧存在一定弊端，如普惠金融的风险识别、信用记录和数据获取成本较高。为了克服普惠金融的缺点，建立在互联网科技基础上的数字普惠金融应运而生，通过数字化平台，降低了风险识别、信用记录和数据获取的成本。

数字普惠金融实现了互联网技术和金融服务的有机结合，通过数字化平台，实现了信息共享，降低了信息采集的成本和金融服务的门槛，极大地便利了人们的生活。通过数字化平台，人们可以接触到更多的金融服务，中小企业可以获得资金支持。数字普惠金融为中小企业及低收入人群提供更加全面的、人性化的金融服务，更加符合现阶段经济发展的需要，弥补了传统金融“难普难惠”的不足，使金融服务的覆盖面更广，且能够惠及不同阶层（覆盖广度和使用深度），使金融服务能够实现“横纵”双向发展，使金融回归初心，摆脱“金融脱虚”的困境，去服务实体经济。数字普惠金融通过数字化平台，能够解决传统金融信息不对称的问题，使金融机构能够收集到中小企业的各种信息，及时为中小企业提供融资，解决资金问题，为中小企业提供资金保障。通过数字化平台，人们可以接触到更多的金融产品，从而筛选出符合自身的理财产品，使自身效用最大化，充分释放出数字普惠金融带来的红利。

（二）数字普惠金融的测算

目前，国内关于数字普惠金融的测度主要包括 3 类。第一类是传统金融调查统计中包含部分数字普惠金融的指标。例如，中国人民银行发布的《中国普惠金融指标分析报告》，该报告主要从数字普惠金融使用情况维度、可得性维度和质量维度三个重要方面分析以银行业为代表的普惠金融使用情况。此外，还有一些微观调查数据也包含此类相关数据，例如，西南财经大学中国家庭金融调查与研究中心发布的《中国家庭金融调查数据》（CHFS），以及中国社会科学院农村发展研究所发布的《中国县域数字普惠金融指数报告》等。第二类是研究机构发布的区域数字普惠金融指数。例如，北京大学数字金融研究中心和蚂蚁集团联合发布的数字普惠金融指数，该指数包括数字普惠金融指数，以及数字普惠金融覆盖广度、数字普惠金融使用深度、数字普惠金融数字化程度。此外，使用深度指数中还包含支付、信贷、保险、信用、投资、货币基金等业务分类指数。目前，北京大学测算的数字普惠金融指数是较为全面的，能够综合反映目前数字普惠金融发展现状，大部分学者都选择运用其测算的数据去进行相关实证分析。第三类是一些机构发布的数字经济的指标，其中包含部分数字普惠金融方面的度量。例如，中国信息通信研究院发布的《中国数字经济发展报告》，以及 2023 年 2 月联合国贸发会议发布的《2022 年太平洋数字经济报告》等。

二、共同富裕的内涵与测算

（一）共同富裕的内涵

“共同富裕”的概念首次提出于《关于发展农业生产合作社的决议》，自概念提出后，共同富裕的内涵不断得到拓展和丰富。基于政策导向和历史演进的视角，关于共同富裕理论的发展，主要分为 4 个阶段：新民主主义革命时期、社会主义革命和建设时期、改革开放和社会主义现代化建设时期、中国特色社会主义新时代（王婷、苏兆霖，2021）。从历史演进来看，共同富裕在不同时期被赋予不同的内涵。新民主主义革命时期，共同富裕思想突出表现为土地政策，党把地主和富农的土地没收分配给农民，在广大农村平均地权，为农村地区实现共同富裕创造前提条件（李军鹏，2021）。社会主义革命和建设时期，共同富裕主要是全体农民的富裕，是有差别的富裕，体现在物质生活富裕和文化生活富裕两个方面。改革开放和社会主义现代化建设时期，共同富裕是全体社会成员的富裕，是有先后、有快慢、有差别的富裕，是物质文明和精神文明相统一的富裕，是社会主义的目的、原则、特点、最大优越性和本质，是全民共享改革开放成果，是以人为本的富裕。进入中国特色社会主义新时代，共同富裕是社会主义现代化的重要目标和中国式现代化的重要特征，是全民富裕、全面富裕和共建的富裕（周建华、张文婷，2022）。共同富裕内涵不断丰富，涉及生活的方方面面。只有深刻理解“共同”和“富裕”的含义，才能对当前语境下的共同富裕有一个更加充分的认识。

党的十八大以来，随着我国社会主要矛盾的转变，脱贫攻坚战的伟大胜利，全面建成小康社会的顺利进行，新时代如何实现共同富裕成为亟待解决的重大问题。党的十九大报告明确提出要“不断促进人的全面发展，实现全体人民共同富裕”。党的十九届五中全会首次将“全体人民共同富裕取得更为明显的实质性进展”作为2035年远景目标。党的二十大报告指出中国式现代化是全体人民共同富裕的现代化，将共同富裕摆在更加重要的位置，共同富裕是中国式现代化的重要体现，也是中国特色社会主义的本质要求，实现共同富裕也是我国解决当前不平衡不充分发展问题的关键举措。在新的发展阶段，对共同富裕不断提出新的要求，现有学者从不同角度对共同富裕进行解读，使新时代共同富裕的内涵不断丰富，人们对共同富裕也具有一个全新的认识。

（二）共同富裕的测算

在新发展阶段，共同富裕代表了政治、经济、文化、社会、生态“五位一体”高度综合协调的状态，因此共同富裕无法用单一指标进行衡量，必须选取多维指标进行全方面评价。例如，联合国开发计划署从收入、教育、健康维度构建人类发展指数（HDI），许宪春等（2020）从经济发展、社会进步、生态环境和民生福祉维度构建中国平衡发展指数。学术界对共同富裕的评价尚未形成统一的测度标准，现有指标体系的构建主要从以下几个维度来进行。第一，从共同富裕的特征出发，从发展性、共享性、可持续性3个维度构建共同富裕指标评价体系（陈丽君等，2021），也有学者在此基础上进行细化，从物质、精神、共享和可持续性 4 个维度构建共同富裕指标评价体系（史依铭等，2023）。第二，基于生产和分配视角，从生产成果和分享成果 2 个维度构建指标体系（刘文文等，2023）。第三，从权利配置视角系统阐释共同富裕的生成逻辑，从参与权、收入权、保障权 3 个维度构建指标评价体系（张磊等，2023）。第四，基于共同富裕中“富裕”和“共同”两个关键词，结合“人民日益增长的美好生活需要”和“不平衡不充分的发展”这对社会主要矛盾，从物质富裕和精神富裕 2 个维度构建指标评价体系（贺建风等，2023）。也有学者从不同方面构建指标评价体系，如欧阳金琼和靳佳珠（2023）从财富总量、共享程度、生活质量、发展能力 4 个维度构建指标评价体系，仲崇阳等（2023）从总体富裕和成果共享 2 个维度构建指标评价体系。

三、可行能力理论的内涵与相关研究

（一）可行能力理论的内涵

提升人类的福利水平是社会发展关注的核心主题，传统福利经济学主要分为两个阶段，以庇古为代表的旧福利经济学和以帕累托为代表的新福利经济学，旧福利经济学以基数效用论为理论基础，新福利经济学以序数效用论为理论基础。无论是新福利经济学还是旧福利经济学，都强调了效用的重要性，将衡量人民福祉的关注点放在经济领域，随着中国经济的快速发展，人们除了关心收入的提高，即生活达到富裕状态，更加注重精神生活富足，可行能力理论立足对传统福利主义效用论的批判，将衡量福祉的关注焦点从收入域转向生活状态的构成要素域。阿玛蒂亚·森（2002）认为的可行能力理论是：“此人有可能实现的、各种可能的功能性活动组合”，可行能力因此是一种自由，是实现各种可能的功能性活动组合的实质自由。

诺贝尔经济学奖获得者阿玛蒂亚·森的可行能力理论的概念及发展起点是基于对传统福利经济学的批判与反思，可行能力理论包括两个方面：一是个体实现了的功能性活动，即个体实际能够做到的；二是个体所拥有的由可选组合构成的可行能力集，即个体的真实机会，这两个方面也是可行能力理论的核心。阿玛蒂亚·森（2002）采用“功能—能力”框架去衡量多维福祉，从“功能”和“能力”两个层面去测度福利，将非经济福利引入对福利的评价中，极大地拓宽了对福利评价的范围。

（二）可行能力理论的相关研究

人类持续对收入分配问题的关注，引出了福利社会的概念。传统福利经济学研究侧重物质财富对福利的影响，都是用单一的收入来衡量个人福利和社会福利。阿玛蒂亚·森在20世纪70年代提出的可行能力理论将伦理、道德与价值判断等非经济因素引入福利评价中，提出功能自由和能力自由，并用功能自由和能力自由测度社会福利等。功能是指一个人认为有价值的或已达到的生活状态和成就，而能力则表示此人实现功能的机会条件与自由（Sen，1992），功能在一定程度上会助力能力的实现。

自阿玛蒂亚·森获得诺贝尔经济学奖之后，可行能力理论被国内外学者广泛应用。国外学者运用可行能力理论对福利进行研究（Balestrinoa and Sciclone，2001；Yao et al.，2017；Andreassen and Tommaso，2018）；国内学者将可行能力理论应用于研究中的时间相对较晚，主要应用于福利的测算（张文彬、王赟，2021；吴士炜、汪小勤，2016）、产业扶贫（刘杰等，2020）、教育（李响，2020）等领域。

四、数字普惠金融对共同富裕的影响

黄河流域数字普惠金融作为减贫增收的重要途径，对于实现我国共同富裕具有不可忽视的作用。传统金融在时间和空间上具有一定的局限性，在时间上，传统金融操作流程更加烦琐，用户在操作的过程中更加费时费力；在空间上，传统金融对于一些具有创新性的金融服务支持较少，限制了金融创新发展的动力。传统金融在时间和空间上的限制，严重影响了金融资源供给与实体经济需求的有效衔接。数字普惠金融作为数字技术和传统金融有机结合的产物，打破了传统金融时间和空间的局限性，为更多的群众提供金融服务。数字普惠金融通过消除金融排斥来实现金融普惠，以可负担的成本为社会各阶层和群体提供所需的金融服务，提高其收入，促进社会更趋向于公平，从而实现共同富裕。据此，本书将从可行能力视角探讨黄河流域数字普惠金融发展对我国共同富裕的影响，以此来助力黄河流域共同富裕的稳步实现。

目前，研究数字普惠金融与共同富裕的文献相对较少。从已有研究来看，大多数学者从定量角度去阐述数字普惠金融和共同富裕之间的关系，即通过多要素、多指标来进行全面的综合测度共同富裕水平，在数字普惠金融的指标选取方面，大多数学者选择使用北京大学互联网研究中心发布的数字普惠金融指数（吕光明等，2023），进而采用数字普惠金融指数与测算的共同富裕指数进行相关回归分析。实证结果显示，数字普惠金融能够推进共同富裕，且存在区域异质性（史依铭、黎思琦，2022）。

多数学者对于数字普惠金融对共同富裕的影响路径，研究的角度并不相同，主要从以下几个方面研究数字普惠金融对共同富裕的影响路径。一是通过收入提升和缩小差距（刘心怡等，2022），数字普惠金融能够推动共同富裕的发展，且在收入提升和缩小差距方面作用效果明显。二是通过创业活跃度，学者们分别使用微观数据和宏观数据实证分析创业活跃度在数字普惠金融发展与共同富裕关系中发挥的中介作用（韩亮亮等，2023；张金林等，2022）。三是通过消费，数字普惠金融通过刺激消费推动共同富裕的实现，消费在其中发挥着中介作用，一方面，通过刺激居民消费增长；另一方面，通过刺激居民消费升级（王瑛等，2023）。现有学者关于数字普惠金融对共同富裕的影响及路径的研究，有助于更好地厘清共同富裕的金融增收机理，以期为构建数字普惠金融促进共同富裕的政策方案提供参考。

综合上述文献可以发现，对于数字普惠金融的研究，现有研究较为丰富，主要聚焦于测度和应用。对于共同富裕的研究，主要表现在共同富裕的定义、测度和实现路径等方面。对于可行能力的研究进展，国外学者主要用于福利的测算，国内学者逐渐将其拓展至各个领域。对于数字普惠金融对共同富裕的研究，主要聚焦于数字普惠金融对共同富裕的影响及路径研究。

尽管现有文献对数字普惠金融与收入分配的研究已较为丰富，但对于数字普惠金融对共同富裕影响的系统研究较少，因此，有必要对此做进一步考察。一方面，对于共同富裕的研究，学者们从不同角度构建指标评价体系，但现有学者对共同富裕发展水平的测度并没有注重共同富裕发展的可持续性，在共同富裕发展水平不断提高的同时，我们更应该注重发展的可持续性。阿玛蒂亚·森的可行能力理论将经济福利和非经济福利相结合，更加强调福利的可持续性，因此本章基于可行能力理论来构建中国共同富裕发展水平指标体系。另一方面，本章探讨数字普惠金融对共同富裕的影响，以及数字普惠金融子维度指数覆盖广度、使用深度和数字化程度对共同富裕的影响。并探究数字普惠金融指数对共同富裕各个子维度的影响，有助于更好地厘清数字普惠金融是否对共同富裕存在影响，为构建数字普惠金融促进共同富裕的政策方案提供参考。

第二节　数字普惠金融对共同富裕的影响的理论分析

随着数字化技术的涌现并不断普及，数字普惠金融为共同富裕水平的提高提供了很多针对性的发展路径。第一，经济是发展的前提，数字普惠金融通过减贫增收效应、缩小城乡收入差距和区域收入差距，从而保障经济层面共同富裕的实现。第二，科技创新是财富创造的源泉，推进高水平科技自立自强，不仅是实现共同富裕的根本驱动力，也是实现共同富裕的首要保证。数字普惠金融通过低门槛和低成本使金融服务的可获得性和便利性大幅改善，激发创新活力和促进技术创新，从而推动技术进步，致力于让科技真正服务于广大人民群众，为促进共同富裕作出贡献。第三，数字普惠金融通过数字化平台，使社会治理更加有效，为共同富裕的实现营造更加和谐的社会环境。第四，新征程上要持续增进民生福祉，就业作为最基本的民生，数字普惠金融通过为中小企业及时获得资金支持，从而为广大人民群众获得更多的就业岗位。完善的社会保障体系是实现共同富裕的重要保障，数字普惠金融通过数字化平台促进居民的参保意愿，使广大居民能够享受到社会保障所释放出的红利，从而保障共同富裕的实现。第五，生态文明是保证共同富裕的底色，数字普惠金融通过提升大众环保意识和促进绿色产业发展影响共同富裕。

总体来说，数字普惠金融对共同富裕的实现可以发挥直接作用，金融作为国民经济中最核心的手段，它的优势可以通过数字普惠金融对共同富裕发挥出最重要的作用，本书将从数字普惠金融的减贫增收效应、科教提升效应、治理规范效应、福祉增进效应和生态改善效应五个方面分析数字普惠金融对共同富裕的影响。

一、减贫增收效应

经济发展是共同富裕的重要组成部分，经济实现质的有效提升和量的合理增长是目前我国更加关注的问题。未来 5 年是全面建设社会主义现代化国家开局起步的关键时期，经济高质量发展是全面建设社会主义现代化国家的主要目标任务之一。在实现经济发展的同时，应该更加关注缩小城乡差距和区域差距，推进城乡融合和区域协调发展。随着脱贫攻坚战的胜利，绝对贫困问题得到解决，但相对贫困问题仍旧存在，金融扶贫是摆脱贫困的重要途径之一，数字普惠金融主要从 3 条路径影响经济发展维度，从而助力共同富裕的实现。一是数字普惠金融的减贫增收效应。数字普惠金融更多的是面向中低收入人群，中低收入者从增长中获得的收益大于高收入者，即实现益贫式增长，即数字普惠金融通过改善收入分配和增长间接发挥减贫效应（黄倩等，2019）。二是数字普惠金融缩小城乡收入差距。一方面，数字普惠金融通过缓解贫困人口和农村居民的融资约束，使其得到更多获取收入的机会，从而缩小城市与农村的收入差距。另一方面，数字普惠金融可以依托人工智能、互联网、大数据等信息技术，降低金融门槛，惠及农村低收入人群，从而缩小城乡收入差距（赵德起、王世哲，2023）。三是数字普惠金融缩小区域收入差距。数字普惠金融的发展能够弥补传统金融的不足，能够更大程度上促进创新，其创造新的就业机会可以推动落后地区的低收入群体转向更高收入岗位。通过增加资金供给、促进创新和促进转型升级，数字普惠金融可以影响区域经济不平衡，缩小区域收入差距（李彦龙、沈艳，2022）。

二、科教提升效应

科学技术是第一生产力，在推动实现共同富裕的过程中发挥着重要作用。数字普惠金融对科教提升维度的直接影响主要是通过两条途径。一是激发创新活力。基于互联网和金融的有机结合，数字普惠金融使金融服务的可得性和便利性大幅改善，特别是对于原先被传统金融排除在外的群体，这为改善机会不平等提供了条件。在金融欠发达地区，居民创业更多地依赖民间借贷，因为民间借贷具有门槛低、融资快和手续灵活简便等优势，这反映了金融服务对居民创业存在一定的影响。数字普惠金融的发展改善了农村居民的创业行为，并带来了创业机会的均等化，且数字普惠金融有助于促进低物质资本或低社会资本家庭的创业行为（张勋等，2019），激发创新活力。二是促进技术创新。小微企业是最为活跃和最具潜力的科技创新群体，但由于创新项目具有风险高、周期长、不确定性程度高等特点，传统金融服务更加强调稳健经营，因此，小微企业出现融资难的问题。数字普惠金融弥补传统金融服务的不足，为中小企业提供金融支持，因此，数字普惠金融的发展能够降低中小企业债务融资成本和缓解外部融资约束，进而促进企业的创新产出（梁榜、张建华，2019）。

三、治理规范效应

提升社会治理能力是实现共同富裕不可缺少的基础一环，社会治理现代化为实现共同富裕创造了良好的社会环境。数字普惠金融主要依托数字化平台影响社会治理维度。在数字普惠金融的数字化平台，居民通过借贷登记相关信息，从而建立起较为完善的征信系统，该征信系统涵盖详细的居民基础信息、借贷情况及消费状况。通过不断完善，最终形成较为完善的征信信息数据库，且最终纳入征信信息库的信息可以实现最大限度地共享。征信信息数据库的建立，更加有利于社会治理的方方面面，不断地从本质上提高社会治理效能，随着数字化程度的发展，我国社会治理效能快速提升，数字治理水平大幅提高，为数字普惠金融支持基层社会治理提供了强大的科技动力，真正实现了社会治理有效的共同富裕。

四、福祉增进效应

党的二十大报告指出，持续增进民生福祉，扎实推动共同富裕。数字普惠金融影响福祉增进维度主要体现在两个方面。一是就业。就业是最基本的民生，数字普惠金融通过扩大现有中小微企业规模和增加中小微企业数量，促进了社会就业（冉光和、唐滔，2021）。相较于国有企业，中小微企业具有规模小、抗风险能力差、资金流水不稳定、可抵押资产少等特点，因此在传统金融体系下很难获得融资。数字普惠金融克服了传统金融的缺点，一方面，数字普惠金融能够通过扩大现有中小微企业规模，促进社会就业。数字普惠金融通过数字化平台及时为金融机构提供企业信息，减少传统金融对抵押物的依赖，中小微企业能够及时获得融资，增加了中小微企业的存活率。通过不断扩大中小微企业的规模，从而提供更多的就业岗位，满足社会对劳动力的需求。另一方面，数字普惠金融能够激发个人创业热情，增加中小微企业数量，促进社会就业。资金支持是中小微企业进行创业活动的前提，传统金融机构存在低效率和金融排斥等问题，这会直接影响中小微企业的创业活动。数字普惠金融能够为中小微企业提供便利，借助数字化平台为中小微企业降低融资成本和缓解融资约束，使更多的创业项目能够获得创业资金支持，进而促使更多人创业，通过创业成立的中小微企业能够提供更多的就业岗位，进而促进社会就业。二是社会保障。社会保障体系是人民生活的安全网和社会运行的稳定器，一方面，数字普惠金融能够直接增强居民的参保意愿，由于数字普惠金融在居民部门中的持续扩散和广泛使用，居民容易享受到数字普惠金融便捷和低成本的服务。数字普惠金融线上平台开发了代查、代缴社保的功能，居民可以很便捷地缴纳社保费用（易行健、周利，2018），降低了居民的时间成本，因此数字普惠金融提高了居民的参保意愿。另一方面，数字普惠金融通过社保机构间接影响居民的参保意愿。社保机构在微信和支付宝等手机应用程序中开发了一系列小程序和应用，数字普惠金融依托大数据等平台为社保机构提供参保人相关信息，建立参保人信息库，为社保机构完善风控管理制度提供数据支撑。数字普惠金融在社保机构的广泛运用，不仅使传统社保缴纳方式发生了根本变化，而且推动了新型缴纳方式的持续革新，增强了对居民参保的吸引力，从而提升了我国社会保障的整体水平（汪亚楠等，2020）。

五、生态改善效应

共同富裕既要从物质层面和精神层面满足共同富裕的要求，也要在生态方面保证共同富裕的底色。数字普惠金融影响环境改善维度主要体现在两个方面。第一，数字普惠金融提升大众环保意识。以微信支付、蚂蚁金服、京东金融为代表的数字普惠金融服务企业相继开展了多项绿色行动服务，如“低碳答题挑战”“蚂蚁森林”“青绿计划”等，支持广大普通群众参与到绿色节能减排项目中来，有利于提升公众的环保意识（梁玲玲等，2023）。第二，数字普惠金融促进产业转型升级，加速构建绿色产业体系。绿色产业具有建设周期长、投资金额大的特点，且资金回流较慢，这导致银行资金供需之间的期限错位问题更加严重。一方面，针对绿色产业提供资金保障。数字普惠金融可以为绿色产业项目提供资金支持，为绿色产业项目提供资金保障，使产业绿色化；另一方面，针对非绿色产业向绿色产业转型升级提供资金保障。借助数字普惠金融平台，贯彻绿色发展理念，充分挖掘当地绿色自然资源，明确绿色发展方向，为其提供融资。为其他产业向绿色产业转型提供一定的资金支持，通过绿色转型升级或者其他产业向绿色产业转型改善当地环境，营造宜居的生态环境。

第三节　黄河流域数字普惠金融对共同富裕的影响的实证分析

一、黄河流域数字普惠金融的测算

本书利用北京大学数字金融研究中心发布的 2011—2021 年黄河流域 9 省区的省级面板数据来测算数字普惠金融指数。

表 10-1 是黄河流域 9 省区部分年份数字金融总指数。

表 10-1　黄河流域 9 省区部分年份数字金融总指数

省份	2011 年	2013 年	2015 年	2017 年	2019 年	2021 年	均值
山东	38.55	159.30	220.66	272.06	327.36	380.68	233.10
陕西	40.96	148.37	216.12	266.85	322.89	374.16	228.22
山西	33.41	144.22	206.30	259.95	308.73	359.70	218.72
河南	28.40	142.08	205.34	266.92	322.12	374.37	223.21
内蒙古	28.89	146.59	214.55	258.50	293.89	344.76	214.53
四川	40.16	153.04	215.48	267.80	317.11	363.61	226.20
甘肃	18.84	128.39	199.78	243.78	289.14	341.16	203.51
青海	18.33	118.01	195.15	240.20	282.65	329.89	197.37
宁夏	31.31	136.74	214.70	255.59	292.31	344.86	212.59
均值	30.98	141.86	209.79	259.07	306.24	357.02	217.49

由表 10-1 可知，黄河流域各省区数字金融指数呈直线上升，数字普惠金融指数最大的 3 个省份是山东、陕西和四川，数字普惠金融指数最小的 3 个省份是青海、甘肃和宁夏。

二、黄河流域共同富裕的测算

（一）黄河流域共同富裕指标体系构建

基于福利主义的缺陷，阿玛蒂亚·森在 20 世纪 70 年代提出可行能力理论，传统福利开始由经济福利向非经济福利转变，特别是阿玛蒂亚·森在 1988 年因可行能力理论获得诺贝尔经济学奖后，可行能力理论成为研究非经济福利的经典范式。国内学者已经对相关福利测度进行了初步尝试，但各个学者都是基于自身对共同富裕的理解来做的。本书尝试结合党的二十大整体战略布局来构建指标体系，将国外的经典理论运用到中国实践中，且阿玛蒂亚·森的可行能力理论更加强调福利的可持续性，这一发展理念是和共同富裕相契合的。

当前我国正处于实现第二个百年奋斗目标的关键时刻，基于当前的国情和发展阶段，习近平总书记总结了过去5年的工作并阐述了当前的主要目标任务，对未来到2035年，甚至到2050年中长期整体战略布局和规划进行了总体概括。党的二十大报告主要分为十五部分，本书基于报告的第四部分至第十一部分进行梳理，延伸出了经济发展、科教提升、社会治理、福祉增进和环境改善5个一级指标，从“功能”和“能力”两个层面，构建符合黄河流域国情的共同富裕指标评价体系。在二级指标的具体指标选取上，经济发展维度选取经济效益、城乡协调和区域协调三个方面；科教提升维度选取科技、教育和文化三个方面；社会治理维度选取安全和法治两个方面；福祉增进维度选取就业、医疗、住房和社会保障四个方面；环境改善维度选取污染排放和污染治理两个方面。在三级指标的具体选取上，主要参考现有学者对共同富裕指标体系的构建的研究（李金昌、余卫，2022；陈丽君等，2021；张磊等，2023），并结合数据可得性原则进行选取。

根据阿玛蒂亚·森对功能和能力的定义界定可知，功能自由指的是已经实现的，能力自由指的是潜在的，能力自由对于功能自由具有一定的潜在推动作用，促进功能的实现。任何一项指标都具有功能和能力两个方面。总共有52个可观测指标。所有研究数据均来源于历年《中国统计年鉴》《中国科技统计年鉴》《中国能源统计年鉴》《中国环境统计年鉴》《中国卫生健康统计年鉴》《中国高技术产业统计年鉴》《中国社会统计年鉴》等。对于部分省份和个别年度指标缺失数据采用中值法进行填补，具体指标体系如表10-2所示。

表10-2 黄河流域共同富裕水平指标评价体系

一级指标	二级指标	功能	能力
经济发展	经济效益	人均GDP（+）	人均GDP增长率（+）
		居民人均可支配收入（+）	人均可支配收入增长率（+）
	城乡协调	城乡居民人均可支配收入比（-）	城镇化率（+）
	区域协调	各省区人均GDP/全国人均GDP（-）	人均可支配收入占人均GDP的比重（+）

续表

一级指标	二级指标	功能	能力
科教提升	科技	国内专利申请授权量（+）	R&D 研发投入占 GDP 的比重（+）
		科技市场成交金额（+）	科技人员占就业人员的比重（+）
			研究与开发机构数（+）
	教育	15 岁及以上（半）文盲人数占比（-）	地方财政教育支出占比（+）
			普通高等学校数（+）
	文化	人均拥有公共图书馆藏量（+）	地方财政文化旅游体育与传媒支出占比（+）
		每万人拥有群众文化设施建筑面积（+）	文化、体育和娱乐业机构人数占就业人员的比重（+）
社会治理	安全	社会组织数量（+）	地方公共安全占比（+）
		执业律师数量（+）	社会组织职工人数占就业人员的比重（+）
	法治	行政应诉案件数（-）	公共管理和社会组织占全社会固定资产投资的比重（+）
		行政复议案件数（-）	
福祉增进	就业	城镇单位就业人员平均工资（+）	城镇登记失业率（-）
			城镇单位就业人员平均工资增长率（+）
	医疗	死亡率（-）	地方财政医疗支出占比（+）
			卫生技术人员数（+）
			卫生机构床位数（+）
	住房	人均地方住房支出（+）	地方财政住房保障支出占比（+）
			房价与居民可支配收入比（-）
	社会保障	城镇职工养老保险参保率（+）	地方财政社会保障与就业支出占比（+）
		医疗保险参保率（+）	社会服务机构床位数（+）
		失业保险参保率（+）	
环境改善	污染排放	二氧化硫排放量（-）	地方财政环境保护支出占比（+）
			工业固体废物综合利用率（+）
	污染治理	城市污水排放量（-）	城市污水处理率（+）
		生活垃圾清运量（+）	生活垃圾无害化处理率（+）
		城市公园绿地面积（+）	城市建成区绿化覆盖率（+）

注：括号中“+”代表该指标有正向影响，“-”代表该指标有负向影响。

（二）黄河流域共同富裕发展水平分析

根据前文构建的共同富裕指标体系和选取的评价方法测算出来的共同富裕综合指数、经济发展指数、科教提升指数、社会治理指数、福祉增进指数和环境改善指数结果，本节将从共同富裕综合指数和共同富裕各子维度指数两个角度对2011—2021年黄河流域各省区共同富裕发展水平进行详细的分析和系统的评价。

1. 黄河流域共同富裕综合指数结果与评价

通过构建共同富裕指标体系，并用熵值法测算黄河流域各省区共同富裕水平，部分测度结果如表10-3所示。

表10-3　黄河流域各省区共同富裕水平部分测度结果

省份	2011年	2013年	2015年	2017年	2019年	2021年	均值
山东	0.3543	0.3528	0.3362	0.3473	0.3416	0.3831	0.3570
陕西	0.3127	0.2912	0.2883	0.2999	0.2733	0.3063	0.2950
山西	0.2734	0.2516	0.2450	0.2642	0.2431	0.2672	0.2603
河南	0.2812	0.2605	0.2536	0.2810	0.2803	0.2944	0.2815
内蒙古	0.2593	0.2553	0.2557	0.2663	0.2397	0.2351	0.2557
四川	0.3367	0.3219	0.3226	0.3332	0.3317	0.3394	0.3321
甘肃	0.2773	0.2412	0.2268	0.2536	0.2340	0.2207	0.2452
青海	0.2716	0.2439	0.2336	0.2571	0.2372	0.2429	0.2485
宁夏	0.2414	0.2301	0.2477	0.2531	0.2324	0.2612	0.2462
均值	0.2898	0.2721	0.2677	0.2840	0.2681	0.2834	0.2802

由表10-3可知，共同富裕水平较高的3个省份是陕西（0.2950）、四川（0.3321）和山东（0.3570）；共同富裕水平较低的3个省区是甘肃（0.2452）、宁夏（0.2462）和青海（0.2485）。

2. 黄河流域共同富裕各子维度指数结果与评价

（1）经济发展指数

经济发展方面有8个指标，功能层面有4个，权重为0.1535；能力层面有 4 个，权重为 0. 1080。黄河流域各省区部分年份经济发展指数见表 10-4。

表 10-4　黄河流域各省区经济发展指数部分测算结果

省份	2011 年	2013 年	2015 年	2017 年	2019 年	2021 年	均值
山东	0. 3801	0. 3642	0. 4354	0. 3946	0. 4134	0. 3689	0. 3870
陕西	0. 2753	0. 370	0. 3587	0. 3572	0. 3990	0. 3817	0. 3431
山西	0. 4200	0. 3642	0. 4218	0. 3121	0. 3764	0. 3976	0. 3690
河南	0. 2843	0. 3726	0. 3820	0. 4121	0. 3926	0. 3548	0. 3557
内蒙古	0. 3891	0. 3874	0. 3920	0. 3809	0. 4061	0. 3758	0. 3718
四川	0. 3582	0. 4131	0. 4393	0. 4266	0. 4320	0. 4047	0. 3954
甘肃	0. 3751	0. 4036	0. 3914	0. 4038	0. 3705	0. 3246	0. 3405
青海	0. 3298	0. 3641	0. 3720	0. 4012	0. 3564	0. 3489	0. 3378
宁夏	0. 3302	0. 3552	0. 3960	0. 2900	0. 3827	0. 3793	0. 3488
均值	0. 3491	0. 3772	0. 3987	0. 3754	0. 3921	0. 3707	0. 3610

由表 10-4 可知，经济发展指数较大的 3 个省区是四川（0. 3954）、山东（0. 3870）和内蒙古（0. 3718）；经济发展指数较小的 3 个省份是青海（0. 3378）、甘肃（0. 3405）和陕西（0. 3431）。

（2）科教提升指数

科教提升方面有 12 个指标，其中功能层面有 5 个，权重为 0. 3534；能力层面有 7 个，权重为 0. 3568。黄河流域各省区部分年份科教提升指数见表 10-5。

表 10-5　黄河流域各省区科教提升指数部分测算结果

省份	2011 年	2013 年	2015 年	2017 年	2019 年	2021 年	均值
山东	0. 2512	0. 2472	0. 2772	0. 2959	0. 2803	0. 3379	0. 2795
陕西	0. 2441	0. 2568	0. 2646	0. 2675	0. 2404	0. 2916	0. 2584
山西	0. 1903	0. 1791	0. 1947	0. 2083	0. 1821	0. 1694	0. 1879
河南	0. 1744	0. 1651	0. 1828	0. 2118	0. 1988	0. 2241	0. 1920
内蒙古	0. 1476	0. 1539	0. 1642	0. 1807	0. 1610	0. 1601	0. 1610
四川	0. 2489	0. 2541	0. 2896	0. 2833	0. 2563	0. 2828	0. 2677

续表

省份	2011 年	2013 年	2015 年	2017 年	2019 年	2021 年	均值
甘肃	0. 1806	0. 1639	0. 1661	0. 1992	0. 1823	0. 1883	0. 1780
青海	0. 1366	0. 1278	0. 1296	0. 1593	0. 1411	0. 1315	0. 1405
宁夏	0. 1354	0. 1185	0. 1538	0. 1531	0. 1452	0. 1499	0. 1413
均值	0. 1899	0. 1852	0. 2025	0. 2177	0. 1986	0. 2151	0. 2007

由表 10-5 可知，科教提升指数较大的 3 个省份是陕西（0. 2584）、四川（0. 2677）和山东（0. 2795）；科教提升指数较小的 3 个省区是青海（0. 1405）、宁夏（0. 1413）和内蒙古（0. 1610）。

（3）社会治理指数

社会治理方面有 7 个指标，功能层面有 4 个，权重为 0. 1219；能力层面有 3 个，权重为 0. 1283。黄河流域各省区部分年份社会治理指数见表 10-6。

表 10-6　黄河流域各省区社会治理指数部分测算结果

省份	2011 年	2013 年	2015 年	2017 年	2019 年	2021 年	均值
山东	0. 4665	0. 4050	0. 3493	0. 3519	0. 3504	0. 4328	0. 4036
陕西	0. 4230	0. 2733	0. 2647	0. 2667	0. 2675	0. 3225	0. 2930
山西	0. 2646	0. 2481	0. 2391	0. 2871	0. 2434	0. 3227	0. 2542
河南	0. 2692	0. 2805	0. 2451	0. 2399	0. 2853	0. 3699	0. 2766
内蒙古	0. 2897	0. 2665	0. 2770	0. 3074	0. 2558	0. 3491	0. 2695
四川	0. 3949	0. 3684	0. 3315	0. 3344	0. 3770	0. 4024	0. 3626
甘肃	0. 4891	0. 2804	0. 3015	0. 3668	0. 3288	0. 3507	0. 3341
青海	0. 2608	0. 2602	0. 2835	0. 3366	0. 3016	0. 3000	0. 2708
宁夏	0. 2630	0. 2128	0. 2043	0. 2763	0. 2511	0. 2995	0. 2419
均值	0. 3468	0. 2884	0. 2773	0. 3075	0. 2957	0. 3500	0. 3007

由表 10-6 可知，社会治理指数较大的 3 个省份是山东（0. 4036）、甘肃（0. 3341）和四川（0. 3626）；社会治理指数较小的 3 个省区是宁夏（0. 2419）、山西（0. 2542）和内蒙古（0. 2695）。

（4）福祉增进指数

福祉增进方面有 15 个指标，功能层面有 6 个，权重为 0. 2418；能力层面有 9 个，权重为 0. 3240。黄河流域各省区部分年份福祉增进指数见表 10-7。

表 10-7　黄河流域各省区福祉增进指数部分测算结果

省份	2011 年	2013 年	2015 年	2017 年	2019 年	2021 年	均值
山东	0. 3461	0. 3879	0. 3148	0. 3420	0. 3736	0. 3600	0. 3619
陕西	0. 2810	0. 3060	0. 3011	0. 3366	0. 2958	0. 3248	0. 3054
山西	0. 2960	0. 2986	0. 2706	0. 2786	0. 2479	0. 2876	0. 2849
河南	0. 3252	0. 3056	0. 2629	0. 3024	0. 3273	0. 3166	0. 3239
内蒙古	0. 2775	0. 3149	0. 2971	0. 2896	0. 2835	0. 2554	0. 2940
四川	0. 3525	0. 3555	0. 3448	0. 3745	0. 4075	0. 3645	0. 3703
甘肃	0. 2745	0. 2845	0. 2490	0. 2323	0. 2250	0. 2164	0. 2535
青海	0. 3864	0. 3095	0. 2613	0. 2906	0. 2914	0. 3579	0. 3195
宁夏	0. 2597	0. 3143	0. 3219	0. 2842	0. 2696	0. 3353	0. 3088
均值	0. 3110	0. 3196	0. 2915	0. 3034	0. 3024	0. 3132	0. 3136

由表 10-7 可知，福祉增进指数较大的 3 个省份是四川（0. 3703）、山东（0. 3619）和河南（0. 3239）；福祉增进指数较小的 3 个省区是甘肃（0. 2535）、山西（0. 2849）和内蒙古（0. 2940）。

（5）环境改善指数

环境改善方面有 9 个指标，功能层面有 4 个，权重为 0. 1294；能力层面有 5 个，权重为 0. 0829。黄河流域各省区部分年份环境改善指数见表 10-8。

表 10-8　黄河流域各省区环境改善指数部分测算结果

省份	2011 年	2013 年	2015 年	2017 年	2019 年	2021 年	均值
山东	0. 5238	0. 5528	0. 5785	0. 5322	0. 6109	0. 6016	0. 5607
陕西	0. 3414	0. 3829	0. 4014	0. 4234	0. 4442	0. 4467	0. 4123
山西	0. 4774	0. 3860	0. 3792	0. 4094	0. 4234	0. 4385	0. 4156
河南	0. 4622	0. 5248	0. 4513	0. 3946	0. 4372	0. 4543	0. 4523

续表

省份	2011 年	2013 年	2015 年	2017 年	2019 年	2021 年	均值
内蒙古	0.2833	0.3704	0.4065	0.4468	0.4396	0.4342	0.3903
四川	0.3760	0.4084	0.3846	0.4112	0.4479	0.4422	0.4120
甘肃	0.2585	0.3543	0.2657	0.2675	0.2853	0.3231	0.3019
青海	0.2404	0.3091	0.3178	0.3918	0.3838	0.3838	0.3641
宁夏	0.3131	0.4459	0.3500	0.4262	0.4401	0.5332	0.4164
均值	0.3640	0.4150	0.3928	0.4115	0.4347	0.4508	0.4140

由表 10-8 可知，环境改善指数较大的 3 个省区是山东（0.5607）、河南（0.4523）和宁夏（0.4164）；环境改善指数较小的 3 个省区是甘肃（0.3019）、青海（0.3641）和内蒙古（0.3903）。

三、黄河流域数字普惠金融对共同富裕的影响的实证分析

（一）模型构建

为了探究黄河流域数字普惠金融对共同富裕的影响，现有学者更多偏向于构建静态面板模型。静态面板模型虽然可以测算数字普惠金融对共同富裕的影响，但共同富裕本质上属于动态渐进的过程，要顾及上一期被解释变量可能影响当期被解释变量，因此，如果使用静态面板模型，会缺乏数字普惠金融对共同富裕的动态影响效应考察（王中伟等，2023），因此，本书通过构建动态面板模型，并参考左鹏飞等（2020）的研究，补充共同富裕滞后一期作为解释变量。

由于本书选择数据为短面板数据，广义矩估计是短面板数据有局限性和内生性的情况下可以采用的最佳估计方法，其主要包含系统矩估计和差分矩估计两种，其中系统矩估计具有要求更为严苛、结果更加准确的特点，综合考虑以上因素，本书采用两步系统 GMM 方法对模型开展研究（田霖等，2022）。本书拟构建动态面板模型如下：

$$y_{it} = \alpha_0 + \alpha_1 wealth_{it-1} + \alpha_2 \ln x_{it} + \alpha_3 \sum \alpha_4 contral_{it} + \varepsilon_{it} \qquad (10-1)$$

式中，y_{it} 是被解释变量，代表共同富裕水平及其 5 个子维度指数；$\ln x_{it}$ 是核心解释变量，表示数字普惠金融指数以及子维度指数；$contral_{it}$ 表示一组控制变量构成的向量；下标 i 表示各省份，t 表示年份；α_3 和 α_4 为待估参数；ε_{it} 为随机扰动项。

（二）变量说明与描述性统计

1. 变量说明

（1）被解释变量：共同富裕指数（y）、经济发展指数（y_1）、科教提升指数（y_2）、社会治理指数（y_3）、福祉增进指数（y_4）和环境改善指数（y_5）。

（2）解释变量：数字普惠金融指数（$\ln x$）、数字普惠金融覆盖广度（$\ln x_1$）、数字普惠金融使用深度（$\ln x_2$）、数字普惠金融数字化程度（$\ln x_3$）。

本书利用北京大学数字金融研究中心发布的 2011—2021 年黄河流域 9 省区的数字普惠金融指数以及数字普惠金融子维度指数覆盖广度、使用深度和数字化程度 4 个省级面板数据，作为本书的核心解释变量，并对所有指数进行取对数处理。

（3）控制变量：为确保研究结果的准确性和严谨性，参考刘心怡等（2022）、史依铭和黎思琦（2022）、张新月等（2022）的研究，本书设置以下控制变量。

①金融发展水平（jr）：采用各地区年末金融机构存贷款之和占 GDP 的比重来衡量。金融作为现代经济的核心，金融发展水平高，可以通过市场化的金融服务促进经济高质量发展，提高发展的平衡性、协调性和包容性，落实好区域发展重大战略，优化城乡一体化发展格局，为共同富裕奠定坚实的物质基础。

②财政支持（$\ln cz$）：采用地方财政一般预算支出总额取对数来衡量。通过统筹财政资源，推动基础设施建设，优化资源配置，促进公平分配，改善人民生活，助力共同富裕的实现。

③产业结构（cy）：采用第三产业产值增加值占 GDP 的比重来衡量。产业结构升级通过经济发展水平、新型城镇化和劳动生产率助力共同富裕的实

现（张凯等，2023）。

④固定资产投资（ln*gd*）：采用固定资产的投资额取对数来衡量。固定资产投资作为拉动经济增长的“三驾马车”之一，不仅在经济增长中发挥着重要的引擎作用，还在提高人民生活质量等领域起着一定的作用，固定资产投资涉及经济社会发展的方方面面，这些都在一定程度上促进了共同富裕的实现。

⑤对外开放水平（ln*dw*）：采用实际外商投资企业进出口总额取对数来衡量。对外开放是中国的基本国策，也是国家繁荣富强的必由之路。进入新时代，要顺应经济全球化新趋势，提升对外开放对促进共同富裕具有极其重要的作用，以高开放水平助力共同富裕的实现。

2. 描述性统计

表 10-9 为本书主要变量的描述性统计结果。

表 10-9　变量的描述性统计结果

变量名称	变量符号	样本数	平均值	标准差	最小值	最大值
数字普惠金融指数	$\ln x$	99	5.2757	0.6767	2.7862	6.1290
数字普惠金融覆盖广度	$\ln x_1$	99	5.1348	0.8393	0.6729	6.0717
数字普惠金融使用深度	$\ln x_2$	99	5.2602	0.6553	1.9110	6.2358
数字普惠金融数字化程度	$\ln x_3$	99	5.5557	0.6807	2.0255	6.1361
共同富裕指数	y	99	0.3049	0.0845	0.2003	0.6134
经济发展指数	y_1	99	0.4136	0.0986	0.1974	0.8046
科教提升指数	y_2	99	0.2281	0.1150	0.1059	0.7541
社会治理指数	y_3	99	0.3135	0.0905	0.1568	0.6298
福祉增进指数	y_4	99	0.3315	0.0881	0.1885	0.6676
环境改善指数	y_5	99	0.4258	0.1100	0.1519	0.7930
金融发展水平	jr	99	3.2849	1.2016	1.5175	8.1310
财政支持	$\ln cz$	99	8.3389	0.6140	6.5595	9.7660

续表

变量名称	变量符号	样本数	平均值	标准差	最小值	最大值
产业结构	*cy*	99	0.4732	0.0965	0.2967	0.8387
固定资产投资	ln*gd*	99	9.4491	0.9051	6.2467	10.9895
对外开放水平	ln*dw*	99	13.4640	3.0571	2.6391	17.8966

表10-9中，被解释变量共同富裕指数（y），平均值为0.3049，标准差为0.0845，最大值为0.6134，最小值为0.2003，最大值和最小值之间差距较大，表明目前我国共同富裕水平存在较大差距。解释变量数字普惠金融指数（$\ln x$），平均值为5.2757，标准差为0.6767，最大值为6.1290，最小值为2.7862，这一差值表明数字普惠金融存在一定的差距。

（三）基准回归分析结果

1. 整体回归分析

为了缓解内生性和短面板数据问题，本书采用两步系统GMM方法对模型进行估计，为了验证两步系统GMM的估计结果是否有效，本书参考现有学者的检验方式进行检验。

一是自相关检验，在自相关的检验中，要求误差项的一阶差分存在一阶自相关，而不存在二阶自相关。

回归结果如表10-10所示。列（1）的结果显示，黄河流域数字普惠金融与共同富裕之间有着明显的促进作用。总体回归结果中，数字普惠金融指数与共同富裕的回归系数为0.0188，并在5%的置信水平上显著，标志着数字普惠金融能够显著正向促进共同富裕水平的提升。由此可见，黄河流域数字普惠金融对共同富裕的实现具有不可忽视的作用。

具体来看，表10-10中列（2）的结果显示，覆盖广度系数估计值为0.0207，且在1%的置信水平上显著，这表明黄河流域数字普惠金融的覆盖广度越广，人们接触到的数字普惠金融的概率就越大，对共同富裕的促进作用就越明显。表10-10中列（3）的结果显示，使用深度系数估计值为0.0123，且在5%的置信水平上显著，使用深度反映居民对于金融服务的需求程度，数字普惠金融通过满足不同阶层居民的金融需求，使得财富最大化，进而提升共同富裕水平。

表 10-10　模型回归结果

解释变量	y			
	(1)	(2)	(3)	(4)
L. y	0. 6235 *** (4. 04)			
L. y		0. 4216 *** (2. 59)		
L. y			0. 5526 *** (3. 90)	
L. y				0. 5681 *** (3. 75)
ln*x*	0. 0188 ** (2. 39)			
lnx_1		0. 0207 *** (2. 86)		
lnx_2			0. 0123 ** (2. 18)	
lnx_3				0. 0010 (0. 14)
jr	0. 0102 ** (2. 09)	0. 0138 (1. 51)	0. 0092 * (1. 75)	0. 0052 (1. 48)
ln*cz*	0. 0436 * (1. 77)	0. 0518 (1. 21)	0. 0462 * (1. 84)	0. 0389 (1. 00)
cy	0. 1301 * (1. 78)	0. 0428 (0. 35)	0. 0700 (0. 74)	0. 0829 (0. 70)
ln*gd*	0. 0125 * (1. 70)	0. 0102 (1. 38)	0. 0103 (1. 22)	0. 0049 (0. 60)
ln*gw*	0. 0065 ** (2. 08)	0. 0105 ** (2. 40)	0. 0083 *** (2. 80)	0. 0093 ** (2. 10)
_cons	-0. 3303 ** (-2. 50)	-0. 3868 ** (-1. 96)	-0. 3104 ** (-2. 49)	-0. 2321 (-1. 26)

续表

解释变量	y			
	(1)	(2)	(3)	(4)
N	90	90	90	90
AR（1）	0.001	0.002	0.000	0.000
AR（2）	0.201	0.109	0.140	0.250
Hansen	0.379	0.490	0.378	0.479

说明：*、**、*** 分别表示在10%、5%、1%的水平上显著，括号内为估计系数对应的 Z 值。

从表10-10的回归结果中可以看出，AR（1）的 P 值均小于0.1，表明随机误差项存在一阶自相关，AR（2）的 P 值均大于0.1，表明随机误差项不存在二阶自相关，克服了内生性问题。

二是过度识别约束检验，该检验主要是用来验证系统GMM估计中使用的工具变量是否总体有效，实证中采用Hansen的检验方法进行鉴定。从表10-10回归结果中可以看出，Hansen检验的 P 值均大于0.1，因此不存在工具变量的过度识别，说明本书所设计模型的合理性。

2. 分维度回归分析

从黄河流域共同富裕分维度来看，为了进一步研究黄河流域数字普惠金融指数（$\ln x$）对共同富裕指数（y）各个子维度的影响，本书分别对共同富裕指数（y）的5个子维度进行回归，结果如表10-11所示。

表10-11　共同富裕分维度回归结果

解释变量	y_1	y_2	y_3	y_4	y_5
	(1)	(2)	(3)	(4)	(5)
$L.y_1$	0.4485*** (3.61)				
$L.y_2$		0.2998*** (2.89)			
$L.y_3$			0.4362* (1.96)		
$L.y_4$				0.2138* (1.70)	

续表

解释变量	y_1	y_2	y_3	y_4	y_5
	(1)	(2)	(3)	(4)	(5)
$L.y_5$					0.8796*** (10.57)
ln$x$	0.0227* (1.74)	0.0253** (2.04)	0.0176 (0.81)	0.0474*** (2.93)	0.0119** (2.11)
jr	0.0186* (1.76)	0.0472*** (3.96)	-0.0115 (-0.46)	0.0148 (0.91)	-0.0006 (-0.07)
lncz	0.0307 (0.74)	0.0722* (1.77)	0.2264** (2.27)	0.0699 (1.09)	0.0076 (0.27)
cy	-0.0606 (-0.29)	-0.1516 (-0.88)	0.4331 (1.21)	-0.3553* (-1.80)	0.0868 (1.02)
lngd	0.0027 (0.18)	-0.0003 (-0.02)	-0.0241 (-0.91)	0.0119 (0.52)	0.0238** (2.35)
lndw	-0.0088** (-2.28)	0.0206*** (6.82)	0.0309*** (3.35)	0.0225*** (3.72)	0.0034 (1.43)
_cons	-0.1969 (-0.84)	-0.2799 (-1.46)	-0.7984 (-1.52)	-0.3997 (-1.21)	-0.2221* (-1.70)
N	90	90	90	90	90
AR (1)	0.004	0.001	0.001	0.049	0.000
AR (2)	0.457	0.102	0.541	0.665	0.110
Hansen	0.369	0.376	0.158	0.479	0.508

注：*、**、*** 分别表示在10%、5%、1%的水平上显著，括号内为估计系数对应的 Z 值。

表10-11第（1）列~第（5）列分别是数字普惠金融指数（ln$x$）对经济发展指数（y_1）、科教提升指数（y_2）、社会治理指数（y_3）、福祉增进指数（y_4）和环境改善指数（y_5）的回归结果。从表10-11可以看出，黄河流域数字普惠金融指数与经济发展指数（y_1）、科教提升指数（y_2）、福祉增进指数（y_4）和环境改善指数（y_5）存在显著正相关关系，在社会治理指数（y_3）中，数字普惠金融指数（ln$x$）的系数没有通过显著性检验，这主要是因为数字普惠金融主要通过数字化平台去使得社会治理规范，虽然数字普惠金融已得到广泛普及，但是相关数字金融的成本依旧很高，且缺乏相应的金融法规

保护，居民对其信任度不高，没有真正体现数字普惠金融的便利性和实惠性（王平、王凯，2022）。

具体来看，黄河流域数字普惠金融指数（ln$x$）对经济发展指数（y_1）、科教提升指数（y_2）、福祉增进指数（y_4）、环境改善指数（y_5）的回归系数分别是0.0227、0.0253、0.0474和0.0119，回归系数所对应的P值均小于0.1，均在10%的水平上显著。此外，黄河流域数字普惠金融指数对共同富裕子维度回归系数最大的是福祉增进维度（y_4），系数为0.0474，并在1%的水平上显著，这主要是因为数字普惠金融通过影响就业和社会保障，增强了居民福祉。黄河流域数字普惠金融指数对共同富裕子维度回归系数最小的是环境改善维度（y_5），仅为0.0119，并在5%的水平上显著，表明黄河流域数字普惠金融在一定程度上能够促进共同富裕的环境改善，但这种促进作用仍然有待提升。

3. 稳健性检验

为了保证上述实证结果是稳健的，本书采用更换模型、构造解释变量一阶滞后项和更换被解释变量测度方法3种方法对黄河流域数字普惠金融对共同富裕指数的影响进行稳健性检验，具体处理如下。

（1）更换模型

鉴于本书使用的是系统广义矩估计模型，系统GMM估计方法分为一步法和两步法。上文使用的是两步GMM，因此，本部分使用一步系统GMM对模型进行稳健性检验，回归结果如表10-12第（1）列所示。

表10-12 稳健性检验回归结果

解释变量	*y*		
	（1）	（2）	（3）
ln$x$	0.0328*** （3.03）	0.0333*** （2.70）	0.0279** （2.26）
jr	0.0104 （0.81）	0.0077 （0.66）	−0.0075 （−0.08）

续表

解释变量	y		
	(1)	(2)	(3)
lncz	0.0946** (2.31)	0.1585*** (3.37)	-0.1798 (-0.89)
cy	0.3087* (1.91)	0.4116** (2.36)	-2.1410*** (-2.84)
ln*gd*	0.0146 (0.97)	0.0145 (1.09)	-0.0051 (-0.03)
ln*dw*	0.0179*** (3.62)	0.0116** (2.32)	0.0002 (0.01)
_cons	-0.5714*** (-2.65)	-0.8888*** (-3.30)	-0.7697*** (-2.65)
N	99	90	99
AR (1)	0.000	0.004	0.005
AR (2)	0.110	0.238	0.240
Hansen	0.146	0.190	0.154

注：*、**、*** 分别表示在10%、5%、1%的水平上显著，括号内为估计系数对应的 Z 值。

黄河流域数字普惠金融对共同富裕的正向促进结果不变，表明前文结果是稳健的。具体来看，通过一步系统 GMM 回归结果可以看出，解释变量数字普惠金融指数对被解释变量共同富裕的回归系数在1%的水平上显著为正，回归系数为0.0328。

（2）构造解释变量一阶滞后项

为了从不同角度验证本书的实证结果是否稳健，进一步利用广义矩估计（GMM）方法，并且将核心解释变量数字普惠金融指数（ln*x*）的一阶滞后项作为新的解释变量，对各解释变量进行进一步分析，实证结果如表10-12第（2）列所示。从第（2）列中可以看出，核心解释变量数字普惠金融指数（ln*x*）对共同富裕（*y*）的回归系数为0.0333，且在1%的水平上显著，因此数字普惠金融指数（ln*x*）的一阶滞后项对共同富裕（*y*）存在显著的正向促进作用。同时，在一定程度上避免了模型中可能出现的内生性问题，因为在一阶滞后项数据后，本书的正向促进关系并未发生改变，使本书的验证结果具有可靠性和科学性，表明前文回归结果是稳健的。

（3）更换被解释变量测度方法

前文使用熵值法测度被解释变量共同富裕指数（y），回归结果显示黄河流域数字普惠金融对共同富裕有明显的促进作用。为保证回归结果的稳健性，本部分使用主成分分析法重新测度被解释变量共同富裕指数。实证结果如表 10-12 第（3）列所示。从第（3）列中可以看出，核心解释变量数字普惠金融指数（$\ln x$）对共同富裕（y）的回归系数为 0.0279，且在 5%的水平上显著，与前文回归结果基本一致，表明前文回归结果是稳健的。

第四节　研究结论与政策建议

一、研究结论

本章以黄河流域 9 省区 2011—2021 年的面板数据为基础，对黄河流域共同富裕水平进行了测算，并进行了以下几项综合实证研究：首先，对黄河流域数字普惠金融对共同富裕的影响进行了整体的实证分析，并探究黄河流域数字普惠金融子维度覆盖广度、使用深度和数字化程度分别对共同富裕的影响。其次，对于黄河流域共同富裕指数，本书将其分为 5 个维度，分别考察了黄河流域数字普惠金融对共同富裕各个子维度的具体影响。根据上述实证分析结果，最终得出以下几点结论。

第一，从总的回归结果来看，黄河流域数字普惠金融的发展能够有效地提升共同富裕的发展水平，且通过稳健性检验。从黄河流域数字普惠金融子维度来看，覆盖广度和使用深度能够显著促进共同富裕的发展，数字化程度对共同富裕的作用不明显，且黄河流域数字普惠金融子维度指数覆盖广度对共同富裕的影响效果要比使用深度的影响大。第二，从共同富裕分维度回归结果来看，黄河流域数字普惠金融能够显著促进经济发展维度、科教提升维度、福祉增进维度、环境改善维度，对社会治理维度作用效果不明显。从回归系数的大小来看，黄河流域数字普惠金融指数对福祉增进指数影响最大，黄河流域数字普惠金融指数对环境改善指数影响最小。

二、政策建议

基于上述结论，本书提出以下政策建议，从而不断提升黄河流域数字普惠金融水平，为黄河流域数字普惠金融更好赋能共同富裕的政策提供参考。

第一，黄河流域持续推进数字普惠金融建设，使黄河流域数字普惠金融更好地助力于共同富裕。既要“普”得有广度，即数字普惠金融子维度覆盖广度，不断扩大数字普惠金融的覆盖面；也要“惠”得有深度，即数字普惠金融子维度使用深度，使数字普惠金融能够惠及不同阶层的人们。推进数字普惠金融建设，则更要注重数字普惠金融的数字化程度，提高居民对数字普惠金融的可获得性。同时，要重视广大地区的数字化应用水平，使数字普惠金融数字化程度能够更好地惠及广大群众，从而助力共同富裕的实现。

第二，黄河流域实现金融全方位、多层次赋能共同富裕。黄河流域数字普惠金融能够通过经济发展、科教提升、福祉增进和环境改善影响共同富裕。经济发展维度主要是通过数字普惠金融的减贫增收效应、缩小城乡收入差距、缩小区域收入差距等途径。科教提升维度主要是通过激发创新活力和促进技术创新等路径。社会治理维度主要是通过数字普惠金融数字化平台等路径，但作用效果不明显。福祉增进维度主要是通过就业和社会保障等路径。环境改善维度主要是通过提升大众环保意识和促进产业转型升级等路径。因此应该从其他方面入手，黄河流域实现金融全方位、多层次赋能共同富裕。

参考文献

[1] Andreassen L, Tommaso M D. Estimating capabilities with random scale models: Women's freedom of movement [J]. Social Choice and Welfare, 2018, 50 (4): 625-661.

[2] Atkinson R D, Mckay A S. Digital prosperity: Understanding the economic benefits of the information technology revolution [J]. SSRN Electronic Journal, 2007 (2): 64.

[3] Azam M, Nawaz S, Rafiq Z, et al. A spatial-temporal decomposition of carbon emission intensity: A sectoral level analysis in Pakistan [J]. Environmental Science and Pollution Research, 2021, 28 (17): 21381-21395.

[4] Balestrinoa A, Sciclone N. Should we use functioning instead of income to measure well-being theory and some evidence from Italy [J]. Rivista Internazionale di Scienze Sociali, 2001, 28 (1): 3-22.

[5] Bernard A B, Moxnes A, Saito Y U. Production networks, geography, and firm performance [J]. Journal of Political Economy, 2019, 127 (2): 639-688.

[6] Bukht R, Heeks E. Defining conceptualizing and measuring the digital economy [J]. International Organizations Research Journal, 2018 (13): 143-172.

[7] Charnoz P, Lelarge C, Trevien C. Communication costs and the internal organisation of multi-plant businesses: Evidence from the impact of the French high-speed rail [J]. The Economic Journal, 2018, 128 (610): 949-994.

[8] Chung Y, Farer. Productivity and undesirable outputs: A directional dis-

tance fimction approach [J]. Journal of Environmental Management, 1997, 51 (3): 229-240.

[9] Churchill S A, Inekwe J, Ivanovski K, et al. The environmental kuznets curve in the OECD: 1870-2014 [J]. Energy Economy, 2018 (75): 389-399.

[10] Dagoumas A S, Barker T S. Pathways to a low-carbon economy for the UK with the macro-econometric E3MG model [J]. Energy Policy, 2010, 38 (6): 3067-3077.

[11] De Oliveira-De Jesus P M. Effect of generation capacity factors on carbon emission intensity of electricity of Latin America & the Caribbean, a temporal IDA-LMDI analysis [J]. Renewable and Sustainable Energy Reviews, 2019 (101): 516-526.

[12] Erhemjamts O, Huang K. Institutional ownership horizon, corporate social responsibility and shareholder value [J]. Journal of Business Research, 2019 (105): 61-79.

[13] Farer G, Pasurka C A. Environmental production functions and environmental directional distance function [J]. Energy, 2007, 32 (7): 1055-1066.

[14] Farhani S, Ozturk I. Causal relationship between CO_2 emissions, real GDP, energy consumption, financial development, trade openness, and urbanization in Tunisia [J]. Environmental Science and Pollution Research, 2015 (22): 15663-15676.

[15] Feng D, Ru Y L, Li Z L, et al. Analysis of carbon emission intensity, urbanization and energy mix: Evidence from China [J]. Natural Hazards, 2016, 82 (2): 1375-1391.

[16] Feng D, Yu B L, Tergel H, et al. Drivers of carbon emission intensity change in China [J]. Resources, Conservation and Recycling, 2018, 129 (2): 187-201.

[17] Friedl B, Getzner M. Determinants of CO_2 emissions in a small open economy [J]. Ecological Economics, 2003, 45 (1): 133-148.

[18] Fu J, Liu Y, Chen R, et al. Trade openness, internet finance developmentand banking sector development in China [J]. Economic Modelling, 2019 (91): 670-678.

[19] Fukuyama H, Weber W L. A directional slacks-based measure of technicalin efficiency [J]. Socioeconomic Planning Sciences, 2009, 43 (4): 274-289.

[20] Ge H, Wu F. Digital economy enables high-quality economic development: Theoretical mechanisms and empirical evidence [J]. Frontiers of Economics in China-Selected Publications from Chinese Universities, 2022, 17 (4): 643-668.

[21] Ghani E, Goswami A G, Kerr W R. Highway to success: The impact of the Golden Quadrilateral project for the location and performance of Indian manufacturing [J]. The Economic Journal, 2016, 126 (591): 317-357.

[22] Gomber P, Kauffman R J, Parker C, et al. On the fintech revolution: Interpreting the forces of innovation, disruption, and transformation in financial services [J]. Journal of Management Information Systems, 2018 (78): 476-492.

[23] Haseeb A, Xia E, Baloch M A, et al. Financial development, globalization, and CO_2 emission in the presence of EKC: Evidence from BRICS countries [J]. Environmental Science of Pollution Resource, 2018 (25): 31283-31296.

[24] Hausmann R, Hwang J, Rodrik D. What your export matters [J]. Journal of Economic Growth, 2007, 12 (1): 1-25.

[25] Hausmann R, Rodrik D. Economic development as self-discovery [J]. Journal of Development Economics, 2003, 72 (2): 603-633.

[26] He Y, Li K, Wang Y. Crossing the digital divide: The impact of the digital economy on elderly individuals' consumption upgrade in China [J]. Technology in Society, 2022 (71): 102-141.

[27] Holl A. Highways and productivity in manufacturing firms [J]. Journal of Urban Economics, 2016 (93): 131-151.

[28] Hsieh C T, Klenow P J. Misallocation and manufacturing TFP in China

and India [J]. The Quarterly Journal of Economics, 2009, 124 (4): 1403-1448.

[29] Katzenbach C , Bchle T C . Defining concepts of the digital society [J]. Internet Policy Review: Journal on Internet Regulation, 2019 (4): 14-30.

[30] Kawase R, Matsuoka Y, Fujino J. Decomposition analysis of CO_2 emission in long-term climate stabilization scenarios [J]. Energy Policy, 2006, 34 (15): 2113-2122.

[31] Lall S, Weiss J, Zhang J. The "sophistication" of exports: A new trade measure [J]. World Development, 2006, 34 (2): 222-237.

[32] Li X, Wang J M, Zhang M, et al. Regional differences in carbon emission of China's industries and its decomposition effects [J]. Journal of Cleaner Production, 2020, 270 (10): 522-528.

[33] Li Y, Yang X, Ran Q, et al. Energy structure, digital economy, and carbon emissions: Evidence from China [J]. Environmental Science and Pollution Research, 2021 (28): 64606-64629.

[34] Ma D, Zhu Q. Innovation in emerging economies: Research on the digital economy driving high-quality green development [J]. Journal of Business Research, 2022 (145): 801-813.

[35] Machlup F. The prodution and distribution of knowledge in the United States [M]. New Jesrey: Princeton University Press, 1962.

[36] Michaely M. Trade, income levels, and dependence [M]. Amsterdam: North-Holland, 1984.

[37] Miller P, Wilsdon J. Digital futures: An agenda for a sustainable digital economy [J]. Corporate Environmental Strategy, 2001, 8 (3): 275-280.

[38] Negroponte N. Being digital [M]. New York: Random House, 1996.

[39] Ninpanit P, Mali A, Wakiyama T, et al. Thailand's energy-related carbon dioxide emissions from production-based and consumption-based perspectives [J]. Energy Policy, 2019 (133): 110877.

[40] Oh D H. A global Malmquist-Luenberger productivity index [J]. Jour-

nal of Productivity Analysis, 2010, 34 (3): 183-197.

[41] Oliveira T, Varum C, Botelho A. Wind power and CO_2 emissions in the Irish market [J] . Energy Economics, 2019, 80 (5): 48-58.

[42] Pretis F, Roser M. Carbon dioxide emission-intensity in climate projections: Comparing the observational record to socio - economic scenarios [J]. Energy, 2017, 135 (9): 718-725.

[43] Rodrik D. What's so special about China's exports? [J]. China & World Economy, 2006, 14 (5): 1-19.

[44] Sabatini F. Can a click buy a little happiness? The impact of business-to-consumer e-commerce on subjective well-being [C]. MPRA Paper, 2011: 323-393.

[45] Salazar J. Environmental finance: Linking two world [C]. A Workshop on Financial Innovations for Biodiversity Bratislava, 1998 (1): 2-18.

[46] Sen A. Inequality reexamined [M]. Cambridge: Harvard University Press, 1992.

[47] Shahbaz M, Haouas I, Van Hoang T H. Economic growth and environmental degradation in Vietnam: Is the environmental Kuznets curve a complete picture? [J]. Emerging Markets Review, 2019 (38): 197-218.

[48] Shan Y, Guan D, Zheng H, et al. China CO_2 emission accounts 1997-2015 [J]. Scientific Data, 2018 (5): 170201.

[49] Simon E, Leandro B, Kyoko M, et al. 2006 IPCC guidelines for national greenhouse gas inventories [R]. Japan: IGES, 2006: 27-29.

[50] Sutherland W, Jarrahi M H. The sharing economy and digital platforms: A review and research agenda [J]. International Journal of Information Management, 2018 (43): 328-341.

[51] Syverson C. What determines productivity? [J]. Journal of Economic Literature, 2011, 49 (2): 326-365.

[52] Tapscott D. The digital economy: Promise and peril in the age of net-

worked intelligence [J]. Choice Reviews Online, 1996, 33 (9): 5133-5199.

[53] Wei L. Research on quality evaluation and promotion strategy of digital economy development [J]. Open Journal of Business and Management, 2020, 8 (2): 932.

[54] Xia Y, Lv G, Wang H, et al. Evolution of digital economy research: A bibliometric analysis [J]. International Review of Economics & Finance, 2023 (88): 1151-1172.

[55] Yang L, Yang Y, Zhang X, et al. Whether China's industrial sectors make efforts to reduce CO_2 emissions from production? —A decomposed decoupling analysis [J]. Energy, 2018 (160): 796-809.

[56] Yao C, Parker J, Arrowsmith J, et al. The living wage as an income range for decent work and life [J]. Employee Relations, 2017, 39 (6): 875-887.

[57] Zhang M L, Chen M S. China's digital economy: opportunities and risks [M]. New York: International Monetary Fund, 2019.

[58] Zhang W, Zhao S, Wan X, et al. Study on the effect of digital economy on high - quality economic development in China [J]. PloS One, 2021, 16 (9): e0257365.

[59] Zhang Z, Fu W K, Ma L. The impact of digital economy on green development in China [J]. Frontiers in Environmental Science, 2022: 1464.

[60] 2016 年 G20 峰会筹备委员会．二十国集团数字经济发展与合作倡议 [EB/OL]. (2016 - 09 - 29) [2022 - 03 - 25]. 中国网信网, https://www.cac.gov.cn/2016-09/29/c_1119648520.htm.

[61] [印度] 阿玛蒂亚·森．以自由看待发展 [M]. 任赜，等，译．北京：中国人民大学出版社，2002.

[62] 白丽，杜兰馨．黄河流域数字经济发展现状及路径研究 [J]. 质量与市场，2021 (14): 154-156.

[63] 白雪洁，宋培，李琳，等．数字经济能否推动中国产业结构转

型？——基于效率型技术进步视角［J］. 西安交通大学学报（社会科学版），2021，41（6）：1-15.

［64］白雪洁，孙献贞．互联网发展影响全要素碳生产率：成本、创新还是需求引致？［J］. 中国人口·资源与环境，2021，31（10）：105-117.

［65］蔡跃洲．数字经济的增加值及贡献度测算：历史沿革、理论基础与方法框架［J］. 求是学刊，2018，45（5）：65-71.

［66］曹梦渊，李豫新．数字经济与黄河流域绿色经济效率：机制分析与实证检验［J］. 统计与决策，2024，40（6）：27-32.

［67］钞小静，孙艺鸣，王灿．数字经济对我国经济高质量发展的影响［J］. 广西师范大学学报（哲学社会科学版），2023，59（2）：120-135.

［68］钞小静，王宸威．数据要素对制造业高质量发展的影响——来自制造业上市公司微观视角的经验证据［J］. 浙江工商大学学报，2022（4）：109-122.

［69］陈冲，吴炜聪．消费结构升级与经济高质量发展：驱动机理与实证检验［J］. 上海经济研究，2019（6）：59-71.

［70］陈海霞．黄河流域数字经济发展现状及路径［J］. 濮阳职业技术学院学报，2022，35（2）：11-14.

［71］陈涵，林晓冰，许思琪，等．数字经济、产业结构升级与农业高质量发展——基于福建省面板数据的实证分析［J］. 中国农业资源与区划，2024，45（7）：184-193.

［72］陈丽君，郁建兴，徐铱娜．共同富裕指数模型的构建［J］. 治理研究，2021，37（4）：2，5-16.

［73］陈启斐，张为付．进口服务贸易、知识溢出与后发国家技术追赶——基于中国和印度的比较分析［J］. 上海财经大学学报，2017，19（5）：15-26.

［74］陈诗一．低碳经济［J］. 经济研究，2022，57（6）：12-18.

［75］陈晓红，李杨扬，宋丽洁，等．数字经济理论体系与研究展望［J］. 管理世界，2022，38（2）：13-16，208-224.

［76］陈晓华，刘慧．产业出口技术复杂度赶超与出口品范围广化［J］．中南财经政法大学学报，2011（6）：50-56.

［77］程叶青，王哲野，张守志，等．中国能源消费碳排放强度及其影响因素的空间计量［J］．地理学报，2013，68（10）：1418-1431.

［78］程子新．黄河流域数字普惠金融对区域创新水平的影响研究［D］．太原：山西财经大学，2023.

［79］丛建辉，刘学敏，赵雪如．城市碳排放核算的边界界定及其测度方法［J］．中国人口·资源与环境，2014，24（4）：19-26.

［80］崔耕瑞．消费升级、产业升级与经济高质量发展［J］．统计与决策，2021（15）：114-118.

［81］代婉瑞，宋良荣．数字化转型与银行经济资本缓释——兼论银行风险特征的调节效应［J］．金融理论与实践，2024（3）：63-71.

［82］邓荣荣，张翱祥．中国城市数字金融发展对碳排放绩效的影响及机理［J］．资源科学，2021，43（11）：2316-2330.

［83］丁日佳，张诗悦．进口贸易、技术溢出的环境效应与工业大气污染——基于省级面板数据的中介路径分析［J］．北京理工大学学报（社会科学版），2021，23（3）：22-37.

［84］丁晓蔚．从互联网金融到数字金融：发展态势、特征与理念［J］．南京大学学报（哲学·人文科学·社会科学），2021，58（6）：28-44，162.

［85］丁志帆．数字经济驱动经济高质量发展的机制研究：一个理论分析框架［J］．现代经济探讨，2020（1）：85-92.

［86］杜传忠，张丽．中国工业制成品出口的国内技术复杂度测算及其动态变迁——基于国际垂直专业化分工的视角［J］．中国工业经济，2013（12）：52-64.

［87］杜海波，魏伟，张学渊，等．黄河流域能源消费碳排放时空格局演变及影响因素——基于 DMSP/OLS 与 NPP/VIIRS 夜间灯光数据［J］．地理研究，2021，40（7）：2051-2065.

［88］杜修立，王维国．中国出口贸易的技术结构及其变迁：1980—2003

[J]. 经济研究, 2007 (7): 137-151.

[89] 杜运周, 刘秋辰, 陈凯薇, 等. 营商环境生态、全要素生产率与城市高质量发展的多元模式——基于复杂系统观的组态分析 [J]. 管理世界, 2022, 38 (9): 127-145.

[90] 樊轶侠, 徐昊. 中国数字经济发展能带来经济绿色化吗? ——来自我国省际面板数据的经验证据 [J]. 经济问题探索, 2021 (9): 15-29.

[91] 付晨玉, 杨艳琳. 中国工业化进程中的产业发展质量测度与评价 [J]. 数量经济技术经济研究, 2020, 37 (3): 3-25.

[92] 付云鹏, 马树才, 宋琪. 中国区域碳排放强度的空间计量分析 [J]. 统计研究, 2015, 32 (6): 67-73.

[93] 傅秋子, 黄益平. 数字金融对农村金融需求的异质性影响——来自中国家庭金融调查与北京大学数字普惠金融指数的证据 [J]. 金融研究, 2018 (11): 68-84.

[94] 高建良. "绿色金融" 与金融可持续发展 [J]. 金融理论与教学, 1998 (4): 3-5.

[95] 高振娟, 赵景峰, 张静, 等. 数字经济赋能消费升级的机制与路径选择 [J]. 西南金融, 2021 (10): 44-54.

[96] 葛林. 我国农村电商供应链模式及创新发展研究 [J]. 农业经济, 2022 (2): 128-130.

[97] 郭本海, 王梓兴, 王菲. 数字经济驱动下中国省域高技术制造业的创新效率评价研究 [J]. 研究与发展管理, 2023, 35 (4): 65-79.

[98] 郭峰, 王靖一, 王芳, 等. 测度中国数字普惠金融发展: 指数编制与空间特征 [J]. 经济学 (季刊), 2020, 19 (4): 1401-1418.

[99] 郭卫香, 孙慧. 环境规制、技术创新对全要素碳生产率的影响研究——基于中国省域的空间面板数据分析 [J]. 科技管理研究, 2020, 40 (23): 239-247.

[100] 韩家平. 我国社会信用体系建设面临的主要挑战及对策建议 [J]. 征信, 2024, 42 (2): 1-5.

[101] 韩亮亮，彭伊，孟庆娜．数字普惠金融、创业活跃度与共同富裕——基于我国省际面板数据的经验研究 [J]．软科学，2023，37（3）：18-24.

[102] 韩自然，芮明杰．要素结构、信息化与地区产业体系优化——基于省际面板的实证研究 [J]．技术经济，2019，38（6）：46-57.

[103] 何娟，沈迎红．基于第三方电子交易平台的供应链金融服务创新——云仓及其运作模式初探 [J]．商业经济与管理，2012（7）：5-13.

[104] 何枭吟．数字经济发展趋势及我国的战略抉择 [J]．现代经济探讨，2013（3）：39-43.

[105] 贺建风，吴慧，何韩吉．中国省际共同富裕进程的测度逻辑及比较 [J]．云南财经大学学报，2023，39（12）：1-17.

[106] 贺晓宇，沈坤荣．现代化经济体系、全要素生产率与高质量发展 [J]．上海经济研究，2018（6）：25-34.

[107] 胡树华，李增辉，牟仁艳，等．产业"三力"评价模型与应用 [J]．中国软科学，2012（5）：40-47.

[108] 黄勃，李海彤，江萍，等．战略联盟、要素流动与企业全要素生产率提升 [J]．管理世界，2022，38（10）：195-212.

[109] 黄倩，李政，熊德平．数字普惠金融的减贫效应及其传导机制 [J]．改革，2019（11）：90-101.

[110] 黄群慧，贺俊．"第三次工业革命"与中国经济发展战略调整——技术经济范式转变的视角 [J]．中国工业经济，2013（1）：5-18.

[111] 黄先海，党博远，宋安安，等．新发展格局下数字化驱动中国战略性新兴产业高质量发展研究 [J]．经济学家，2023（1）：77-86.

[112] 黄先海，杨高举．中国高技术产业的国际分工地位研究——基于非竞争型投入占用产出模型的跨国分析 [J]．世界经济，2010，33（5）：82-100.

[113] 黄益平，黄卓．中国的数字金融发展：现在与未来 [J]．经济学（季刊），2018，17（4）：1489-1502.

[114] 黄益平. 关于中国数字金融创新与发展的几个观点 [J]. 金融论坛, 2021, 26 (11): 3-5, 36.

[115] 惠宁, 杨昕. 数字经济驱动与中国制造业高质量发展 [J]. 陕西师范大学学报 (哲学社会科学版), 2022, 51 (1): 133-147.

[116] 惠宁, 张林玉. 数字经济驱动与文化产业高质量发展 [J]. 北京工业大学学报 (社会科学版), 2024 (2): 31-47.

[117] 惠献波. 数字普惠金融与城市绿色全要素生产率: 内在机制与经验证据 [J]. 南方金融, 2021 (5): 20-31.

[118] 江璐, 杨慧梅. 最低工资横向竞争对企业参与全球价值链的影响 [J]. 商业研究, 2020 (12): 31-43.

[119] 江艇. 因果推断经验研究中的中介效应与调节效应 [J]. 中国工业经济. 2022 (5): 100-120.

[120] 姜松, 周鑫悦. 数字普惠金融对经济高质量发展的影响研究 [J]. 金融论坛, 2021, 26 (8): 39-49.

[121] 蒋先玲, 张庆波. 发达国家绿色金融理论与实践综述 [J]. 中国人口·资源与环境, 2017, 27 (S1): 323-326.

[122] 景国文. 创新型产业集群与绿色高质量发展 [J]. 云南财经大学学报, 2023, 39 (7): 1-15.

[123] 康铁祥. 数字经济及其核算研究 [J]. 统计与决策, 2008 (5): 19-21.

[124] 柯林霞. 当代社会信用体系建设: 现状、问题与发展方向 [J]. 南通大学学报 (社会科学版), 2023, 39 (6): 99-109.

[125] 李达, 林龙圳, 林震, 等. 黄河流域生态保护和高质量发展的 EKC 检验 [J]. 生态学报, 2021, 41 (10): 3965-3974.

[126] 李稻葵, 刘淳, 庞家任. 金融基础设施对经济发展的推动作用研究——以我国征信系统为例 [J]. 金融研究, 2016 (2): 180-188.

[127] 李海舰, 李真真. 数字经济促进共同富裕: 理论机理与策略选择 [J]. 改革, 2023 (12): 12-27.

［128］李浩，黄繁华．数字经济能否促进服务消费？［J］．现代经济探讨，2022（3）：14-25.

［129］李建军，王冰洁．税收征管、企业税负与全要素生产率——来自“金税三期”准自然实验的证据［J］．经济学报，2022，9（4）：167-192.

［130］李金昌，余卫．共同富裕统计监测评价探讨［J］．统计研究，2022，39（2）：3-17.

［131］李金城，周咪咪．互联网能否提升一国制造业出口复杂度［J］．国际经贸探索，2017，33（4）：24-38.

［132］李军鹏．共同富裕：概念辨析、百年探索与现代化目标［J］．改革，2021（10）：12-21.

［133］李林山，赵宏波，郭付友，等．黄河流域城市群产业高质量发展时空格局演变研究［J］．地理科学，2021（10）：1751-1762.

［134］李史恒，屈小娥．数字经济赋能制造业高质量发展：理论机制与实证检验［J］．经济问题探索，2022（10）：105-117.

［135］李响．可行能力视域下教育公平的意蕴与实现［J］．安徽师范大学学报（人文社会科学版），2020，48（4）：139-145.

［136］李彦龙，沈艳．数字普惠金融与区域经济不平衡［J］．经济学（季刊），2022，22（5）：1805-1828.

［137］李治国，车帅，王杰．数字经济发展与产业结构转型升级——基于中国 275 个城市的异质性检验［J］．广东财经大学学报，2021，36（5）：27-40.

［138］梁榜，张建华．数字普惠金融发展能激励创新吗？——来自中国城市和中小企业的证据［J］．当代经济科学，2019，41（5）：74-86.

［139］梁会君．数字贸易、产业集群与经济高质量发展——基于有调节的中介效应检验［J］．西南民族大学学报（人文社会科学版），2022，43（5）：109-121.

［140］梁玲玲，李烨，陈松．数字普惠金融促进企业绿色技术创新的效应与机制检验［J］．统计与决策，2023，39（11）：168-173.

[141] 林春，谭学通．中国县域普惠金融的时空格局及影响因素［J］．经济地理，2021，41（6）：126-135.

[142] 林凯，顾锋，史玉民．长江经济带生态保护和高质量发展研究——基于扎根理论的分析［J］．华东经济管理，2021，35（5）：12-19.

[143] 林毅夫，董先安，殷韦．技术选择、技术扩散与经济收敛［J］．财经问题研究，2004（6）：3-10.

[144] 凌润泽，李彬，潘爱玲，等．供应链金融与企业债务期限选择［J］．经济研究，2023，58（10）：93-113.

[145] 刘晨跃，徐悦．数字普惠金融是否提升了绿色发展的包容性：资金融通和技术创新视角［J］．中国地质大学学报（社会科学版），2023，23（6）：81-99.

[146] 刘浛洲，周荣荣．数字经济驱动江苏省制造业转型升级的作用机制和对策研究［J］．商业经济，2023（2）：40-42，140.

[147] 刘汉初，樊杰，曾瑜皙，等．中国高耗能产业碳排放强度的时空差异及其影响因素［J］．生态学报，2019，39（22）：8357-8369.

[148] 刘杰，戴丹，邹英．基于可行能力视角的产业扶贫增能［J］．河海大学学报（哲学社会科学版），2020，22（5）：91-98，109.

[149] 刘军，杨渊鋆，张三峰．中国数字经济测度与驱动因素研究［J］．上海经济研究，2020（6）：81-96.

[150] 刘凯，张小波，王未卿，等．基于 MIDAS-SVQR 的供应链金融质押物风险价值测度新方法［J］．中国管理科学，2024（7）：1-13.

[151] 刘乃全，邓敏，曹希广．城市的电商化转型推动了绿色高质量发展吗？——基于国家电子商务示范城市建设的准自然实验［J］．财经研究，2021，47（4）：49-63.

[152] 刘潭，徐璋勇，张凯莉．数字金融对经济发展与生态环境协同性的影响［J］．现代财经（天津财经大学学报），2022，42（2）：21-36.

[153] 刘威，丁一兵．“一带一路”背景下进口复杂度对中国产业结构升级的影响［J］．亚太经济，2019（5）：120-130.

［154］刘文文，李克强，付海洋．数字金融发展对共同富裕影响的实证检验［J］．统计与决策，2023，39（22）：140-145.

［155］刘心怡，黄颖，黄思睿，等．数字普惠金融与共同富裕：理论机制与经验事实［J］．金融经济学研究，2022，37（1）：135-149.

［156］刘鑫鑫，惠宁．数字经济对中国制造业高质量发展的影响研究［J］．经济体制改革，2021（5）：92-98.

［157］刘一腾．数字经济驱动中国制造业升级研究［D］．长春：吉林大学，2023.

［158］柳天恩，武义青．雄安新区产业高质量发展的内涵要求、重点难点与战略举措［J］．西部论坛，2019，29（4）：116-124.

［159］卢仁祥．增加值贸易视角下中国工业制造业出口复杂度的国际比较及其演进的动力机制［J］．现代财经（天津财经大学学报），2020，40（5）：85-98.

［160］罗浩源．数字普惠金融对农民可支配收入影响研究［D］．重庆：重庆师范大学，2023.

［161］吕光明，周元任，刘文慧．数字普惠金融促进共同富裕的微观证据——基于社区层面分项收入视角的研究［J］．武汉大学学报（哲学社会科学版），2023，76（3）：122-135.

［162］马海良，顾莹莹，黄德春，等．环境规制、数字赋能对产业结构升级的影响及机理［J］．中国人口·资源与环境，2024（3）：124-136.

［163］马雯，田莉文．数字经济时代普惠金融发展状况和策略研究［J］．商场现代化，2024（7）：117-119.

［164］宁朝山，李绍东．黄河流域生态保护与经济发展协同度动态评价［J］．人民黄河，2020，42（12）：1-6.

［165］欧阳金琼，靳佳珠．中国共同富裕的区域差异与结构分解［J］．华东经济管理，2023，37（9）：11-21.

［166］欧阳日辉．数字金融在创新中推动金融高质量发展［EB/OL］．（2021-01-25）［2024-02-15］．中国金融新闻网，https：//www. financialnews.

com. cn/kj/jrcx/202101/t20210125_210454. html.

［167］潘家华，张丽峰．我国碳生产率区域差异性研究［J］．中国工业经济，2011（5）：47-57.

［168］潘锡泉．消费升级引领产业升级：作用机理及操作取向［J］．当代经济管理，2019（3）：11-16.

［169］彭刚，高劲松．数字经济、数字鸿沟和城乡要素配置——基于我国257个城市的实证研究［J］．调研世界，2023（6）：71-82.

［170］戚聿东，刘欢欢．数字经济下数据的生产要素属性及其市场化配置机制研究［J］．经济纵横，2020（11）：2，63-76.

［171］冉光和，唐滔．数字普惠金融对社会就业的影响——基于企业性质和行业的异质性考察［J］．改革，2021（11）：104-117.

［172］任保平，邹起浩．新经济背景下我国高质量发展的新增长体系重塑研究［J］．经济纵横，2021（5）：2，74-84.

［173］任保平．数字经济引领高质量发展的逻辑、机制与路径［J］．西安财经大学学报，2020（2）：5-9.

［174］任保平．中国经济高质量发展研究［J］．陕西师范大学学报（哲学社会科学版），2018，47（3）：104.

［175］邵帅，张可，豆建民．经济集聚的节能减排效应：理论与中国经验［J］．管理世界，2019，35（1）：36-60，226.

［176］邵宜航，步晓宁，张天华．资源配置扭曲与中国工业全要素生产率基于工业企业数据再测算［J］．中国工业经济，2013（12）：39-51.

［177］申俊喜，徐晓凡．消费升级引领战略性新兴产业高质量发展——基于全球价值链攀升的视角［J］．南京工业大学学报（社会科学版），2021，20（5）：49-64.

［178］史金召，孙茂林，黎建强．我国跨境电商供应链金融的模式设计与风险管控［J］．国际贸易，2022（11）：26-34.

［179］史依铭，黎思琦，潘韵婷．我国共同富裕水平的区域差异、动态演进及影响因素分析［J］．统计与决策，2023，39（19）：17-22.

［180］史依铭，黎思琦．数字普惠金融对我国共同富裕的影响研究［J］．新疆社会科学，2022（5）：41-53，178.

［181］司增绰，刘世泉．数字经济推动制造业高质量发展的路径及其实证检验［J］．科学管理研究，2023，41（6）：80-89.

［182］宋华，韩思齐，刘文诣．数字化金融科技平台赋能的供应链金融模式——基于信息处理视角的双案例研究［J］．管理评论，2024，36（1）：264-275.

［183］苏伟洲，肖丹，谭宏，等．数字经济对体育产业高质量发展的影响——基于中介模型和门槛模型的检验［J］．上海体育学院学报，2024，48（1）：94-104.

［184］台德进，蔡荣．数字经济对效率与公平的影响研究［J］．统计与信息论坛，2023，38（11）：32-46.

［185］谭燕芝，施伟琦．数字普惠金融对共同富裕的影响及机制研究［J］．经济经纬，2023，40（2）：55-65.

［186］唐松，赖晓冰，黄锐．金融科技创新如何影响全要素生产率：促进还是抑制？——理论分析框架与区域实践［J］．中国软科学，2019（7）：134-144.

［187］田霖，张园园，张仕杰．数字普惠金融对乡村振兴的动态影响研究——基于系统 GMM 及门槛效应的检验［J］．重庆大学学报（社会科学版），2022，28（3）：25-38.

［188］汪刘凯，张小波，王未卿，等．基于 MIDAS-SVQR 的供应链金融质押物风险价值测度新方法［J］．中国管理科学，2022（7）：1-13.

［189］汪文雅．数字经济对经济高质量发展的影响研究——基于空间杜宾模型的实证分析［J］．老字号品牌营销，2022（10）：111-114.

［190］汪亚楠，谭卓鸿，郑乐凯．数字普惠金融对社会保障的影响研究［J］．数量经济技术经济研究，2020，37（7）：92-112.

［191］王家庭，袁春来，马宁．数字经济发展对产业结构、产业效率的影响：来自省级层面的经验证据［J］．中国科技论坛，2022（12）：117-127.

［192］王金伟，王启翔，冯凌．中国数字经济与旅游业高质量发展的协调格局及驱动机制［J］．地理科学，2024，44（1）：130-139.

［193］王娟娟，佘干军．我国数字经济发展水平测度与区域比较［J］．中国流通经济，2021，35（8）：3-17.

［194］王军，夏修燕，车帅．数字经济赋能黄河流域高质量发展内在机理及其实证检验［J］．人民黄河，2020（11）：1-6.

［195］王军，朱杰，罗茜．中国数字经济发展水平及演变测度［J］．数量经济技术经济研究，2021，38（7）：26-42.

［196］王开，傅利平．京津冀产业碳排放强度变化及驱动因素研究［J］．中国人口·资源与环境，2017，27（10）：115-121.

［197］王平，王凯．数字普惠金融对共同富裕的影响研究［J］．金融与经济，2022（7）：3-10，39.

［198］王启超，王兵，彭睿．人才配置与全要素生产率——兼论中国实体经济高质量增长［J］．财经研究，2020，46（1）：64-78.

［199］王庆喜，武谨，胡安．数字经济与长三角区域一体化发展——基于空间面板模型的分析［J］．浙江工业大学学报（社会科学版），2020，19（1）：39-46.

［200］王少剑，黄永源．中国城市碳排放强度的空间溢出效应及驱动因素［J］．地理学报，2019，74（6）：1131-1148.

［201］王婷，苏兆霖．中国特色社会主义共同富裕理论：演进脉络与发展创新［J］．政治经济学评论，2021，12（6）：19-44.

［202］王兴龙．数字经济对普惠金融影响研究——理论机制与实证检验［J］．北方金融，2022（12）：54-60.

［203］王瑛，杨航，张晓雯．数字普惠金融、居民消费与共同富裕［J］．统计与决策，2023，39（3）：148-153.

［204］王玉珍，宋国靖，王彤．黄河流域数字经济发展水平评价及时空演变分析［J］．人民黄河，2024，46（5）：11-17.

［205］王政兴．金融数据共享的功用价值、风险挑战及优化路径研究

[J]. 中国商论，2023（12）：126-130.

[206] 王中伟，焦方义，赵彤彤．数字普惠金融、绿色技术创新与共同富裕 [J]. 西南民族大学学报（人文社会科学版），2023，44（6）：111-122.

[207] 魏丽莉，侯宇琦．数字经济对中国城市绿色发展的影响作用研究 [J]. 数量经济技术经济研究，2022，39（8）：60-79.

[208] 吴士炜，汪小勤．基于 Sen 可行能力理论测度中国社会福利指数 [J]. 中国人口·资源与环境，2016，26（8）：49-55.

[209] 吴翌琳．国家数字竞争力指数构建与国际比较研究 [J]. 统计研究，2019，36（11）：14-25.

[210] 咸金坤，汪伟．高速铁路与服务业企业生产率——来自中国上市公司的经验证据 [J]. 商业经济与管理，2020，40（10）：73-85.

[211] 徐兰，吴超林．数字经济赋能制造业价值链攀升：影响机理、现实因素与靶向路径 [J]. 经济学家，2022（7）：76-86.

[212] 徐乾益，马颖莉．数字经济、普惠金融与制造高质量发展的关系研究 [J]. 科技和产业，2024，24（6）：73-79.

[213] 徐志向，丁任重．新时代中国省际经济发展质量的测度、预判与路径选择 [J]. 政治经济学评论，2019，10（1）：172-194.

[214] 许斌．技术升级与中国出口竞争力 [J]. 国际经济评论，2008（3）：48-50.

[215] 许广月，宋德勇．中国碳排放环境库兹涅茨曲线的实证研究——基于省域面板数据 [J]. 中国工业经济，2010（5）：37-47.

[216] 许宪春，任雪，汤美微．关于中国平衡发展指数指标体系的构建 [J]. 统计研究，2020，37（2）：3-14.

[217] 许宪春，张美慧．中国数字经济规模测算研究——基于国际比较的视角 [J]. 中国工业经济，2020（5）：23-41.

[218] 许钊，高煜，霍治方．数字金融的污染减排效应 [J]. 财经科学，2021，397（4）：28-39.

［219］宣烨，陆静，余泳泽．高铁开通对高端服务业空间集聚的影响［J］．财贸经济，2019，40（9）：117-131.

［220］鄢显俊．从技术经济范式到信息技术范式——论科技—产业革命在技术经济范式形成及转型中的作用［J］．数量经济技术经济研究，2004（12）：139-146.

［221］杨丹，周萍萍，周祎庆．绿色创新、环境规制影响产业高质量发展机制研究——基于调节效应和门槛效应的分析［J］．经济问题探索，2020（11）：121-131.

［222］杨慧芳，张合林．黄河流域生态保护与经济高质量发展耦合协调关系评价［J］．统计与决策，2022，38（11）：114-119.

［223］杨慧梅，江璐．数字经济、空间效应与全要素生产率［J］．统计研究，2021，38（4）：3-15.

［224］杨洁，马从文，刘运材．环境保护费改税对企业全要素生产率的影响［J］．华东经济管理，2022，36（9）：55-65.

［225］杨恺钧，刘思源．贸易开放、经济增长与碳排放的关联分析——基于新兴经济体的实证研究［J］．世界经济研究，2017（11）：112-120，137.

［226］杨佩卿．数字经济的价值、发展重点及政策供给［J］．西安交通大学学报（社会科学版），2020，40（2）：57-65，144.

［227］杨骞，刘华军．中国二氧化碳排放的区域差异分解及影响因素——基于1995—2009年省际面板数据的研究［J］．数量经济技术经济研究，2012，29（5）：36-49，148.

［228］杨仁发，郑媛媛．数字经济发展对全球价值链分工演进及韧性影响研究［J］．数量经济技术经济研究，2023，40（8）：69-89.

［229］杨涛．发展普惠金融需要信用基础设施创新［J］．中国信用卡，2022（6）：20-24.

［230］杨小凯，张永生．新贸易理论、比较利益理论及其经验研究的新成果：文献综述［J］．经济学（季刊），2001（1）：19-44.

［231］杨秀云，从振楠．数字经济与实体经济融合赋能产业高质量发展：理论逻辑、现实困境与实践进路［J］．中州学刊，2023（5）：42-49.

［232］姚梦雅．黄河流域数字普惠金融对乡村振兴的影响研究［D］．济南：山东财经大学，2023.

［233］姚洋，张晔．中国出口品国内技术含量升级的动态研究——来自全国及江苏省、广东省的证据［J］．中国社会科学，2008（2）：67-82.

［234］叶堂林，王雪莹．数字经济对协调性均衡发展的影响——兼论共同富裕的实现路径［J］．经济学动态，2023（1）：73-88.

［235］易恩文，王军，朱杰．数字经济、资源配置效率与农业高质量发展［J］．现代财经（天津财经大学学报），2023，43（12）：20-37.

［236］易行健，周利．数字普惠金融发展是否显著影响了居民消费——来自中国家庭的微观证据［J］．金融研究，2018（11）：47-67.

［237］尹伟华，张亚雄，李继峰，等．基于投入产出表的中国八大区域碳排放强度分析［J］．资源科学，2017，39（12）：2258-2264.

［238］尹浙霖，宋有涛，范居一，等．中国碳排放强度空间非均衡的测度与分解——兼论地区差距的形成与缩小［J］．经济问题探索，2020，459（10）：34-44.

［239］尹志超，文小梅，栗传政．普惠金融、收入差距与共同富裕［J］．数量经济技术经济研究，2023，40（1）：109-127.

［240］尹志超，岳鹏鹏，陈悉榕．金融市场参与、风险异质性与家庭幸福［J］．金融研究，2019（4）：168-187.

［241］尹志超，张栋浩．金融普惠、家庭贫困及脆弱性［J］．经济学，2020，20（5）：153-172.

［242］余婕，董静．风险投资引入与产业高质量发展——知识溢出的调节与门限效应［J］．科技进步与对策，2021，38（14）：62-71.

［243］余姗，樊秀峰．中国制造业出口技术复杂度变迁及其影响机制分析——基于价值链分工视角［J］．经济经纬，2016，33（1）：90-95.

［244］余泳泽，段胜岚，林彬彬．新发展格局下中国产业高质量发展：

现实困境与政策导向［J］. 宏观质量研究，2021，9（4）：78-98.

［245］余泳泽，张先轸. 要素禀赋、适宜性创新模式选择与全要素生产率提升［J］. 管理世界，2015（9）：13-31，187.

［246］虞义华，郑新业，张莉. 经济发展水平、产业结构与碳排放强度——中国省级面板数据分析［J］. 经济理论与经济管理，2011，243（3）：72-81.

［247］袁惠爱，赵丽红，岳宏志. 数字经济影响旅游业高质量发展：理论机制与经验证据［J］. 云南财经大学学报，2023，39（5）：16-31.

［248］臧萌萌，吴娟. 碳排放影响因素解析——基于改进的拉氏指数分解模型［J］. 科技管理研究，2021，41（6）：179-184.

［249］张兵兵，朱晶，全晓云. 技术进步与二氧化碳排放强度：理论与实证分析［J］. 科研管理，2017，38（12）：41-48.

［250］张成，王建科，史文悦，等. 中国区域碳生产率波动的因素分解［J］. 中国人口·资源与环境，2014，24（10）：41-47.

［251］张金林，董小凡，李健. 数字普惠金融能否推进共同富裕？——基于微观家庭数据的经验研究［J］. 财经研究，2022，48（7）：4-17，123.

［252］张凯，曹斌，李容. 产业结构升级对共同富裕的影响及机制研究［J］. 经济问题探索，2023（6）：140-156.

［253］张磊，邓紫琪，张川川，等. 中国共同富裕的基本逻辑、格局测度及区域差异［J］. 中国人口科学，2023，37（5）：113-128.

［254］张文彬，王赟. 可行能力视角下中国福利水平区域差异、动态演进与结构分解［J］. 数量经济技术经济研究，2021，38（12）：45-66.

［255］张晓玫，董文奎，韩科飞. 普惠金融对家庭金融资产选择的影响及机制分析［J］. 当代财经，2020（1）：65-76.

［256］张新月，师博，甄俊杰. 高质量发展中数字普惠金融促进共同富裕的机制研究［J］. 财经论丛，2022（9）：47-58.

［257］张旭，魏福丽，袁旭梅. 中国省域高质量绿色发展水平评价与演化［J］. 经济地理，2020，40（2）：108-116.

［258］张勋，万广华，张佳佳，等．数字经济、普惠金融与包容性增长［J］．经济研究，2019，54（8）：71-86.

［259］张友国．中国贸易含碳量及其影响因素——基于（进口）非竞争型投入产出表的分析［J］．经济学（季刊），2010，9（4）：1287-1310.

［260］张蕴萍，董超，栾菁．数字经济推动经济高质量发展的作用机制研究——基于省级面板数据的证据［J］．济南大学学报（社会科学版），2021，31（5）：99-115，175.

［261］赵成柏，毛春梅．基于 ARIMA 和 BP 神经网络组合模型的我国碳排放强度预测［J］．长江流域资源与环境，2012，21（6）：665-671.

［262］赵德起，王世哲．数字普惠金融对城乡收入差距的影响研究——基于中国省域空间计量模型的实证分析［J］．经济问题探索，2023（5）：13-29.

［263］赵桂梅，赵桂芹，陈丽珍，等．中国碳排放强度的时空演进及跃迁机制［J］．中国人口·资源与环境，2017，27（10）：84-93.

［264］赵剑波，史丹，邓洲．高质量发展的内涵研究［J］．经济与管理研究，2019，40（11）：15-31.

［265］赵涛，张智，梁上坤．数字经济、创业活跃度与高质量发展——来自中国城市的经验证据［J］．管理世界，2020，36（10）：65-76.

［266］赵旭杰，余超，彭晓桐，等．结构性减税与企业全要素生产率——基于准自然实验的分析［J］．中国软科学，2022（10）：125-141.

［267］郑嘉琳，徐文华．数字经济助推我国经济高质量发展的作用机制研究——基于区域异质性视角的分析［J］．价格理论与实践，2020（8）：148-151.

［268］郑醒尘，胡世夫．金融业高质量发展的特点和要求［J］．发展研究，2018（12）：58-60.

［269］中国信息通信研究院．中国数字经济发展白皮书（2020 年）［EB/OL］．（2020-07-10）［2022-03-25］．http：//www. caict. ac. cn/kxyj/qwfb/bps/202007/t20200702.

[270] 仲崇阳，马新啸，郑国坚．中国省域共同富裕水平的地区差异及驱动效应 [J]．经济地理，2023，43（8）：12-20，61.

[271] 周建华，张文婷．“共同富裕”概念与内涵的历史演进 [J]．江西社会科学，2022，42（9）：15-21.

[272] 周雪娇，杨琳．基于创新驱动的区域经济与生态环境协调发展的研究 [J]．经济问题探索，2018（7）：174-183.

[273] 周正，王搏．数字经济推动制造业高质量发展路径研究——以居民消费为中介效应的实证检验 [J]．学习与探索，2023（5）：113-121.

[274] 朱东波．习近平绿色发展理念：思想基础、内涵体系与时代价值 [J]．经济学家，2020（3）：5-15.

[275] 朱杰堂，焦冉晴，谢伟丽．数字普惠金融如何影响绿色全要素生产率—理论分析与经验证据 [J]．金融监管研究，2022（3）：54-70.

[276] 邹庆．基于面板门限回归的中国碳排放 EKC 研究 [J]．中国经济问题，2015，291（4）：86-99.

[277] 左鹏飞，姜奇平，陈静．互联网发展、城镇化与我国产业结构转型升级 [J]．数量经济技术经济研究，2020，37（7）：71-91.

[278] 左秀平，叶林祥，马俊凯．数字经济对粮食产业高质量发展影响的实证检验 [J]．统计与决策，2023，39（22）：36-41.